海南师范大学学术出版资[助]

积极取向
的家庭教育

POSITIVE FAMILY EDUCATION

刘丽琼◎著

科学出版社
北京

内 容 简 介

本书以积极心理学理论为指导,建立在心理咨询案例及相关调查研究基础上,对家庭教育的理念、内容与方法进行了全面阐述。本书首先对积极取向家庭教育的理念、目标与原则进行了分析和阐述;在此基础上,重点阐述了亲子关系的重要性、构建亲子关系的主要沟通方法,以及家庭教育中具体的生命教育、生涯教育、人格教育与能力培养方面的内容。

本书适合对家庭教育感兴趣的研究者和家长阅读。

图书在版编目(CIP)数据

积极取向的家庭教育/刘丽琼著. —北京:科学出版社,2017.7
ISBN 978-7-03-053975-5

Ⅰ.①积… Ⅱ.①刘… Ⅲ.①家庭教育 Ⅳ.①G78

中国版本图书馆 CIP 数据核字(2017)第 169164 号

责任编辑:朱丽娜 柴江霞/责任校对:王晓茜
责任印制:师艳茹/封面设计:润一文化
编辑部电话:010-64033934
E-mail: edu_psy@mail.sciencep.com

科学出版社出版
北京东黄城根北街 16 号
邮政编码:100717
http://www.sciencep.com
三河市骏杰印刷有限公司 印刷
科学出版社发行 各地新华书店经销

*

2017 年 7 月第 一 版 开本:720×1000 1/16
2017 年 7 月第一次印刷 印张:16 3/4
字数:295 000
定价:88.00 元
(如有印装质量问题,我社负责调换)

前　言

　　写一本专业又通俗的家庭教育专著是我多年来的梦想，但一直没有下笔，直到有这一想法四年之后的一个不眠之夜，我才开始写作。那是 2015 年 11 月 21 日的凌晨两点半。再过 8 小时，我就要去参加儿子高二第一学期中段考试后的家长会，也是他在连续三次排名进步后第一次后退 40 名之后的家长会。

　　想写本书的首要原因是，在养育自己孩子的过程中，受普通心理学与医学的影响，我关注的多是孩子的缺点。在我的潜意识中，我认为父母应该像医院的医生一样，把孩子的缺点用手术刀一点点地剔除，从而培养一个没有缺点的孩子。每天回家，我满眼看到的都是孩子的缺点，如饭不好好吃、学不好好上、作业不好好写。直到孩子 9 岁时的一天中午，我又在骂孩子不好好吃饭的时候，他悲伤地说："谁会像我一样，在家里被父母打骂，在学校又被老师骂和被同学欺负？"

　　听到这句话之后，我沉默了。一下午我都在反思，我这样教育孩子真的是正确的吗？我是学心理学的，知道人本主义强调的人性中具有建设性的力量，也知道马斯洛的这一理论对管理学带来的影响，而我却还是用父母以前采用的、我自己其实也厌恶的方法教育自己的孩子。这到底是教育还是合法地伤害？

　　下午，很少接孩子的我去教室外面等着孩子放学，接他回家。孩子很高兴地和我有说有笑，那一瞬间感觉我的孩子就是一个天使，妈妈给了他那么不美好的生活，他却因为一次接送就给了我这么灿烂的笑容。

　　路上，孩子和我说了他受欺负的事，我也立即着手去解决这一问题，亲自去找欺负他的那些孩子及他们的家长，全力去保护自己的孩子。再去学校接孩子的时候，不管他被老师留下做作业做多久，不管老师怎么和我说他不听话，我都真诚地对老师说对不起，然后开心地带孩子回家，安慰孩子，告诉他现在不知道也没有关系，回家我们再把它弄懂，或者再等一等就知道了。我知道至少我要让我

i

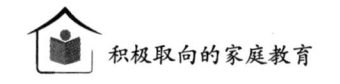

的孩子感觉在家庭里是安全的、快乐的、幸福的。

从关注孩子的消极面转向关注孩子的积极面让我的家庭充满了阳光,让我的孩子充满了幸福,从每天害怕失败转向了追求成功。因为看到种种转变,我想将这一理念与大家分享,这是我写作本书的最重要原因,也是我把书名定为"积极取向的家庭教育"的原因。

另外,在做咨询与做家庭教育讲座的过程中,我发现家长们最大的困惑在于他们无法关注到孩子的积极面,在他们眼里,孩子没有值得表扬的地方;第二个困惑在于他们不知道家庭教育应该包括哪些内容,将自己沦为老师的附庸与保姆,努力完成老师交代的任务,除此之外不知道自己能做什么,而这常常让亲子关系不佳,父母与孩子均充满了挫败感、敌意与委屈;第三个困惑在于不知道怎么与孩子沟通,无论家长说了多少遍,孩子就是不听。

面对家长的这些困惑,我查阅了家庭教育方面的书籍后,有两个感觉:①太通俗的书不够专业,所撰写的都只是父母教育子女的经验,无法上升到理论层面,因此科学性与指导性并不强。事实上,每一个孩子均是不同的,没有适应一切孩子的教育经验。②有些专业书又太过专业,并且没有系统地论述家庭教育的内容与方法,只是部分零散的理论,没有教育学与心理学的背景可能根本看不懂。在一些家庭教育学的教材中,我还发现有些论述完全没有理论依据或实证研究的支持。

鉴于此,本书以生涯发展、心理学与教育学的相关理论为指导,分析家庭教育中的亲子角色,从而提出家庭教育的目标、原则与内容,并以有效沟通为理论基础,辅以认知行为理论、行为训练理论等,提出家庭教育的方法。

我知道写作本书一定不会顺畅,但正因为它的不顺畅,它才会带给我更多的挑战,也会带给我更大的幸福。我怀着幸福、感恩之情来书写本书,也希望正在阅读的你充满幸福、快乐与感恩,感恩上天让你能够成为父母,感恩上天给了你这么可爱的孩子!我也希望家庭教育相关研究者在阅读本书时,能感觉到从事家庭教育研究的美好,为我们能有幸以专业的态度、科学的方法为家庭教育事业添砖加瓦而骄傲。

刘丽娜

2016 年 7 月 25 日

目 录

前言

第一章 ◆ 绪论 1

第一节 什么是积极取向的家庭教育 1

一、积极取向家庭教育的基本问题 1

二、积极取向的家庭教育与赏识教育的区别 6

第二节 积极取向家庭教育中的亲子角色 11

一、子女角色 11

二、父母角色 14

第三节 家庭教育与学校教育的区别 20

一、教育目的的差异 20

二、教育内容的差异 22

三、教育方式的差异 23

四、评价方式的差异 24

五、时间限制上的差异 25

第二章 ◆ 家庭教育的目标 26

第一节　家庭教育的终极目标 26
一、提升孩子的积极情绪体验 27
二、帮助孩子实现自己的价值 29
三、建立积极的人际关系 31

第二节　家庭教育的底线 34
一、不能有损健康 35
二、不能违法 36
三、不能缺德 37

第三节　确定父母个人的接纳底线 38
一、确定家长接纳底线的重要性 39
二、确定家长接纳度的方法 40

第三章 ◆ 家庭教育原则 42

第一节　主体性原则 42
一、拒绝奴化教育 42
二、尊重孩子的权利 43
三、让孩子自己承担责任 45
四、顺应孩子自身发展 47

第二节　陪伴性原则 49
一、陪伴是什么 49
二、陪伴不是什么 51

第三节　优先改变环境的原则 53
一、简化环境 54
二、丰富环境 55
三、必需物品的方便易得性 56

　　　　四、物品尽可能简易安全 56

第四章 ◆ 个体差异与家庭教育 58

第一节　正态分布及意义 59
　　　　一、什么是正态分布 59
　　　　二、正态分布曲线的意义 60
第二节　智力的个体差异 63
　　　　一、智商分布与教育 63
　　　　二、多元智能差异 70
第三节　人格差异 74
　　　　一、气质类型差异 74
　　　　二、认知风格差异 77
　　　　三、人格结构差异 79

第五章 ◆ 构建积极的亲子关系 85

第一节　亲子关系概述 85
　　　　一、亲子关系的特殊性 85
　　　　二、亲子交往的原则 88
第二节　积极倾听 93
　　　　一、倾听的基础 93
　　　　二、如何有效地倾听 96
　　　　三、倾听的作用 99
　　　　四、倾听的使用条件 102
　　　　五、倾听使用的误区 105
第三节　建设性地处理亲子冲突 108
　　　　一、清楚地表达自己的意见 109

二、处理冲突要果断　110

　　三、双赢或多赢的冲突解决模式　113

第四节　提高沟通的有效性　117

　　一、避免交流障碍　117

　　二、通过提问推动孩子行动　118

第六章　◆　生命教育　123

第一节　家庭生命教育的概念与意义　123

　　一、生命的内涵　123

　　二、家庭生命教育的定义与意义　125

第二节　生命教育的内容　127

　　一、生命有限性的教育　127

　　二、生存教育　129

　　三、与环境和谐相处的教育　132

第三节　生命教育的途径　134

　　一、利用节庆文化与仪式进行生命教育　134

　　二、利用生活事件进行生命教育　136

　　三、巧妙利用他人与环境进行生命教育　138

第七章　◆　生涯教育　143

第一节　生涯教育的重要性　143

　　一、生涯的概念与生涯发展彩虹图　143

　　二、生涯教育的意义　146

第二节　生涯教育的时机与内容　148

　　一、生涯教育的时机　148

　　二、生涯教育的内容　149

第三节　生涯教育的方法与注意事项　154
　　一、生涯教育的方法　154
　　二、生涯教育的注意事项　158

第八章 ◆ 兴趣、动机与性格　166

第一节　兴趣的探索与培养　166
　　一、休闲兴趣　166
　　二、学业兴趣　167
　　三、职业兴趣　169

第二节　动机的激发　170
　　一、什么是动机　171
　　二、外部动机与内部动机　171

第三节　积极性格特征的培养　176
　　一、积极的性格特征　177
　　二、积极性格特征的作用　180
　　三、积极性格特征的培养　182

第九章 ◆ 自我管理能力教育　191

第一节　目标管理与计划策略　191
　　一、确定长期目标　191
　　二、落实长期目标　193
　　三、细化目标的注意事项　196

第二节　时间管理　198
　　一、帮助孩子清理他的时间账户　198
　　二、帮助孩子学会区分目标的重要性与紧急性　202
　　三、采用PDCAR法则帮助孩子执行与完善计划　203

四、提高孩子的工作效率　205

第三节　情绪管理　211

　　一、认知与表达自己的情绪　211

　　二、压力管理与消极情绪的调节　214

　　三、体验积极情绪，提升幸福感　223

　　四、理解他人情绪，营造和谐人际关系　227

第十章 ◆ 价值观的教育　233

第一节　金钱观的教育　234

　　一、尊重金钱的教育　234

　　二、金钱要取之有道　236

　　三、如何使用自己的金钱　237

　　四、如何培养孩子的金钱观　241

第二节　成功观的教育　245

　　一、何谓成功　245

　　二、如何培养孩子的成功观　248

参考文献　251

后记　256

第一章 绪　论

现在的很多家长发现，他们的父母好像不太关心怎么教育他们，结果他们都长大了，也没有现在这么多的问题。当自己成为父母后，却突然发现自己不知道怎么教育孩子。有关问题孩子、青少年犯罪的报道也越来越多，有些孩子不再是人见人爱的天使，而是让人避之唯恐不及的熊孩子。

为了教育好自己的孩子，越来越多的家长学习如何做父母，他们去听家庭教育的讲座、去收看家庭教育的电视节目、去阅读大量的书籍与指导手册。但是在学习过程中，他们发现很多讲座或书籍中的思想也是众说纷纭，甚至完全对立。赏识教育要求尊重孩子，认为教育的责任都在父母，孩子出现问题是因为父母不会教育，不会发现孩子的优点，没有赏识孩子；虎妈狼爸们则认为孩子自己根本不知道要什么，所以孩子一定要按父母的要求去做，孩子的自尊心根本不重要，教育孩子时自然不需要照顾孩子的自尊心。

面对这些理论，家长无所适从，感觉自己没有教育孩子的能力。其原因在于家长所学的是零碎的、片面的知识，缺乏系统的理论，因而无法批判式地去分析现有理论，只能一个个地去试错。

第一节　什么是积极取向的家庭教育

一、积极取向家庭教育的基本问题

在阐述积极取向的家庭教育理论、内容与方法之前，我们首先要清晰地界定

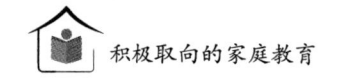

什么是积极取向、什么是积极取向的家庭教育。

（一）什么是积极取向

积极取向是指将我们的关注点投向生活中那些美好的、快乐的、健康的方面，更关注那些使生命更有价值、更有意义的事情。试着回忆一下，在医生检查后告诉你"恭喜您，您怀孕了"的时候，你内心会对这个孩子充满怎样的期待？你希望他发育是正常的。在整个怀孕的过程中，他的每一次胎动都让你充满了惊喜，你感受到了孕育一个生命的神奇与美好。当孩子出生后，你会对他充满期望，你觉得他是那么聪明，至少比你小时候要聪明，你憧憬他将来能过上幸福快乐的生活，能拥有自己的家庭与朋友。这就是积极取向，即你关注孩子美好的方面，关注那些使生命更有价值、更有意义的方面。

你也许会说，我在怀孕后其实也很担心他会不会是畸形，会不会是唐氏宝宝，能不能顺利地出生；他出生后，我担心他是不是健康，我能不能照顾好他；他上学的时候，我担心他能不能学习好，能不能顺利地考上大学，今后在社会竞争中会不会落败。这当然也是自然的，积极取向并不是说我们否认生活中会有这些消极的方面，但我们更关注上述积极的方面。如果我们只关注这些消极的方面，而忽略积极方面，那么我们可能就是消极取向的。

（二）积极取向家庭教育的理论假设

在我国传统文化中，家庭教育被定义为在家庭生活中，父母等长辈对晚辈进行的指导与帮助。这一概念的理论假设是：孩子相较于父母来说是弱小的，他们经验少，需要长辈的指导与帮助。这一假设强调了父母等长辈的权威地位，凸显了父母的责任，但忽视了孩子自身对父母的影响力。

在传统社会中，社会变迁的速度很慢，知识更新慢，知识的适用时间长。依赖于时间的积累，父母所拥有的知识与经验远比子女丰富，处理事情的策略与方法会优于子女，所以这一定义适用于传统的家庭教育。

今天，信息技术的发展及移动社交媒体的应用，使得知识的获取途径增加，这一理论假设就变得不再可靠。一方面，孩子不一定需要从父母那里获取知识，可以直接通过网络查询获取自己想要的知识与经验，父母因为拥有更多经验而获得的权威地位受到了威胁。另一方面，社会发展速度加快，新的知识不断出现，父母所拥有的经验也不一定适合现代社会的发展。父母使用现代信息技术的能力甚至可能低于子女，因此现代家庭教育是一种双向的教育，父母与子女在相互的交往中交流信息，各自都能从对方那里得到帮助。

现在，仍然有很多父母认同传统的家庭教育观念，并以这一观念的理论假设进行家庭教育，这必然会导致很多家庭教育问题。由于父母的强势地位，他们可能会抵制孩子正确的想法。我一直认为手机只要能打电话、能发短信，还能用QQ就行，而儿子对手机的要求比较高，我认为他纯粹是浪费钱，不是理性消费。直到我的手机坏掉了，我不得已换了一款4G手机后，才改变了这一想法。有一次我出差在外，学生着急让我帮他修改他的调查问卷，他打电话给我时，我恰好在机杨大巴上。如果是以前，我就没有办法帮他修改了，但由于换了新的4G手机，我就能在大巴上修改学生的调查问卷。这时，我才发现原来手机早已不是我原来理解的样子。出差回来后，我马上对儿子说："如果你有什么意见，你觉得是合理的，但妈妈不认可，你要做的不是放弃自己的想法，而是来说服我，因为很多东西我已经不知道了。妈妈的观点与决定可能会对你造成伤害，拖你的后腿。"

要解决社会发展给家庭教育带来的新挑战，我们需要对家庭教育进行重新定义。家庭教育不再是父母单向地指向子女的教育，而是在家庭生活中，家庭成员相互影响、相互帮助的过程。父母可以指导帮助子女，反过来，子女也可以影响父母、指导帮助父母。积极取向的家庭教育就是采用了这一新的理论假设，在这一理论假设上，我们能更好地凸显孩子的主体性，尊重孩子的人格尊严与权利，激发孩子积极向上的精气神。

相较于传统家庭教育，积极取向的家庭教育更强调对家庭教育活动中积极方面的关注，如更积极地看待孩子，用更积极的思维模式去思考家庭教育中所遇到的问题，当然也更积极地看待自己。

（三）为什么要积极关注

之所以选择关注积极面而不是消极面，是基于这样的理论假设：没有缺点的孩子并不一定是个优秀的孩子，他可能只是一个平庸的孩子；缺点的反面并不是优点，而只是没有缺点，只有充满优点的孩子才能成为一个卓越的人。决定孩子人生宽度与高度的并不是没有缺点，而是这个孩子拥有多少优势。如果家长只能看到孩子的缺点，穷极一生思考、侦察孩子的缺点，花尽力气去纠正孩子的缺点，却忘记了发现孩子的优点、孩子的美好，那么他培养出来的必然只是一个平庸之才。

对孩子缺点的关注不仅不能解决孩子的问题，有时反而会激发孩子的对抗行为，将能量指向对抗父母而不是解决问题。在咨询中，我曾经给一位母亲布置了一项家庭作业，让她每周找到自己孩子真正存在的三个优点，并且对孩子进行表扬。结果三周过去之后，她一次都没有表扬过。她告诉我，她确实没有找到她孩子的任何一个优点。她觉得要命的是，孩子根本不承认自己有问题，孩子觉得有问题的是母亲，需要做心理咨询的也是母亲，不是自己。

我和这个孩子接触过两次，发现这个孩子对母亲充满了怨恨。她告诉我，在她读小学四年级之前，她的父母及哥哥都非常宠爱她，学校的老师都护着她，同学对她也很好，可以说是要风得风，要雨得雨。在她要升上五年级时，父母因为觉得市县的教学水平不如省会城市，就把她转到省会城市的学校学习，那时她10岁。在新的学校，她很想父母，但父母要到周末才能来看她。她和同学的关系也不好，同学老欺负她，老师也不喜欢她。母亲周末去学校接她时，每次都只是问她学习成绩好不好，老师告状时母亲就会骂她，却从来没有问过她生活得好不好，在学校开不开心。

到初中后，男同学嘲笑她长得太胖，老师说她上课不认真，母亲知道这些后都会骂她，指责她上课不认真、不肯节食、不愿运动。她因为没有朋友，不想学习，只能用手机打发时间，但母亲不让她玩手机，不准她带手机去学校。她想学习绘画，母亲坚决不让，她想学习动漫，母亲也经常藏她的动漫书，因为母亲怕这些会影响她的学习成绩。现在她觉得她也要让母亲的日子不好过，于是通过故意玩手机、故意不读书，来让母亲不开心。后来母亲实在没办法了，同意她去学习绘画，并且让她在学习绘画期间住在绘画学校。和母亲分开一段时间后，可能意识到考上大学后可以离开母亲，这个孩子后来还是用心学习并考上了大学。现在，虽然大学与家在同一所城市，她也害怕与同学相处，但她还是选择了离开家到学校住宿。她和教绘画的老师说："这世界上我最恨的就是我妈妈，我一定要离开她。"

还有一种孩子平时在家庭中被持续忽视，但家长却对她的某一缺点或偶发的失误进行过分的关注，从而导致这一问题持续存在，因为这是孩子获取家长关注的重要途径。在我咨询的个案中，曾经有一个女孩，在家里排行老二，有一个姐姐与一个弟弟。姐姐长得非常漂亮，直到她读大学时，当她和姐姐出去时，大家都会说："怎么看也不像一个爹妈生的，妹妹和姐姐怎么会相差这么远？"弟弟因为是个男孩，在家庭中自然很受宠爱，只有她自己是一个没有任何人关注的孩子。

在她5岁时，她和父母、姐姐及弟弟一起去外婆家拜年。晚上睡觉后，她因为喝了很多水而尿床了，当时和她一起睡觉的姨妈发现了，马上叫她父母起来给她换被子。她记得由于天气太冷了，大家都起床了：换被子的，给她洗澡的，拿衣服给她换的。她现在想起来都觉得很开心，因为从来没有被这么多人关心过。从此，只要有不开心的事或者其他事情，她就会尿床。她为此去过很多医院检查，结果是泌尿系统等都没有什么问题，这样的症状一直持续到她高中毕业。高中毕业后，她去了一所医学院的附属医院进行检查，泌尿科医生建议她去心理科，结果被心理医生诊断为抑郁症，吃了抗抑郁药后尿床的症状就消失了。

消极关注有时难以解决孩子的问题，反而会激发孩子的防卫机制，将孩子的能量引导到维护自己的尊严上，而不是去解决问题，甚至孩子会通过保留这些问题来获取父母的持续关注，使自己成为注意的中心。积极关注则不同，通过关注孩子的积极面，将孩子的能量引导到发挥自己的优势、解决所面临的问题上来，使孩子不断完善，并在这一过程中逐步建立自信。

需要强调的是，本书强调的是积极取向的家庭教育，但并不是说孩子就没有消极面，而是我们选择关注孩子积极的、美好的一面。同样，我们也并不能说传统的家庭教育就是消极的，只是传统家庭教育可能相对更关注孩子的消极面一些而已，所以称之为普通家庭教育更恰当一些。

（四）谁的家庭

要进行积极取向的家庭教育，父母首先要从潜意识里认可家庭是所有家庭成员的家庭，大家在家庭中享有同等的权利与义务，家庭成员不得控制与命令他人，每个人都有权利自己做决定。如果无法认同这一观点，我们就无法真正尊重孩子的自主性，发现孩子的积极面，更遑论激发孩子积极向上的精气神了。

很多家长可能会认为他们是非常认可孩子在家庭中的地位的，他们觉得自己给了孩子足够的自由，自己也是从内心认可家庭也是孩子的家庭这一点。但事实真的如此吗？让我们来回答以下问题。

你是否会表扬自己的孩子很乖？你是否会评价孩子听话？如果你的回答是"是"，表明你并不认为这个家同样是孩子的，因为这些话后面的潜台词就是孩子应该听我的，应该服从我。如果这个家也是孩子的，那他为什么要听我们的话？

如果家庭中的规则绝大部分是家长制定的，父母经常对孩子说不准做这个、不准做那个，经常对自己的家人说"不要用我的厨房""快点吃完饭""把你的房间收拾干净"，表明在你的潜意识中更认可这是父母的家，而不是孩子的。我们要求孩子学会我们的规则，适应我们的环境，而不是让孩子一起制定规则，为了孩子而改变环境。

我应邀去某所学校做家庭教育的讲座，台下坐着的家长大部分都是母亲，其中有几位父亲。我特地表扬了父亲们对孩子教育的重视，说他们是称职的父亲。结果其中一位父亲对我说："老师，我是家长，家长会当然只有我才能来开，难道让她妈妈来开？"或许这句话有很多的玩笑成分，但也不可避免地显示了他的男权意识。

也有些家长恰好相反，他们承认孩子在家庭中的权利，尊重孩子的主体性，但忽视了每个家庭成员在家庭中的责任。比如，我们有在家庭中娱乐的自由，但不能因为你的娱乐而影响其他人的休息与生活。现在很普遍的现象是，家长给了孩子无限的自由，结果孩子成了家庭的绝对主人，父母则是孩子的佣人，甚至是奴隶。孩子做作业时，会自私地要求不准家长有自己的娱乐活动，家长也只能全盘接受。这恰好是家长忘记了家庭是孩子的，也是自己的，是所有家庭成员共同的家庭，所有家庭成员拥有平等的权利，并承担与权利相应的责任。

二、积极取向的家庭教育与赏识教育的区别

赏识教育是我们的本土教育方式，创始人周弘用 20 年的时间成功地培养教育了其聋哑女儿，并由此孕育、提出了赏识教育。在周老师的推动下，很长一段时间以来，赏识教育成为众多年轻父母的教育宝典和中小学教师的教育方式。

赏识教育的理论基本是通过赏识孩子使孩子成功，就如周弘（2000）所说："赏识教育的特点是注重孩子的优点和长处——小题大做，无限夸张，逐步形成燎原之势，让孩子在'我是好孩子'的心态中觉醒。"这其实是心理学中的自我实现的预期，即个体的期待与期望会影响个体的行为，最终影响结果。让孩子觉得行，就是让孩子形成正向的自我期待，从而引发积极的行为。所以，赏识教育与积极取向的教育有相同点，但也存在很多不同之处。

（一）对人性的假设不同

积极取向认为人有积极的一面，也有消极的一面，积极取向的意思是我们选择关注孩子的积极面，但并不否认孩子的消极面。孩子具有内在的、自我发展的力量，并不是事事都需要父母的发掘与表扬，就像孩子一生下来就知道饿了就要吃、渴了就要喝那么自然，无论你有没有表扬，下次这些行为依然会出现。

在这一假设下，我们认为孩子是自我成长与发展的主人，父母的教育需要通过孩子的行为才能起作用。家长不过是孩子成长的外因，而且孩子对父母行为的反应方式也会影响父母的教育方式，因此父母不应该为孩子的行为承担全部责

任。父母也不应该被指责，他们只是需要帮助，因为没有人天生就知道另一个人的需求，父母不知道如何去关注、去发现孩子的积极面，尤其是有些在弱点关注教育下长大的现代父母，更不知道要如何去关注孩子的积极面。

赏识教育认为，"没有种不好的庄稼，只有不会种庄稼的农民""孩子都是没有问题的"，并要求"孩子生病，家长吃药"。后来又演变成"没有教不好的孩子，只有不会教的老师"（周弘，2000）。这看似是对孩子的尊重，但其实恰好是忽视了孩子在自我发展中的主体性作用，认为孩子需要在家长的帮助下得到发展，孩子自己无须为自己的行为负责任，所有的问题都来自家长。

这一假设会带来很严重的问题。首先，孩子会拒绝承认自己有问题，不会选择寻求家庭以外的资源来应对自己所面临的问题或不利处境，他们只会抱怨父母的错误，却忘记了自己也有责任、有能力去面对与处理来自父母的不利影响。其次，这会让父母承担太多原本不属于自己的责任。当孩子出现问题时，父母会陷入深深的自责中，感觉很无助、很沮丧，因为面对天生不利儿童，如难养型儿童、智力相对低下儿童时，很多方法确实不一定有效，而赏识教育却认为这一切都是父母造成的。

赏识教育认为人性中的本质需要就是渴望得到赏识、尊重、理解和爱。为了满足孩子的这些要求，父母要学会发现孩子的优点和长处，并且通过表扬，逐步形成燎原之势，让孩子在"我是好孩子"的心态中觉醒。

积极取向认为渴望得到赏识、尊重、理解和爱只是人的需要中的一种，人最重要的需要是自我实现，个体需要知道自己想要成为什么样的人，能成为什么样的人并且实现自己的全部潜能。个体的发展也并不一定需要外界的表扬与鼓励，他在不同时期涌现出来的需要可以推动个体去努力，并因为需要的满足获得幸福与自我成长的动力。

赏识教育虽然也承认孩子的潜能，并且提出要尊重孩子的个体差异，但其假设是这些潜能需要家长去发掘，发掘还不够，还需要家长及时表扬才行。这是一种赤裸裸的外部控制，与惩罚孩子的出发点其实是一致的，其理论假设是孩子的行为需要外部控制。

因此，赏识教育只不过是使传统的忽视儿童感受的教育变得更温情了一些，对孩子行为的评价标准仍然是成人的标准，是基于成人的评价，要不就是虚伪、空洞的表扬。我有一次去幼儿园听课，每隔三分钟就听到老师对孩子们说"你真棒！"，我在那里听了半天，实在没有听明白到底哪里棒了，孩子们在听到这些的时候也是一脸无所谓的表情，这与肥皂剧中演员讲到一定程度后，就播出一段观

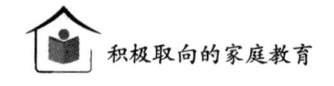

众的笑声没有什么不同。

（二）教育的原则不同

周弘（2000）认为，"赏识导致成功，抱怨导致失败"，赏识教育的特点就是"注重孩子的优点和长处"。这种赏识的原则低估了儿童的能力，认为儿童无法对自己有正确的评估，家长只要洗脑式地去无限夸大孩子的优点，就可以让孩子自我感觉良好，继而就能成功。这样无视现实、不客观的评价会导致孩子无法客观地评价自我，过度的自我膨胀常常会降低孩子面对挫折的能力，也不利于孩子设置切合实际的成长目标。试想，虽然你拥有必胜的信心，并且勇往直前，绝不放弃，但是没有任何与之相匹配的资源，你真的可能取得成功吗？

现有报道会过度夸大个人内心的力量，认为只要你不断坚持，不断努力，你就能实现自己的梦想，而事实上，如果没有最低要求的能力水平，个人是不可能成功的。中国文化中非常强调人贵有自知之明，帮助孩子客观评价自己、清醒地认识到自己的优势与劣势，接受自己暂时的限制，更有利于个人的发展与心理健康。赏识教育在中国的发展所带来的问题也证明了这一点。

父母的赏识也并不必然会促进孩子的成长，只不过是构建亲子关系的基础。父母能够赏识孩子，对亲子间建立安全、信赖的关系是有利的。好的亲子关系是家庭教育的基础，有助于孩子吸收、听取家长的意见，也有利于家长倾听孩子的意见，并且为孩子提供安全的港湾，有利于孩子的心理健康，但也仅此而已。个人的成功取决于个人的努力与能力，有些孩子并不需要家长的赏识，他们可以通过自我激励来获得成功，也可以通过与家长之外的人建立良好的关系来满足自己的情感需求。

积极取向的家庭教育坚持儿童主体性的原则，强调尊重儿童的权利，呵护儿童的自主性。只要不涉及家庭教育的底线，凡是涉及儿童的问题均要以儿童的意见为主，儿童也应该为自己的行为负责，尽量减少外部控制对自己的影响。

在培养小外甥阅读兴趣的过程中，我买了很多书送给他。孩子很高兴地说："一定要认真把书都看完，否则就太对不起姨妈了。"我知道后，赶快告诉他："姨妈买的书是不需要看完的，只选择你自己喜欢的看就可以了，因为姨妈只知道这些书写得很棒，但并不知道你是否喜欢，所以你只选择自己喜欢看的就行。"之所以这样说，我是怕孩子会形成错觉，以为看书是为了不辜负我，而不是他真的喜欢阅读。为了不辜负我而阅读是一种外部控制，而为了自己喜欢阅读而阅读才是一种真正的内部动机。

家长的赏识也是一种外部控制，赏识孩子的目标在于激发孩子行动的内部动机，直至最终可以撤销外部的激励与提醒。如果孩子已经有了内部的动力，那么外部的激励会将孩子的内部动力转化为外部动力，直到内部动力消失，尤其是那种夸大其辞的所谓赏识还会让孩子感觉你不真诚，或者你在轻视他。

（三）教育的目的与手段不同

赏识教育的目的是通过表扬孩子的优点，让孩子在感觉良好中发展自己的优势。周弘（2006）认为赏识分为四个层次，即"赏识孩子的行为结果，以强化孩子的行为；赏识孩子的行为过程，以激发孩子的兴趣和动机；创造环境，以指明孩子发展方向；适当提醒，增强孩子的心理体验，纠正孩子的不良行为"。

积极取向同样重视孩子的感觉是否良好，也需要使用表扬与赏识孩子的手段。但是与通过赏识来激发孩子、引导孩子相比，积极取向的家庭教育更强调家长作为一面镜子的角色，即将客观的信息反馈给孩子，帮助孩子形成积极、客观的自我概念。

与感觉良好相比，积极取向的家庭教育更强调孩子复原力的培养，即个体从创伤、失败与挫折中复原的能力。环境并不总是美好的，社会也不可能对你充满了赏识与表扬，甚至会有更多的拒绝、侵害，人生也会有挫折与失败。强者是那些能从挫败中走出来，并且活得更好的人。赏识与表扬显然无法培养孩子的复原力，只有能客观认识到自己的长处，同时又能坦然承认自己不足的孩子才有勇气直面挫折，并能在不断的失败中坚持努力、不放弃。

表扬是西方个人主义文化背景中的重要教育方法，父母通常会给予孩子很多的表扬。我国是集体主义的东方文化，东方文化中的自我意识具有更高的相互依赖性，孩子一开始就具有强烈的动机，并且会有意无意地与他人比较，因此过多的表扬对孩子的性格养成可能是有害的，如过多的表扬可能会让孩子更骄傲、更自以为是。我国是一个面子社会，大家本身就有很强的面子意识，如果再加上父母、学校经常的表扬，孩子的面子意识更强，更加无法面对公开的批评与公众场合的失败。回忆我们小时候父母与师长都对我们表扬得很少，但我们并不自卑，而是谦虚。同为东方文化的日本，其家长表扬孩子的频率也远低于美国家长，但他们的教育水平也没有人能轻视。

赏识教育是对我国体罚教育的一种有益的修正，是在家庭过度关注儿童问题时涌现出来的新的教育方法，也为我们的教育做出了卓越的贡献。现在，为什么虎妈狼爸的论调又开始有很大的市场？这来源于我们过度赏识孩子，将赏识教育用到了极致，在赏识教育带来很多新问题的背景下，人们内心对严格教育的一种呼唤。

除了赏识教育外，还有很多在中国文化下长大，又在美国等西方文化下工作的家长，会回国大力宣传表扬的作用。这应该是一种文化的冲突，而并不表示过多的表扬是适合我们的孩子的。中国文化非常强调谦虚品质，忌讳骄傲品质，我们常说"满招损，谦受益"。例如，在工作与会议中，我们不会坐前面的位置，一般不会乱发言。这在中国是没有问题的，因为大家都知道如何安排座位，如何给他人发言的机会。但这些人到了西方那种推崇个人主义的文化中，肯定会出现文化冲突现象。

中西文化差异表现在工作中就会出现不利于中国人的场景。比如，即便我们能够很好地完成某项工作，我们也只会说"应该能行"，但西方人会说"没问题"；如果我们感觉有很大把握，我们会说"让我试试看"，而西方人会说"好"。这样雇主在最开始时肯定会将工作任务交给西方人，而不是我们中国人，然而随着你在一家单位待的时间久了，雇主自然会知道你所说话的含义，他会知道你的谦虚品质，这样对你的影响就不会很大，甚至他们还会觉得把任务交给你更可靠。

随着东西方文化的传播与交融，这一影响会逐步削弱，更重要的是你的孩子将来是去西方文化中生存还是要在中国文化中生存。

赏识教育在中国走过了这么多年，带来的问题也是有目共睹的。在我做讲座的间隙，总是会有很多家长与老师表达自己的困惑，其中最多的是："为什么在我们当学生的时候，老师与家长对我们是想打就打，想骂就骂，而且那么理直气壮，我们也都健康地长大了，现在也没有什么事。我们现在很少骂孩子，更别提打了，只要骂一下孩子就要死要活的。到底要怎么教育孩子？"

在给研究生上课的时候，有个学生在玩手机，我生气地对他说："如果你再玩的话，直接出去，不要在教室上课。"结果下课后那个学生走上来，理直气壮地对我说："老师，你怎么能当面批评我，你这也太不给我留面子了。"一个高学历的成年人没有认识到自己因为违反纪律本就应被批评，却责怪教师不给他面子，而且还是学教育学的研究生。我生气地告诉他："面子不是人家给的，而是自己挣的，你自己回去好好想想。"这个学生后来反而做得不错，其他学生也很少在课堂上违反纪律。

有些本科生上课不认真，期末考试后却理直气壮地责问老师："为什么让我挂科？"或者发短信让老师给他多少分，因为他要出国留学，如果老师不答应就是不给面子，所以我每次都会毫不犹豫地让该挂科的学生挂科，并且严肃地告诉他:"没有人能让你挂科,除了你自己。不想挂科,就应该在考试前努力学习,遇到不会的地方,应该主动请老师提供帮助。"

第二节 积极取向家庭教育中的亲子角色

家庭教育是在亲子之间进行的,对亲子角色的理论假设直接影响家庭教育的方式与效果。

一、子女角色

子女角色是指父母对子女的根本看法,包括对子女的特性、权利与地位,以及家庭教育与子女成长之间的关系等的规定与态度。

(一)子女是独立的社会人

在亲子关系中,父母很难做到真正地尊重孩子的独立性,因为亲子关系天生就具有不平等性与一体性。孩子最先孕育在母亲的子宫中,由母亲供给孩子所有的需要,直到出生后的很长一段时间,母亲都需要悉心照顾孩子,全身心地为孩子付出。这种付出影响了母亲将孩子视作一个独立的社会人,但是平等观念认为,孩子与母亲是两个独立的、平等的个体,他们拥有一切作为人的权利,父母不能去控制与命令孩子,孩子有为自己做决定的权利。

很多家长无法理解这一点,认为自己的知识、经验比孩子丰富得多,自己做的决定会比孩子明智得多,而且自己作为父母,一切都是为了孩子好,怎么可能会害自己的孩子呢?虽然现在孩子不理解父母的行为,将来他们就会感激父母为他们做决定了。

父母为孩子做决定的出发点是为了孩子好,这一点是毋庸置疑的,但问题是为了孩子好,就一定真的能为孩子好吗?父母就不会犯错?如果父母所做的决定也可能会错,孩子所做的决定也不过是可能会错而已,那孩子为什么不自己做决定并且自己承担责任?这远比他人做决定,让自己来承担责任要公平得多。其实我们只要思考一下,父母在我们小时候帮我们所做的那些决定是否都是最理智、最适合我们的,或者说他们所做的决定就比我们自己做的决定更适合我们吗?恐

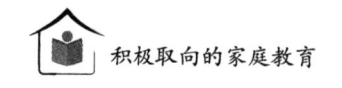

怕回答"是"的人不会很多，那么，我们凭什么认为自己所做的决定就一定比孩子做得更好呢？

在我与家长的交往过程中，遇到过一个极端的例子。一个女孩在初一的时候就想学习绘画，并且也表现出了这一天赋。她的父母认为女孩子今后要做如公务员、教师等稳定的、体面的工作，他们认为绘画相关职业不是一个好的职业领域，甚至不是一个正经的工作，一直不答应她学画画。这种压制换来的就是孩子不愿意学习，并且在生活中想尽办法对抗父母，让父母也不开心。这样的生活一直延续到高二，父母被逼得没有办法才改变想法，同意让孩子去学习绘画。由于长期与父母对着干，孩子的身体很虚弱，学习成绩也非常差。虽然孩子通过自己的努力考上了大学，但是身体却一直没有恢复健康。在临上大学前，孩子和教绘画的老师说："我最恨的就是我妈，我虽然不知道要怎么和宿舍同学相处，但为了避开我妈，我大学坚决不回家住。"在这个案例中，如果父母一开始就遵循孩子的意愿让她自由选择，也许她所达到的高度就会不同，即使所达到的高度可以弥补，但所造成的伤害却难以拂去，孩子在此过程中所受的苦也不能一笔勾销。

随着父母文化程度的提高，社会观念的转变，很多父母也能接受孩子是独立的个体，应该尊重孩子的选择的理念。但一遇到需要做决定的事时，父母就很难保持平和的心态，放手让孩子去做决定了，归根结底，这是因为父母不相信孩子的能力，也不愿意面对孩子对自己的依赖越来越少的现实，在情感上更不能接纳孩子离自己越来越远的现实。这样，亲子的对抗就开始了，如果处理不好，就会引发大量的亲子教育问题。

（二）子女具有自我发展的潜力

常常会有父母抱怨自己是多么用心地去教育孩子，从小陪他玩，陪他学习，每天都认真检查孩子的作业，大小事项无一缺漏地进行指导，结果孩子还出现很多的问题。我会反问他们："为什么你要无一缺漏地对他进行指导？"很多家长会表示："孩子太小不懂事，家长如果不指导他，孩子就可能变坏。"

孩子并不是一块白板，他有自己的心理需求，这种心理需求会推动他不断地向前发展，自我完善。心理学家马斯洛认为人人都有需要，根据出现的早晚，可以将这些需要从低到高分为生理需要、安全需要、爱与归属的需要、尊重的需要与自我实现的需要（图1-1）。个体出现某种需要之后，这种需要会引导个体采取相应的行为去满足自己的需要。比如，婴儿出生后，饿了就会哭泣，并且寻找母亲的乳头，以满足自己的营养需要。某种需要得到满足之后，这一需要就不再有驱动作用。比如，孩子吃饱后，即使把牛奶放在他口里，他也不会吃。

当前需要得到部分满足后，高一层次的需要就会出现。比如，孩子很饿的时候，他会很努力地吃奶，全部注意力都在吃奶上。当他吃得半饱的时候，他就会时不时地抬头看妈妈的脸，和妈妈交流的需要就出现了。如果此时妈妈没有注意孩子，那么孩子希望与妈妈交流，得到爱的体验的需要就没有得到满足，这会抑制孩子高级需要的发展。每一种需要得到部分满足后，就会出现更高层次的需要，从而引起更多、更复杂的行为，推动个体不断自我完善。

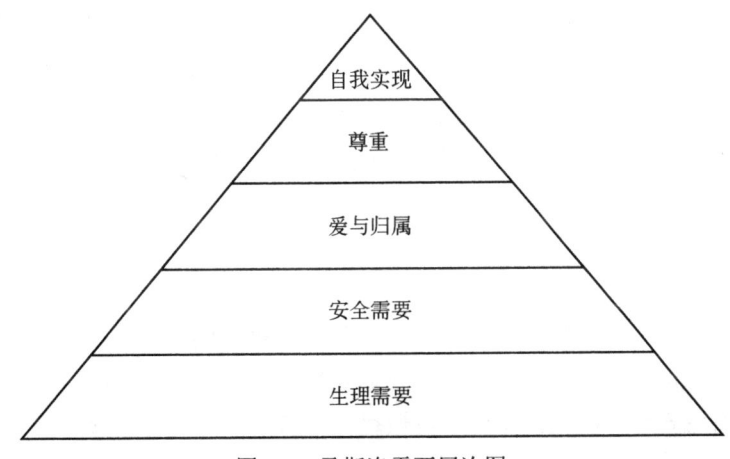

图 1-1 马斯洛需要层次图

孩子的需要会受到年龄的影响，最先出现的是生理需要。在孩子刚出生时，最迫切的就是生理需要的满足，家长需要敏锐地区分孩子的生理需要，如孩子哭是因为饿了、冷了还是要排泄？只有在这些需要得到满足的条件下，孩子才能健康地成长。

随着年龄的增长，孩子的安全需要会出现，如对母亲的偏好，尤其是晚上，孩子一般不愿意离开母亲，母亲一离开，孩子就会哭闹不安。随着孩子进一步成长，他的自我意识会逐步得到发展。在孩子 1 岁左右，他不再满足于听从父母的安排，想主动探索外界的世界，想模仿父母或其他人去做事情。到孩子会说"我"时，他就会要求"我要自己来，我要自己做"。这时候如果满足孩子的安全需要，孩子就不用担心外界环境的安全，不怕受到父母的指责，孩子会变得自信，从而激发起高级心理需要。如果这时父母不断地指责他帮倒忙，不断地告诉他有危险，如 3 岁的孩子想给父母洗碗，父母则害怕孩子把碗摔碎刺伤了孩子的手，怕孩子洗不干净，则孩子会变得越来越没有自信、胆小依赖，无法形成独立的

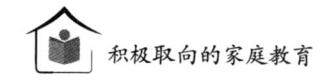

人格。

　　一般来说，当低级需要得到满足后才能出现高级需要，而且低级需要对行为的驱动力比高级需要更强。比如，看电视是高级需要，而吃饭是低级需要，那么告诉孩子如果不完成某些事就不能吃饭比不能看电视对他的影响要大得多。但也有例外，如果孩子体验过高级需要得到满足后的感受，那么，他就有可能会忽视低级需要而会更在乎高级需要。比如，一个孩子一直以来均因为成绩好而受到同学的赞赏，那么他可能会因为这一高级需要而忽视睡眠这一低级需要的满足。

　　父母承认孩子的这种内在动力，相信孩子有自我完善的力量，那么父母自然就不用那么焦虑，可以放手让孩子去尝试、去努力，父母只要在必要时为孩子提供帮助。如果父母能真正地承认孩子的独立性与平等性，能信任他们的能力，孩子自然也就不会出现所谓的第一逆反心理期与第二逆反心理期了。

二、父母角色

　　父母角色是指我们如何看待自己作为父母所拥有的权利、应该承担的义务与责任。对父母角色的认定会直接影响我们对待孩子的行为，并与我们对子女角色的定义具有一致性。例如，对子女持积极向上看法的父母，通常也不大容易持父母应该是神而不是人这样的角色定位。

（一）父母是真实的普通人

　　很多家庭教育的通俗读物，甚至专著都可能会告诉你，作为父母，你应该怎么做，什么样的父母才是合格的父母。这导致很多人成为父母后，就会走向一种特定角色的定义误区，认为作为父母就应该试着去做某些特定的行为，他们应该在任何时候都爱他们的孩子，去无条件接纳自己的孩子。如果孩子出现了某种问题，那么责任一定是在父母身上。另外，有些家长在自己的原生家庭中与父母的关系不是很好，童年不是很快乐或者有所缺憾。这样他们会更担心自己也会对孩子犯下同样的错误，希望自己是一个非常称职、无所不能的家长。

　　这样的意图当然是好的，也是有责任心的表现，但结果却可能很糟糕，因为他们忘记了自己也是人，是一个有自己的梦想和心理需要、会犯错的普通人，他们为了达到自己心目中的理想父母角色的要求而不能以真实面目呈现在孩子的面前。

　　父母不真实的面目会给孩子带来困惑。如果你明明无法接受孩子的行为，却要表现得接受，那么你的表情会泄露你的秘密，你的孩子当然能发现这一秘密，这会让他感到困惑。例如，孩子告诉你他的房间是他的领地，你不能随便进入他的房间，你表面上答应不会去他的房间，如果要进去会敲门，但事实是你的表情却显示出你对此行为感到受到冒犯，感到难受。那么孩子就会困惑你的语言与你的表情到底哪一个正确，他对你的语言与表情的理解是否有误。

言行不一的行为还会让孩子失去安全感。有家长说孩子很讨厌他打电话给老师询问孩子在学校的表现，所以他只能偷偷地打电话给老师，并且让老师不要告诉孩子他打过电话。他的前提假设是只要他不说，老师不说，孩子就不会知道。事实上，他打电话了解了孩子在校的情况后，在与孩子的交往中就会或多或少有些表现，如影响他对孩子的态度，改变他惯常的谈话内容，那么这时孩子马上就会猜疑家长是不是打了电话给老师。由于信息的不明确性，孩子总是会生活在猜疑中，安全需要无法得到满足。

有些家长可能会说，他真的能做到对孩子全部接纳，为了他们可以没有自己的私人空间，为了他们改变自己的一切缺点。例如，孩子可以随意支配家长去帮他做他没有做好的事情；虽然很担心，还是可以不给老师打电话，自己想尽办法与孩子聊天获取信息。这样的话，新的问题又出现了。如果你真的能做到一切，那么你自己的生活呢？一个超级完美的家长对于孩子来说，真的是福音，是有吸引力的家长？

社会心理学的研究发现，相比于完美的人来说，我们更喜欢有点小毛病，但又不是很严重的人，因为太完美的人会给我们很大的压力，有点小毛病不仅减少了我们的压力，而且加大了我们的相似性，从而缩短了心理距离。因此，不用追求完美，你只需要承认自己只是一个普通人，有自己的梦想与心理需要，当然也有自己的缺点，也会犯错，并且真实地将这些呈现在你的孩子面前就好。

（二）父母的需要与梦想也很重要

在中国传统文化中，父辈的权力是至高无上的，具有绝对的权威。新文化运动之后，我国对家长制进行了批判，父母的权力被削弱，随着西方教育思想在中国的广泛传播，父母的权力则被进一步削弱。与权力削弱不一致的是，父母对子女的责任反而加强了，父母以子为贵的思想也得到了完整的继承，甚至得到了加强。经济条件与经济水平大幅提升，但人们敢生二孩的比例反而更低，父母为了子女能有更好的学习条件不惜节衣缩食，到处求人交赞助费以使孩子能进更好的学校学习，家中有成年子女的家长，为了给子女买房也是倾尽全部

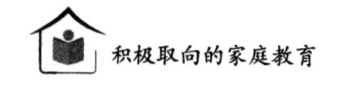

积蓄，甚至不惜举债。这些都是典型的亲子地位不对等、权利义务不匹配的表现。

还有些家庭教育的书籍、电视节目或网络社交媒体会语重心长地告诉你"教育好自己的孩子，才是你最重要的事业"，认为伟大的父母（通常更多的是指母亲）会为了孩子牺牲自己的梦想，克制自己的需要，孩子也把父母的牺牲当作理所当然的事情。在儿子读小学时，有一天他对我说："我们班好多同学的妈妈都是当全职妈妈的，谁像你一样要工作、要学习？"小小的孩子就跑来对我说让我放弃自己的事业，而且说得那么理直气壮，我当时听了真的很难受。

我理直气壮地对他说："你有你的梦想，我也有我的梦想。如果我的父母培养我长大，只是为了让我做你的母亲，来帮助你实现你的梦想。然后等你长大了，就放弃自己的梦想，而去帮助你的孩子实现他的梦想。代代循环，结果是没有人能实现自己的梦想，你觉得这样做很好吗？"后来我又和孩子说："当然，在妈妈追求自己的梦想的时候也不能损害你的权利，所以妈妈没有再去读博士，而是选择陪在你的身边，因为我知道陪在你身边更好，不读博士也不至于无法实现我的梦想，所以妈妈会在你和我的需要之间进行平衡。"孩子听后好像思考了一会儿，之后再也没有向我提出这样的要求了。在他读高中的时候，有一天，他认真地对我说："妈妈，现在我长大了，你可以考虑去读博了，谢谢你为我做出的牺牲。"

有人可能会说，为了孩子牺牲自己的梦想、压抑自己的需要不是很伟大吗？如果可以做到，为什么不做？问题是，在你牺牲了自己的梦想时，你就无所事事，你的注意力与关注点全在孩子身上，这样孩子会觉得不自由。为什么我们会感觉小时候父母并没有多尊重我们，但我们却生活得很好，原因在于我们那时一个家庭有很多的孩子，父母根本无暇关注你，自然批评也会减少，我们很多的情感需要在兄弟姐妹身上得到了满足。

另外，如果你作为全职妈妈，那照顾孩子就是你的工作，孩子会因此变得懒惰、依赖。如果出问题，他会责怪你的服务没做好；即便你做好了，孩子也会把你所有的付出都当作理所当然，因为他认为你就是干这个的，就好像你不会对餐厅服务员的服务表示感恩一样，孩子也不会因此感恩于你。

为孩子牺牲梦想的母亲，会有意无意地将放弃梦想的成本算到育儿成本中去，这无疑会增加母亲对孩子的期待，她们会更加害怕孩子失败。有些被迫放弃自己梦想的父母，甚至还可能有意无意地将自己不曾实现的梦想强加给孩子。如果孩子失败了，放弃梦想的母亲要比其他母亲难受得多，因为孩子的失败也就是她自己的失败。孩子因为担负了母亲的梦想前行，压力也会更大，更不开心。除此之外，孩子会觉得不公平，凭什么自己要去为了父母的梦想而努力，父母应该自己去实现自己的梦想。

对于孩子来说，一个努力实现自己梦想、合理满足自己需要的家长是一个好榜样，孩子通过观察父母的行为而自然而然地理解梦想对自己人生的意义，他也会为了实现自己的梦想而去过有意义的生活。孩子在与父母的相处过程中，也更能理解父母对他付出的意义，并且充满了感恩。我的孩子在高中的时候就对我为了他没有去读博而表示感谢，因为他理解了读博对于妈妈的意义，并且自觉地和我说他能管理好自己，可以让妈妈有时间去实现自己的梦想。

（三）父亲与母亲不可能事事一致

有很多年轻的父母会问我，如果父母意见不一致会怎么样，会不会对孩子有不好的影响？关于这一问题的回答也是长期不一致：有些书或者你的父母会告诉你，夫妻二人要一个唱黑脸，一个唱白脸，这样孩子至少会怕一个人，有一个人会管住他，而另一个人可以在孩子要出走的时候把他拉回来，给他温暖与安全感；也有书或育儿网站会告诉你，父母一个唱白脸，一个唱黑脸，最后孩子就成了花脸，因为给他造成了混乱，他不知道自己的行为到底被接受还是不被接受，长期下来孩子的性格会被扭曲。

其实对这一问题的回答还是要回到父母是应该作为一种角色还是作为真实的个体存在的问题上来。如果父母要以自己真实的面目呈现在孩子的面前，那么来自不同家庭背景与文化背景，性别也不同的两个人怎么可能保持事事一致、时时一致？父母以不一致的面目出现在孩子面前当然就是一种必然。

有人说，可以父母事先达成一致，然后再在孩子面前出现。试想，你的家庭每出现一件事都能有时间供你们达成一致再去处理吗？即使有，夫妻确定能达成一致吗？另一个重要的问题是，即使你们都能达成一致，那么孩子知道任何事情都是父母商量好后再通知他，他就会认为父母是一伙的，联合起来对付他一个小孩子。我们先不讨论这是否公平，至少会无形中增强他的无助感，使他的安全需要与尊重需要无法得到满足。

接下来我们再分析，允许父母意见不一致又会怎么样？比如，父亲不允许孩子在家里墙壁上玩乒乓球，但母亲却允许。这时孩子可能会思考到底应不应该玩。那么这时候的问题其实不是夫妻之间的，而是孩子与父亲之间的。如果他想在父亲在家的时候也玩乒乓球，他就应该去试图说服父亲或者选择不玩，而只有母亲在家的时候他才玩。当然，如果只有母亲在家的时候孩子玩了，父亲回来之后对孩子生气，则这时候的问题就是夫妻之间的了，就需要夫妻之间来讨论这一问题，或者三个人共同来讨论这一问题的解决方案。

从这一假想的方案中，我们很明显就能发现，夫妻之间的意见不一致对孩子的成长并不会产生什么不利的影响，反而是在冲突解决的过程中帮助孩子掌握谈判、沟通与解决问题的策略，而且孩子知道自己也是家庭中平等的一员，遇到问题可以采用协商的方式解决。

（四）父母任何一方都不是亲子关系的中介

在讲座与咨询中，我经常会被问："孩子与爸爸（妈妈）关系不好，我作为妈妈（爸爸）要怎么办？"很多父母都会在家庭中有意无意地承担一个中心的角色，其他人均以他为中介，这会带来很多问题。

由于我学的是心理学，或者是母子之间关系更好相处，我发现我成了父子之间的中介。比如，明明开车去接孩子放学回家的是他爸，但是孩子却会打电话给我；明明是他爸去接孩子，联系孩子更方便，他却会更愿意让我打电话给孩子，然后再打电话告诉他。孩子读高中之后就不喜欢吃水果，每次他爸想让孩子吃水果，自己绝对不会去送，而是让我去送。姑且不论这之间的沟通麻烦，更重要的是这会让爸爸没有成就感。他在不知道什么时机、怎么说孩子更愿意吃水果的情况下来找我，这样会让他越来越退缩。发现问题之后，我总是鼓励他直接与儿子沟通，其实他有很多时候比我做得还好。

父母一方作为中介，会打乱家庭的力量平衡，减少家庭成员之间的相互作用与相互影响。比如，如果父亲与孩子关系不好，那么父子如何好好相处的责任在于父子双方，与母亲无关。母亲要做的最多是在中间起到一个促进沟通的角色，如鼓励父子双方学会更好的沟通模式，思考父子与母子沟通的差异，激发父亲对自己家庭教育能力的自信。如果母亲认为父子关系不好，而自己每次都承担父子之间的这种传话筒的作用和劝解双方的角色，反而会让他们的关系更不好，孩子会觉得母亲才是自己的贴心人，父亲只是一个外来者，从而让父亲的角色事实性缺失。父亲会觉得非常失落，在家庭中找不到价值感，并且他会把孩子教育不好的原因归咎于母亲对孩子的放纵，而不是思考自己应该承担的责任。

一般来说，在家中与孩子商定奖励计划都是由我来完成，直到有位家长问我"孩子找我要钱，我答应给他，但他父亲不同意。孩子让我不要告诉他爸爸，直接给他就行。我应该怎么办？"时，我才意识到自己的问题。后来，每次给孩子钱或者和他商量其他事情时，我会告诉他："我同意这样，但家里的钱有一半是你爸爸的，你和他单独商量，或者让他过来和我们一起商量。"虽然他父亲每次都不过来，但孩子去叫他或者跟他商量时，他还是很高兴。增加多边的交流，而不是单一交流，会增进家庭成员的凝聚力，提高家庭成员的幸福感。

（五）亲子关系与夫妻关系

在中国，亲子关系是高于夫妻关系的，尤其是在有5岁以下孩子的家庭中。在很多家庭中，孩子与母亲同睡一张床，而父亲通常被赶到另一个房间去住，我们也称之为被迫分居。另一个极端是年轻的父母想更轻松一点，孩子生下来之后一般交给爷爷奶奶或者外公外婆带，晚上也是和老人睡，要喂奶时再过去喂，或者干脆喂奶粉。这样的关系均不利于孩子的成长与亲子关系的培育。

孩子先在母亲体内孕育，出生后婴儿对母亲是最熟悉的，尤其是母乳喂养能让孩子产生信赖与安全感，这种感觉对孩子未来建立积极的人际关系具有非常重要的作用。如果母亲不能认识到自己在孩子发展中的作用，甚至因为孩子影响了自己的职业生涯而心存不满，那么她就没有办法用心去领悟婴儿的需求，自然也不可能去满足孩子的心理需求，给予孩子无私的爱。孩子由于心理需求未被满足，长大后会一直寻求刺激、爱与关注。这类孩子由于没有建立安全的人际信赖，在与他人的交往中，他希望自己成为注意的中心，但同时他又不相信别人会爱他，成为矛盾型依恋者（详见第二章的依恋理论）。

另一种母亲则相反，她将自己母亲的角色看作是至高无上的，忽视了她作为妻子、女儿、儿媳妇与工作者的角色。这样的母亲很容易溺爱自己的孩子，使孩子难以独立并与他人发展联系。更为严重的是，有些母亲认为孩子是自己完成的最佳作品，是自己一生的事业，这样的母亲在孩子开始有自我意识、需要发展自己的人际交往对象、扩展自己的生活范围时，会很不适应，很难放手，甚至设法让孩子完全依赖于她，并控制孩子，让孩子去完成她想完成却未完成的任务，所带来的结果要不就是孩子难以独立，要不就是孩子特别逆反。

在孩子刚出生的几个月里，母亲要尽量敏感地意识到孩子的心理需求，理解孩子的感受，并设法去满足孩子的心理需求，让孩子在充满安全感与爱的基础上探索外界事物。一旦孩子与母亲建立了安全、信赖的人际联结时，就要将孩子的兴趣引向父亲、家中的亲人，直至引向社会。

夫妻关系好坏是母亲决定是否将孩子的兴趣引向父亲的主要影响因素。如果妻子在婚姻中没有得到丈夫的关爱与尊重，婚姻生活让她抑郁不快或者她本身对丈夫没有兴趣，那么她自然难以将孩子的兴趣引向父亲，甚至会试图独占孩子的爱，让孩子不去爱父亲。如果孩子是男孩，则会形成恋母情结，这类人会将母亲当作自己解决爱情和婚姻问题的对象，在寻找爱人时，他总是会寻找与母亲类似的人，但发现没有一个人会像母亲那样关心他、顺从他。如果孩子是女孩，因为从小没有得到父亲的爱，她可能会对异性表示好奇，希望能得到异性的关爱，这使得她在与异性相处的过程中没有安全感，不知道如何维持一段爱情。

如果母亲与父亲家的亲人关系不好，她也就没有兴趣将孩子的兴趣引向爷爷奶奶等父亲家中的亲人，这也会影响孩子未来的人际交往、伦理道德的发展。

当然，如果孩子一出生，主要抚养任务由爷爷奶奶完成，那么，爷爷奶奶将孩子的兴趣扩展到父母是培养亲子关系、为后续父母教育提供良好基础非常关键的内容。

第三节　家庭教育与学校教育的区别

在学校教育出现之前，孩子的教育基本由家庭承担；随着学校教育的出现，学校教育越来越强势，而家庭教育功能越来越弱化。随着计划生育政策的出现，家庭对孩子的教育投入越来越多，但是家庭教育的功能在高考指挥棒的影响下越来越弱化，甚至变成了学校教育的附庸或者学校教育在家庭中的延伸。

这样过于重视学校教育与家庭教育的一致性，而没有考虑其区别的家庭教育，有损家校合作的效用。要想进行好的家庭教育，首先要回答的问题是家庭教育与学校教育的区别是什么。

一、教育目的的差异

虽然学校教育与家庭教育的目的都是帮助孩子成人成才，但对孩子成人成才的定义是不同的。学校教育的目的是由国家的教育方针决定的，现阶段我国学校教育的目的就是要培养社会主义事业的建设者和接班人，体现的是国家意志，任何人都不能随意改变。家庭教育的目的当然也会受到社会与时代的制约，但更多的是受到家庭文化、家长观念的影响，体现的是家庭的意志。

虽然社会在不断发展，家长的教育观念也在不断更新，但家长根据自己的经验、爱好为子女制定教育目标,而不是根据子女的兴趣爱好、能力来制定教育目标的现象依然广泛存在。这样的家庭教育目标不仅难以实现,而且会给亲子关系与家庭教育带来诸多问题,其中最突出的问题是对子女的期望过高,其次是将自己对某些专业或职业的看法强加给孩子。

对子女过高的期待会给孩子带来很大的压力。到了暑假,每天会有成千上万的家长带着年幼的孩子涌入北京大学与清华大学参观,但去其他大学的人却很少。这一行为表明家长对孩子的期待很高,从而给孩子带来很大的压力。有次给初中生家长做讲座时,谈到让学生多了解各大学的情况,激发孩子对大学的兴趣,以及了解大学的专业,为生涯发展规划做准备。有很多家长高兴地说,他们在孩子很小的时候就去参观了大学,当我很感兴趣地问他们都去了哪里时,他们都说去了北京大学、清华大学,其他学校就没有去了。其中有些家长说孩子学习压力很大,并且无辜地强调自己没有给孩子压力,说考什么学校都无所谓。其实,家长只挑选北京大学、清华大学去参观的行为就清楚地表明了自己对孩子的期望,如果想帮助孩子了解大学的情况,应该选择不同的大学,因为对于自己的孩子来说,没有所谓的最好的大学,只有最适合的大学。

父母将对某些专业、职业的偏爱或歧视强加在孩子专业与职业的选择上也会给孩子带来很多的困惑,甚至是痛苦。每年都有很多大学生表示不喜欢自己正在学习的专业,当然其中有部分大学生是因为被学校调剂到了自己不喜欢的专业中,但还有很多是自己填报的专业,却不喜欢该专业,只是因为这个专业是热门专业或者父母觉得不错的专业。有些家长认为学习理科好找工作,学习文科无用,就让孩子报理科;也有家长认为男孩学文科都不像男孩子而拒绝孩子学文科。我们在前面讲的那个不让孩子学绘画的家长就是其中的一个典型。随着社会的发展,专业的发展前景也是在不断变化的,因此培养孩子的生涯发展能力远比父母强加给孩子自己对专业与职业的理解更重要。

有一些父母在考虑孩子未来的职业时,并不在乎孩子的兴趣,而是首先考虑自己有哪些资源有助于孩子未来找工作或者发展更容易而让孩子选择这一领域内的专业。我的很多同学跟我说,他们基本想让孩子学医,原因只是他们自己在医院工作,将来孩子找工作很容易。这其实是家长不信任孩子的表现,对于孩子来说,这种不信任与轻视自然是一种很深的伤害。所以,我常常问他们:"你的孩子能力真的有这么差,离开你们就没有办法生存吗?还是你们家很缺钱,如果孩子毕业后一年半载找不到工作,就没有办法生存?"

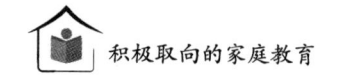

二、教育内容的差异

　　学校教育的主要任务是教学，绝大部分时间是讲授社会科学与自然科学方面的系统知识，培养学生对科学文化知识的兴趣与学习能力。虽然也会注意学生品德与学习习惯的培养，但由于基础教育的不均衡发展，部分学生在义务教育阶段就面临着择校的压力，高考压力就更不用说，学校也面临着各种考核压力，自然会侧重于学生的学业成绩，甚至只关注必考科目的学业成绩。

　　家庭教育更应侧重于子女的思想品德教育、行为规范与情绪管理能力，培养孩子适应社会与环境变化的能力，习得基本的社会行为规范。在学习方面，家长当然也应该提供帮助，但是重点不在于辅导、检查孩子的功课，这些是孩子在学校应该与教师协作完成的任务，家长要做的是配合学校进行学习态度、学习习惯的养成教育。如果孩子存在学习困难，家长有责任帮助孩子诊断出学习困难的原因，并与孩子一起查找资料找到恰当的解决方法，并且督促执行，直到养成习惯。

　　我的孩子上小学三年级时，第一学期期末英语考试成绩为 56.5 分。当时我非常焦虑，甚至动手打了孩子，觉得他太不努力。直到后来我才意识到这样的方式根本无法提高孩子的英语成绩，而且会让他一想起英语就害怕。转念一想，我的责任不是提高孩子的成绩，而是帮助孩子克服这个困难，提高成绩是他自己的事。这样一想，我的压力马上减轻了，将注意力转向如何解决这一问题。接下来就简单多了，我先把英语学习简化为单词的学习，然后告诉孩子每天只要学会 3 个单词就有小红星星奖励，12 个红星星就可以换 1 个笑脸，有 2 个笑脸我们就可以去书店买 1 本他喜欢的书。孩子表示很愿意参加这一计划。在计划实施过程中，我利用艾宾浩斯的遗忘曲线安排孩子听写的频率，及时奖励孩子，绝不责骂与处罚。一个学期下来，孩子的成绩提升到了 95 分，最重要的是他再也不怕英语学习了，而且他也因为用自己挣来的钱买书而觉得自豪，对阅读的兴趣更浓厚。

　　现在很多家长将家庭教育的内容等同于学校教育的内容，放学回来后就是陪着孩子做作业，检查作业。受儿子初中班主任的邀请，我加入了一个初二年级的家长微信群，发现父母们几乎不谈孩子生活得是否快乐，与同学相处得好不好，有没有朋友，有没有欺负别人或者受欺负。他们问的几乎都是：孩子今天的作业是什么？孩子到时间了还没有回来，是不是出去玩了？考 90 分的学生中怎么没有自己的孩子？孩子的成绩降了还是升了？这样的行为摆明了就是告诉孩子，成绩是最重要的，我只关心你的成绩。更糟糕的是，这些行为向孩子暗示"我不相信你"，否则，这些可以不用在群里问。孩子回来晚了，问问孩子原因就行了；

考试成绩出来了，问问孩子考得怎么样可以了；至于要做哪些家庭作业，那是孩子自己的事情，如果忘记今天的作业，那也是需要他自己想办法去解决的问题。家长需要向孩子传达这样一些态度："我相信你自己能管理好自己，除非有证据表明你确实说谎了。""我相信你能独立完成学业，除非你明确表示无法完成时，我再来帮助你。"

在我咨询的个案中，有一个特别负责任的家长。这位家长让孩子把在学校上课的内容录下来，回家自己听了录音后再去教孩子。这种做法导致的问题显而易见。首先，家长将孩子学习不好的责任转移到了自己身上。孩子认为回家后反正家长要教的，所以上不上课无所谓，但事实上，教师是专门研究如何教学的，他教的效果肯定会比家长好。其次，浪费了大量的学习时间，本来上课就能完成的任务，家长还要重复一次。这位家长很不解地问我："孩子知道他上课的情况会被录到，但我回来听录音的时候，总是听到他和其他人在说话，在捣乱。我每次听录音都会很生气，但他却是一副根本不在乎的样子，下次依然如此。"我问那个孩子为什么要这样，孩子告诉我："如果我上课还不玩儿，那我哪里还有时间玩儿，一到家妈妈又要抓住我学习，每天都很不开心。"最后，这样的行为其实是告诉孩子："我不相信你能在课堂上学懂，我不相信你自己能学好。"这是一种消极的教育方式，是不信任孩子能力的表现。

三、教育方式的差异

学校教育是以班级为主体的教学模式，虽然同一班级的学生年龄差不多，知识水平大致相同，不过同一群体内的个体差异仍然是存在的。比如，一群孩子中有一些比较聪明，而有一些智力相对落后；即使智力水平一致，大家的气质类型与认知风格也是不同的，学习的快慢、偏爱的学习方式也不同。在不准分重点班、就近入学的现状下，无论教师如何充满教育智慧，也无法做到真正的因材施教，这必然导致部分孩子适应学校教育的程度存在差异。比如，加工速度特别快的孩子会感觉吃不饱，觉得无聊；加工速度特别慢的孩子难以学会，感到痛苦，甚至自卑。

家庭教育面对的是自己的少数几个孩子，现今很多家庭只有一个孩子，所以我们可以根据自己孩子喜欢的方式来进行个别指导，真正做到因材施教。不同于学校教育的那种固定时间、固定地点的模式，家庭教育可以在休闲娱乐、闲聊、家务劳动等各种活动中进行，也可以通过走亲访友、逛商店、参观、旅游等活动进行。相比于学校，家庭是品德、心理素质、行为习惯、学习策略等教育的天然

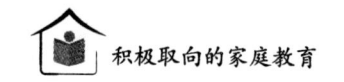

场所，家庭教育易于被孩子接受与理解。

记得在我生病的时候，孩子帮我量体温，然后去买药，做饭给我吃。我对孩子说"谢谢"的时候，孩子跟我说："妈妈，我要谢谢你，平时这么多事都是你在做，每次我生病时，你都是这样照顾我的。我平时不知道，我今天才知道其实挺累的，我要谢谢你把我养这么大。"这比学校品德课上说"父母是不能选择的，父母给予我们生命"等来教育孩子要懂得感恩有效得多。

即使在学习上，家庭教育也有其天然的优势，因为它可以关注到学习中的活生生的人，关注到人的差异性。简单来说，有人说要先预习，带着问题去听课效果才好；还有些人说不能预习，因为预习后以为自己理解了，上课就不认真听了，自己预习的效果又没有老师上课的效果好。其实这两种观点都是正确的，重要的是孩子适合哪一类。如果孩子是一个黏液质或抑郁质的人，当然要先预习，因为这样的孩子加工新信息的速度相对要慢一些，但更有耐心学习熟悉的东西；如果孩子是一个多血质或胆汁质的人，当然不需要预习，因为这样的孩子加工新信息的速度快，但没有耐心，除非学习任务对于他来说特别难，才需要预习。所以，在家庭中我们能够帮助孩子去比较这两种方法到底哪一种更适合他，然后进行选择。

四、评价方式的差异

教育学家不断地要求改革学校教育评价的模式，强调形成性评价与标准参照评价，简化相对评价，有些地区规定义务教育阶段不准运用排名等相对评价的方式。但是无论怎样改革，相对评价都是学校教育评价的主要方式，即将学生放在一个连续体上，标定学生在这个连续体上的相对位置。这时，竞争就变得异常激烈，成功的只是那些处于前10%的人，甚至除了一个人胜出之外，在第一名以下的人可能都会不满意，而第一名的那个学生也充满了怕被其他同学超越的恐惧，结果是所有人都不觉得自己是成功者，所有人都会害怕失败。

一方面，家庭教育可以对孩子进行绝对评价而不是相对评价。比如，孩子在上幼儿园的时候，每一位家长都会觉得自己的孩子很聪明。因为我们确实发现了孩子很多优秀的地方，甚至于我们大人都没有想到的地方而孩子想到了，这样每个孩子都是聪明的。相对评价则不一样了，心理测量上划分智力优秀的标准就是智商在平均数以上2个标准差，那么也就意味着100个人中只能有2.2个人符合智力优秀的标准，其他人都是普通人。

另一方面，家庭教育可以对孩子进行形成性评价，在评价中侧重于评价孩子的进步与努力。比如，在孩子学习英语的过程中，我可以不在乎人家的孩子已经学习到什么程度了，我只需要知道我的儿子每天都记了 3 个单词或者抄写了 1 篇课文，我知道他在进步。这样，每个孩子都有成功的可能，都能体验到成功的乐趣，所以这样的评价方式是一种积极的评价方式，其促进个体不断前进而不是担心失败，或者为自己无论如何努力都无法追上某一位同学而失望。

家庭教育的误区在于家长对孩子的努力可能视而不见，对自己的孩子怎么也不满意，因为他们说得最多的是"别人家的孩子怎么样"。当然，如果只是客观地将自己孩子的某些具体行为与其他孩子进行比较也没有什么可怕的，但有些家长的问题是老拿自己孩子的缺点与其他孩子的优点进行比较，越比越让孩子没有自信，家长也越比越焦虑。

五、时间限制上的差异

学校教育是有时间限制的、间断性的。比如，孩子多大才能上学，多大必须毕业，而且放假期间的教育也是中断的。另外，学校教育的教育者也是在不断更换过程中，孩子们要从幼儿园到小学、中学再到大学等，在这些过程中会更换不同的环境、老师与同伴，所以学校教育对个人的影响其实是有限的。

家庭教育是没有时间限制的、连续的。人从出生到长大成人，到能独立生活，直到父母去世，他与父母的家庭教育才完结，当然这时他与自己孩子的家庭教育还在延续。有些家长可能会认为，孩子考上大学就与我无关了，也有些家长认为到孩子成年或成家就可以了。在法律上，孩子成年了，家长的监护责任就没有了，但是家庭教育绝对没有因此而完结，事实上，只要有亲子关系的延续，家庭教育就一直在延续，只是教育的内容、方式发生了变化而已。

在婴幼儿阶段，家庭教育更侧重于身体健康、行为规范，以及智力开发与品德的教育，而在中小学阶段更侧重于心理健康、学业成就与学习能力的培养，成年之后则是为人处世、家庭关系与工作等方面，所以家庭教育是终身教育，对个体的影响是无限的。家长在孩子整个成长过程中的作用非常大，孩子在学校的很多问题表现其实根源于家庭教育。

为了使学校教育与家庭教育的作用能达到 1+1>2 的作用，我们需要随时审视家庭教育与学校教育的区别，解决好家庭教育与学校教育功能的错位、失调的问题，避免家庭教育以家校通为中心，成为事实上的学校教育的附庸，真正达到家校教育优势互补、扬长避短的效果。

第二章　家庭教育的目标

家庭教育的目标是教育行为的指南针，家庭教育如果没有目标，教育行为会失去方向性、主动性与一致性。只有坚守家庭教育的底线，明白教育的终极目标，了解自己所能接纳的行为，我们在教育中才不至于迷失自己的方向，并且减少育儿焦虑。

第一节　家庭教育的终极目标

孩子出生后，每位家长都会对自己的孩子充满无限的期盼，但是在本质上，这种期盼都或多或少地受到父母人生成长追求的影响。成功的父母希望孩子能够延续自己的成功，至少不会比自己差；对自己不满意的父母，希望子女能补偿他们的遗憾，实现自己不曾实现的梦想。父母对子女的这种期盼其实是很自私的，因为他们忽视了子女自身的需求。

家庭教育的目标只能是帮助孩子成就自身的梦想，培养孩子能幸福生活的能力。虽然每个孩子的梦想不一样，但每个孩子都希望自己能幸福地生活，家长自然也不例外，他们所做的种种努力都是希望孩子未来能够幸福地生活。然而，孩子与家长所定义的幸福可能不一样，家长更关注儿童未来能否幸福，而孩子会更在乎自己当下的生活是否有幸福的体验，孩子年龄越小，越注重当下体验到的幸福。那么如何才能平衡父母与子女的这种期望呢？积极心理学的研究给了我们一些启示。

一、提升孩子的积极情绪体验

享乐主义认为幸福就是最大限度地享受愉悦等积极的情绪体验，最小限度地体验痛苦。很多人在定义幸福时，会以这一定义为依据，如果积极情绪体验多，就会觉得自己更幸福一些。各电视台纷纷开办娱乐节目，坚持娱乐至死的精神，这一理念之所以有市场，就在于有很多人需要这种娱乐节目来提升自己的积极情绪体验。但这一定义也被很多人批判，因为持这一定义的人可能会觉得一切都无所谓，只要快乐就好，而且积极的情绪会有适应现象，为了维持愉悦水平不变，人们要求不断地增加刺激。但是不可否认的是，积极的情绪体验也许无法让我们长期保持幸福，但可以提升我们现在的生活满意度。

（一）积极情绪的作用

积极情绪体验并不是可有可无的，它的作用显而易见。当你向孩子提出一个新的要求时，你是愿意在他生气的时候提，还是在他开心的时候提？相信几乎所有的家长都会选择在孩子开心的时候提。因为处于积极情绪状态的孩子对抗的可能性更小，合作的可能性更大。

积极心理学的研究发现，积极情绪能够扩大我们的选择范围。在积极情绪体验的实验研究中，积极情绪被激发组比未被激发组的注意力更宽广，工作记忆能力更好，语言表达更流畅，对知识的感受性更强。

还有一个值得关注的作用是积极情绪可以消除消极情绪所导致的生理反应。实验室的研究发现，告诉一些大学生用一分钟去准备一篇简短的演说，并且告知他们演讲会被录音，然后接受同学打分。用生理学仪器监测与记录他们的心跳、血压与周围血管的收缩程度，然后让这些学生去看激发不同情绪的电影。结果发现，激发积极情绪组的大学生心血管活动恢复到正常状态的时间要比消极情绪组与中性组短很多（弗雷德里克森，2010）。

我们知道消极情绪同样是非常重要的一种情绪，它可以帮助我们意识到环境中的威胁，并快速采取特定的行为，如恐惧会让我们逃避，愤怒会导致攻击行为。但是消极情绪也带给我们很多问题，它会使我们的意识变得狭窄。如果孩子在学习过程中伴随的是消极情绪，则会阻止他主动学习，即出现我们所说的不用心的现象。

如何解决这一问题，当然是在学习中提升孩子的积极情绪体验。记得我的孩子高一时英语成绩不太理想，原因就在于他内心非常抗拒英语。当我提醒他看书时，他总是嘴上答应学习，但拿出来的却是他喜欢的历史书。所以我决定先增加他英语学习的乐趣，设定一个标准，即只要抄写一段英语课文，就奖励10元钱。由于抄写一段很容易，孩子自然愿意去做。但是一定要讲清楚，这10元钱并不是他应得的，只是因为他学习英语时很不快乐，所以从外界给他一点奖励，让他快乐一点，当他在英语学习中能体验到快乐后就停止。大约奖励了500元后，孩子就再也没有找我要钱了，因为他已经在学习过程中体验到了学习英语的乐趣。

（二）积极情绪的缺陷

如果以积极情绪作为幸福的唯一指标，则家长有时会很无助。一方面，体验积极情绪的能力与遗传有关，有些人天生就比其他人体验到的积极情绪要少。另一方面，积极情绪很容易适应。例如，我们小时候一周能吃上一顿肉，就会觉得很开心，但现在，你天天有肉吃，还觉得开心吗？积极情绪容易适应的现象让家长感到很困惑，自己给了孩子所有他想要的东西，他却告诉你："我在家里一点儿也不快乐！"

提升积极情绪的方法之一就是不要满足孩子的全部愿望，留下一些愿望让他通过自己的努力来实现，这会使他的幸福加倍。如果孩子一点儿都不缺钱，财务很独立，我通过奖励钱来提升孩子学习英语的积极情绪就没有任何作用，因为钱并不是他想要的。为了孩子的幸福，现在就做一个不会无条件满足孩子所有愿望的家长。

另外，要注意把快乐的事情分开来做，而不是一次性地给孩子很多愉快的刺激。例如，好吃的东西不要一次给太多，隔一段时间给一样；一次只买一个玩具，直到他不想玩了再买新的玩具。记得我们第一次去小叔家，由于觉得自己很少有机会去看小侄子，我一次性给他买了很多玩具。结果小侄子看了这个想玩，看了另一个也想玩。这些玩具给他带来了一阵混乱之后，他才最终选出了自己喜欢的玩具。我吸取这次教训，后来通过网上购物只送给他一辆儿童车，小叔子录下小侄子收到礼物时的视频并发给我，通过视频，我发现送一个礼物比上次送很多的礼物反而让他更快乐，而且后续的行为也表明，送一个礼物，他会玩得更久。

积极情绪体验的另一个缺陷是人们回忆自己是否快乐时，起决定作用的是当时是如何结束的而不是自己在过程中有多快乐。比如，周末带孩子去游乐场玩是给孩子增加快乐的重要方式，但是孩子回忆起来却并一定会快乐，因为这取决于他是怎么回来的。如果他不想回来，一直想玩，却被家长硬拽回来，他当然会不开心，父母也觉得还不如不带他去玩。我们常常在游乐场看到孩子要去玩各种各样的游乐设施，父母不高兴地花掉很多计划之外的费用，最终却仍然要生气地拉着孩子回家。在商场也是如此，给孩子买玩具本来是很开心的事，却常常因为孩子的要求过高，家长无法或不愿意满足而最终导致亲子双方在回家时都不快乐。

遇到这样的问题，非常简单的解决途径是事先就与孩子在家中商定本次可花费的额度、回家的时间及可以购买的玩具种类。比如，去游乐场或商场之前，父母就与孩子商定本次可以消费的金额，或者将钱直接给孩子，让他自己去计算他要怎么来花费这些钱，自己去支付这些费用，这些钱花完后无论如何不再同意增加花费。这样，孩子在结束时仍然是很开心的，回忆起来自然也会很快乐。如果孩子在外面玩着不愿意回家，我们可以事先和孩子商定回家的时间，到快要回家的时间时，我们要告诉孩子还有多久我们就要回家了，让孩子做好回家的心理准备，他自然也就不会觉得不开心，最多是感觉意犹未尽，渴望下次能再出来玩。

二、帮助孩子实现自己的价值

亚里士多德认为，幸福是真实地面对自己的内心，真正的幸福在于发现自己的优点，并充分发挥这些优点，努力去实现自己的价值。马斯洛在他的需要层次理论中描述了自我实现的人的特点。他认为自我实现的人变得越来越像人的本来样子，实现了人的全部潜能，忠实于自己的本性，这类人有更大的生物效能、更长的寿命、更少的疾病与更好的睡眠。积极心理学之父马丁·塞利格曼在他的幸福理论中也强调了投入、意义与成就元素。

（一）意义

意义是指个体觉得哪些事对自己有价值。痴迷于电子游戏的孩子并不快乐，因为他们自己也觉得这样做没有意义，并不值得。手机依赖的孩子更不快乐，手机只是他们打发无聊时间的一种手段，想想你会在什么样的情况下拿出手机来玩。

对于生活中的问题是否有意义的判断，每个人都是不一样的，具有一定的主观性与私人性。阿德勒认为私人的意义并不是真正的意义，只有分享共同的意义，即能被别人认为有效的意义才是生活真正的意义。比如，人们普遍认为团结互助、奉献精神与爱护环境的行为是有意义的，获得大量的金钱或权力对于某些人来说是有意义的，但这并不会被全社会所认可。

（二）影响个体意义判断的三个标准

首先，个体会判断这件事情是否是自己真正想做的，而不是为了其他的原因，我们称之为兴趣。华伦·巴菲特说："我和你没有什么差别。如果你一定要找一个差别，那可能就是我每天有机会做我最爱的工作。如果你要我给你忠告，这是我能给你的最好忠告了。"

其次，事情要符合自己的价值观，我们才会认为它是有意义的。白求恩不远万里来中国参加革命，有些人宁可自己生活拮据，也要资助他人。因为这些事情符合他们的价值观，他们认为做这些事情是有意义的。在中国的传统文化中，有很多为了获得他人的认可，而选择死亡的故事。这在我家乡流传的布谷鸟的故事中也得到了很好的体现。相传有一个家庭非常贫困，两兄弟外出砍柴回家，母亲煮了一些豆子给两兄弟吃。但是当弟弟出去一会儿再回来之后，发现豆子没有了，弟弟责怪哥哥一人吃掉了，哥哥在无法证明自己清白的情况下，剖开自己的胃给弟弟看，以死证明自己的清白。后来，弟弟发现豆子是被动物吃掉了，他变成了一只鸟，不停地呼唤哥哥。在集体主义文化中，才会出现这种以死证明自己清白的事情，而在个人主义文化中，很少出现这样的事情。因为对于集体主义文化的社会，个人在集体中被认同是非常重要的，我们的价值观就强调"树活一张皮，人活一张脸"的面子观。

最后，事情要能够充分发挥我们的优势。每个人都有很多的优势，不可能做一件事情就能发挥个体的全部优势。我的孩子从小学升到初中学习的时候，他特别高兴地回来跟我说："妈妈，我觉得初中好玩多了，学校有好多好玩的社团。"那么小的孩子，参加了很多社团，还自告奋勇地当班长。因为这些活动充分发挥了他的优势，他喜欢和人打交道，喜欢组织活动，也喜欢在很多人面前展示自我，所以他认为虽然很累，但这样的生活很有意义。

（三）意义的作用

那么，孩子觉得有意义对他们的行为有什么影响？孩子认为有意义的事情，他才会更投入。投入也被心理学家称为"心流"，是指个体完全沉浸在一项吸引人的活动中，在这个过程中，个体感觉好像时间停止了，自我意识消失了。在投入的过程中，个体可能体验不到任何的积极情绪，如果你问一个沉浸在电子游戏中的孩子："你在想什么，你感觉怎么样？"他可能会告诉你："我什么也没有想，我什么感觉也没有。"

如果孩子成绩不好,我们固然需要想办法提升孩子在学习时的积极情绪体验,但更重要的是帮助孩子了解他的兴趣,探索他的能力与优势,使他树立正确的价值观,从而帮助孩子实现自己的价值,这是孩子未来幸福生活的保障。

更值得注意的是,如果孩子成绩不好,但是他喜欢参加学校的社团活动、体育活动等课外活动,那么绝对不能以不准孩子参加这些活动为条件去威胁孩子认真学习,因为这是孩子获得自我价值的重要途径,也是保护孩子不被社会上不良团伙拉走的重要保护因素。一个能留在学校,即便不努力学习的孩子更可能比一个辍学的孩子有更好的生活质量、更少的堕落危险。

三、建立积极的人际关系

阿德勒(2010)在他的《自卑与超越》中谈道:"我们是生活在与他人的联系之中的,假如我们因为自卑而将自己孤立,我们必将自取灭亡。"2015年,哈佛大学公布的一项76年的纵向研究成果也发现,让人幸福的最重要因素不是所谓的富有、成功,而是身心健康和温暖的人际关系。他们发现社会联结对我们真的有益,有着更好的社会联结的人会更幸福、更健康。朋友的数量并不重要,但是拥有亲密关系非常重要,如果个体感到在需要时可以依赖他人,那么他们老了之后保持清晰记忆力的时间更长,而如果个体没有可依赖的人,其记忆力衰退的时间更早。

关于社会支持的研究成果也表明,拥有良好社会支持的人能更好地应对生活中的变故,能欣赏他人的人会更幸福,对生活更满意。有良好人际关系的人能更好地带领团队,获得他人的帮助,取得更高的成就。哈里·雷谢和谢里·格保在婚姻与爱情心理学的研究中发现,无论人们来自何种文化,良好的人际关系是生活满意度与健康的最重要的来源。

(一)依恋理论

那么良好的人际关系是如何获得的呢?依恋理论表明,在婴儿期与主要照料者之间的关系会直接影响人的终生。1950年,鲍尔比接受世界卫生组织的邀请对第二次世界大战中成为孤儿的孩子的心理健康状况做报告,他在报告中指出,孩子正常的发展需要与至少一名成人养育者之间建立"温暖和持续的关系"。他在思考为什么情感维系会这么重要的问题时,从哈里·哈洛的替代妈妈实验[①]中找到了答案。哈里·哈洛发现即使在动物中，社会性的关联更多地反映了其他方面的需求，而不仅仅是生理需求。

鲍尔比认为婴儿是天生的关系寻求者，自然会导向哈里·哈洛所称的"触摸就感到舒适"，向满足其需要的对象寻求亲近。鲍尔比据此推断婴儿与最初的照料者之间情绪联系的形成依赖于其寻求亲近的自然倾向，依赖于照料者对婴儿亲近愿望的回应，以及当婴儿有需要时照料者保护和安慰的能力。婴儿与照料者之间建立的这种关系被我们称为依恋。依恋的核心观点认为，依恋能够通过调节婴儿与照顾者之间的关系和亲密性来增强其生存能力。这一依恋系统在人的终生经历中均起着重要的作用。

1973年，爱因斯沃斯采用陌生情境实验[②]来观察1岁的幼儿与母亲分离时的反应以进行依恋类型的研究，结果发现了三种依恋类型。回避型儿童（大约20%）不会在母亲离开时哭泣，他们要么选择忽视母亲的存在，要么对母亲表示漠不关心；安全依恋型儿童（大约70%）会试图寻找并且保持与母亲的联系；矛盾型儿童（10%）在母亲离开时大哭，当母亲回来时也不够平静，想亲近母亲，但又回避母亲。

安全依恋型的孩子对父母有充分的信心，他们更愿意探索外在世界，解决问题的决心与毅力会更强，遇到挫折时他们也更愿意寻求帮助与安慰。进入小学后，这些孩子会更少需要教师的关注与纪律约束，会更主动去完成任务，更能面对失败，也更愿意对他人做出积极的反应。自然教师与同学也会更喜欢他们，并且这类孩子将来还不容易欺负他人或者被人欺负。

虽然安全依恋型不能保证一切结果都是好的，但是持续性的研究结果发现，安全依恋模式能促进良好的人际关系。后来关于成人的依恋模型的研究发现，在成人依恋中也存在这三种模型，且三种类型的比例与婴儿期三种依恋类型的比例很接近。

安全依恋型的成人能在共同解决问题的任务中，给予伙伴更大的支持，更倾向于进行安全的性行为，面对压力时体验较少的失落感，更倾向于寻求他人的帮助，在冲突中更倾向于采用折中的方法，不太容易陷入抑郁状态，有良好的自尊，

---

① 替代妈妈实验是指将出生的小猴与妈妈分离，将他们与两个固定的模型生活在一起，一个是铁丝制成，能提供牛奶，另一个由绒布做成，摸起来非常舒服。实验结果发现幼猴更喜欢待在绒布模型身边，尤其当受到惊吓，或出现不熟悉的光亮或声音的时候，他们会跑向绒布模型，并紧紧依靠在模型上。他们只有在饿了的时候才去找铁丝模型。这也解释了为什么小孩子最喜欢毛绒玩具。

② 陌生情境实验的过程是首先让幼儿与母亲（或照料者）在实验者的陪同下一起走向实验室；这间实验室像一间游戏室，实验者离开实验室，接着母亲把孩子放在离玩具有一定距离的地上，自己找个椅子坐下；几分钟后陌生人走进房间，也坐下来，并与母亲谈话，然后陌生人试图与幼儿一起玩。几分钟后母亲离去，只留下幼儿和陌生人一起；母亲再很快回到幼儿身边。几分钟后母亲与陌生人一起离开几分钟，然后陌生人先回来，试图跟幼儿一起玩耍，最后母亲回来抱走幼儿。

很少会虐待配偶，离婚的概率更小。

回避型的成人对亲密感到不舒服，和别人要保持一定的情感距离；当悲伤的时候，更愿意选择独立而不是亲密；在婚恋关系中，他们不相信小说、电影中的那种浪漫之爱，认为爱会随时间而流逝。

矛盾型的成人常常会担心被别人冷落，可能会希望获得更多的亲密，但这种过分的亲密常常是他人做不到或者不愿意做的。在婚恋关系中，他们常常很容易坠入爱河，有着强烈的被吸引倾向，渴望与爱人融为一体，但又常常假设爱人是不可靠的，常常伴随着被拒绝与被抛弃的忧虑。

国内的留守儿童现象也给了我们很重要的启发，孩子们的物质生活比父辈更丰富，但与父母的长期分离使他们难以与父母建立安全型的依恋关系，从而导致了很多悲剧的发生，2015年贵州毕节市4名留守儿童集体自杀的事件就是其中的极端事件。有关留守儿童成年后的婚恋关系研究目前很少，但我通过自己在大学中的咨询经历发现，留守儿童中没有与父母建立安全型依恋关系的人，在交友与恋爱的过程中存在更多的问题。

（二）依恋类型的再培养

那么，如果孩子现在已经是矛盾型或回避型了，要怎么办？其实也不用担心，只要我们意识到了这一问题，通过提供安全的心理环境和必要的支持系统是可以帮助孩子维持良好的人际关系的，必要时可以进行心理咨询。

在我的咨询过程中，有一个个案是关于依恋问题的很典型的案例。这名来访者是大三的学生，金融专业，他咨询的主要问题是无法和他人建立亲密关系。咨询的过程中，他讲述在自己非常小的时候，父母就外出打工，他由爷爷奶奶带大，爷爷奶奶很疼爱他，但他还是很盼望父母能回来。他说自己就这样一天天地等啊等啊，父母却一直没有回来，慢慢地，他告诉自己不能等待任何人，因为等待只会让他更痛苦。好不容易父母回来一次，父亲还会因为某些不好的事情把他打一顿。现在，虽然自己也想像其他人一样，与同学保持比较亲近的关系，但在和同学交往时，如果同学和他太亲密，他就会选择躲避。他在第一次咨询时就告诉我，他知道自己的问题是什么，为什么会这样，但就是无法克服这一问题。

在与他的交谈过程中，我发现只要涉及一些敏感的问题时，他就会选择逃避，防卫机制很强，后来我和他商量用沙盘游戏的方式进行咨询。在前三次的无主题沙盘中，他的沙盘中很少有人物出现，即使有，也相距很远，不会面对面。在第三次的沙盘中，他呈现了两个人在沙盘的对角线上的位置钓鱼，我问他："他们在干什么？"他回答："在钓鱼。"我接着问："他们的感受怎么样？"他回答："他们很孤独。"我问他："有没有办法让他们的感受更好一点？"他将他们两个调得非常近，然后他整个身体就开始出现焦虑、烦躁的反应，并且说："我觉得太难受了，这么近，受不了。"我对他说："你可以调到自己觉得舒服的位置为止。"他把他们调远了，但比之前的对角线位置还是靠近了很多。

在第四次的时候，他就主动做以家为主题的沙盘，但在做的过程中，他只摆放家具，坚决不摆放人，当最终要往沙盘中放人时，他拿着人偶就丢了，并且生了很大的气。我协助他通过玩沙平静下来之后，他没有再做任何沙盘就离开了。

第五次再过来的时候，我先跟他聊了一会儿，再要求他以家为主题做一个沙盘，他迟疑了很久还是答应了。这次，他还是先选择摆放一些家具，最后才摆放了一个婴儿与父母在一起的场景，婴儿躺在床上，父母面对面，头靠在一起看着床上的婴儿。那个画面让我很压抑，因为父母的身体几乎是全部倒向那个躺在床上的婴儿的，但他觉得非常开心。我问他："那个孩子是什么感受？"他对我说："爸爸妈妈都在身边，都在注视着他，孩子很幸福。"

又做了两次沙盘之后，他主动跟我说："老师，可以结束了。"暑假时他回到了父母打工的地方，跟父母相处愉快，其间还特地拍了张照片给我，说："谢谢你，老师。我承认我很在乎与父母的心理距离，现在，我发现与父母亲密相处是多么幸福。我不再逃避了！"毕业后，他告诉我他顺利地找到了女朋友，也能很好地与同事相处。

如果因为某些原因，父母没有办法陪伴在孩子的身边，或者陪伴的质量不高，父母也不用着急。你首先要做的是采用本书第五章中所说的亲子沟通方法，先拉近与孩子的距离，让孩子感受到与父母在一起是安全的、愉悦的，这时你再对孩子进行教育会比一开始就关注问题要有效得多。

第二节　家庭教育的底线

家庭教育的底线是指家庭成员不能逾越的边界，一旦逾越，必将受到强烈的干预与抵制。这条底线也是每位家庭成员必须清楚地理解与遵守的。那么，什么是我们这个社会应该坚守的家庭教育的底线呢？

一、不能有损健康

任何家庭教育均要以孩子的生命存续为基础，所以任何行为均不得有损孩子的健康。关于这一点，我相信每位家长都是认同的，但事实上，从关于未成年人心源性猝死的新闻屡见报端，运动会与体育考试不断地降低难度与考核标准就可以看出我们是否坚守了这条底线。

部分孩子的休息时间没有得到很好的保证，很多家长在孩子能不能完成作业与能不能按时睡觉之间进行选择时，通常会选择让孩子完成作业，这样，久而久之就损害了孩子的健康。有时候，家庭可能会及时干预，让孩子不要做作业了，早点睡觉，可是孩子却不愿意，家长则听之任之。如果孩子偶尔熬一次夜，可能不会有很大的影响，但多次发生时就会有损孩子的健康，这就需要家长强力的、及时的干预。

记得孩子在高一时，因为快要中段考试而比较焦虑，晚上12点还不肯睡觉。所以我只能坚决地对他说："再不睡觉，我就拉闸。"虽然他心里有点不高兴，但在我的逼迫下还是选择了睡觉。后来我在班级家长微信群中发现，他们班有些同学晚上学习到凌晨一两点钟，家长在群里还自豪地说："我不管她，只是做好服务。"家长的所谓服务不过是在让孩子把自己的身体搞垮。

除了我们日常要求孩子运动与按时作息之外，还有一些危险行为也是值得关注的。比如，在孩子小的时候就应该预计到孩子将来可能会发生的危险行为，如熬夜、飙车、喝酒、吸烟、药物滥用等会明显地损害孩子健康的行为。我们需要在孩子很小的时候或者在孩子可能接触这些之前与他讨论，并且明确告诉他这些行为不被允许。

有位家长问我，他的孩子现在15岁，要去KTV参加同学的生日晚会，他禁止孩子去，但孩子坚决要去，怎么办？这确实很麻烦，因为在15岁之前，他根本没和孩子讨论过这一行为是否被允许，而且现在很多孩子的生日晚会都在KTV举行。如果我们不能禁止他去，至少可以和他讨论在KTV等娱乐场所可能会遇到的一些问题和潜在的危险，这时孩子再去的话至少可以学会保护自己，他对KTV中可能会发生的如毒品诱惑、醉酒闹事等至少有防范心理，遇到冲突至少也多少有点心理准备，知道怎么避免或者怎么保护自己；你在此期间给他打电话，他也不至于对你生气，而是会有点理亏。

对于青春期的男孩子来说，交通安全的教育尤为重要。我们常常会看到很多初中生骑着电动车，电动车上坐着几位同学，在人流、车流中左右摇摆，故意做着自以为很酷，实则很危险的动作。这时，我们常常会想，为什么要给未成年的孩子买危险的电动车，乘坐公共交通工具或者骑相对安全一些的自行车不是更好？随着孩子一天天长大，活动的范围也越来越大，家长一定要有前瞻性，确保自己的孩子拥有安全意识。更多的内容将在第六章生命教育中讨论。

二、不能违法

现在的孩子几乎每个人都知道有保护他们的《未成年人保护法》，但真正学习过这部法律的人却很少。他们只记得对他们有利的那些简单的条款，没有思考其他人的生命财产与个人权利同样受到法律的保护，他们的权利并不能凌驾于他人的权利之上。这部法律规定他们只需要承担部分责任，但是他们的父母要代替他们承担相应责任。这一现状带来了很多的社会问题，导致要求修改这一法律，将惩罚的年龄提前的呼声越来越高涨。

有一次，我去基层中学调研基础教育发展水平时，很多教师都在座谈会上抱怨作为教师毫无尊严可言，现在教师才是弱势群体，而不是学生。有班主任在座谈会上哭了，讲述因为学生犯了错而批评学生时，有些学生会说："你敢打我吗？如果你打我，我可以去教育局告你，让你没办法当老师。但如果我打了你，你没有办法，你没地方去告。"教师们表示虽然这话非常难听，也不公平，却是现实。如果孩子的家长也持同样的想法，只坚持教师不能打孩子，却没有告诉孩子教师的生命财产安全、权利与尊严也同样受到法律保护，不容许任何人侵犯，那么，在教育中，教师就真的成了学校中的弱势群体。为了保护自己，他们可能会选择无所作为，不再严格管教孩子。

2015年，湖南邵东县先后发生了两起学生杀死教师案。10月18日，三名11～13岁的孩子至小学宿舍楼抢劫，持木棒殴打一名52岁的女教师，并用布条堵住其嘴巴，终致女教师死亡。其中一个孩子说："我们还没有14岁，就算打死人了，也不用坐牢。"（魏子敏等，2015）正是这样的认识让他们有底气去杀人，并且在杀死人后竟然淡定地去网吧上网。这一行为表明他们多么无视他人的生命、权益同样受法律保护的事实。如果从小设定不能违法的家庭教育底线，尊重他人的法律权益，建立对法律的敬畏心理，则不至于发生如此严重的事件。

另外，家长与学校的法律意识都不强。我国校园欺负行为事件层出不穷，网络上流传的很多欺负行为的视频也显示，国内欺负行为的恶劣性并不比2015年新闻报道的12名中国留学生在美国虐待同胞的事情（佚名，2015）轻多少，但是很少会有家长或学校提出用法律途径来解决问题，甚至有些家长与学校认为这只是孩子之间的打打闹闹，最多就是民事赔偿。当然这与我国法律体系不健全有关，但至少我们可以告诉孩子在现有法律体系中，哪些行为是违法的。

如果孩子很小就要去留学，事先做好目的国的法律功课，培养孩子的法律意识可能是送给孩子最好的礼物。在美留学的两个留学生因为欺负、伤害同学最后被判为终身监禁就是活生生的教训。如果不出去留学，让孩子了解一下其他国家制定的专门针对年轻人和未成年人的各种法律，以及这些法律在预防未成年人犯罪方面的保护作用，培养孩子对法律的认同感与敬畏感也是非常必要的。

三、不能缺德

道德是一种意识形态，是调整人与人之间及人与社会之间行为规范的总和，随着环境问题的出现，现在也包括人对环境的规范。道德与法律不同，道德不具强制性，靠社会舆论、风俗习惯与人的良心来维系。现今，电视上天天播放关于社会公德的公益广告，电梯间也常常挂放社会公德的相关广告，原因就在于人们的公德还有待提升。在家庭教育中加强社会公德教育、树立道德底线是帮助孩子适应未来社会及维护家庭幸福的重要条件。

独生子女政策使得孩子没有太多机会在与同伴交往中领悟道德在人际交往中的作用，家长无法替代同伴来培养孩子的道德意识。比如，孩子在家庭中想要玩某一个玩具或者要占用大人的资源，家长几乎都会让给孩子，而不是和孩子去争夺资源，但兄弟姐妹不一样，大的并不会总是谦让小的，而是会让小的学会如何遵守人际交往的互惠性与平等性的规则。

家长可能会认为孩子上幼儿园可以替代兄弟姐妹的作用，但幼儿园提供给每个孩子的资源是比较多的，他们之间不会有太多的机会发生资源分配的冲突。而如果几个孩子在家庭这一有限的环境中，他们就需要讨论解决冲突的方法，这些活动有助于孩子道德的形成。所以，独生子女家庭或者两个孩子的年龄相差很多的家庭，进行道德底线的教育就显得尤为重要。

在道德培养中，经常发生却又众说纷纭的就是孩子说假话的问题。首先我们要确认的是孩子是否真的说了假话，因为对于5岁以下的孩子，他们还难以区分现实与幻想，并且容易模仿他人的行为，所以他们常常会把幻想的东西说成现实的，这种行为并不能定义为说假话。一般来说，6岁以上的孩子有这些行为的可能性不大，他们一般能区分现实与幻想。

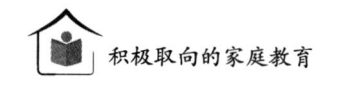

对于说假话，孩子有时会找借口，说："我之所以不说真话，那是因为如果我说真话，你就会打我。"甚至有些教师或教育者也认为孩子之所以说假话，是因为孩子说真话的时候，我们会因为他们的错误而处罚他们，而孩子选择不说真话却有可能逃脱处罚。基于这样的理解，有些教育者认为为了让孩子说真话，我们不要惩罚他的错误，还要奖励他说真话的勇气与行为。

我认为这一观点是值得商榷的。要求孩子说真话并不是因为说真话可以得到赦免，而是应该说真话，所以说真话。我们可以奖励孩子说真话的行为，以此强化这种行为，但他仍然需要为他所做的事情承担责任。只有这样才可以既培养孩子说真话的勇气，又培养其对自己的行为负责任的勇气与担当。如果孩子说了真话，我们就不让他承担他应该承担的责任，下次孩子就会习得一个规则，即没有任何错误是不可以犯的，只要说真话就不需要承担任何的责任。试想，这样的孩子在做其他事情时，还需要有责任感与审慎的考虑吗？事实上，在法律上也只有坦白从宽，有自首情节可以减轻罪责的规定，这就是对坦白、自首行为的奖励，而不是免除他所犯的罪行。

家庭教育有了底线，一方面，我们去判断孩子的行为是否需要马上干预时就有了依据，它让我们不会随意干涉孩子，减少育儿焦虑。另一方面，由于有了判断标准，我们也不至于放松要求，酿成不必要的悲剧。如果孩子涉及的是违法的行为，一定要告诉孩子，他需要为自己的行为承担法律责任。我的孩子在高中时，因为计算机水平不错，所以破解了他们班用来上课的平板电脑的系统漏洞，让两个云平台实验班的孩子都能自由下载电影等资料到电脑中。我严肃地告诉他，如果他破解他们学校的校园一卡通系统，我就选择报警，因为这样的行为已经触犯法律。他知道如果他做了违法的事，我真的会报警，所以他在做任何事情的时候，会去查阅资料或思考自己的行为是否触犯法律。当然，更重要的是要根据孩子的行为想到相关可能会违法的行为，提前进行教育，而不是违法后让孩子承担责任。

第三节　确定父母个人的接纳底线

本章第二节中所讲的家庭教育底线是所有家庭均应持有的底线，因为这些底线也是作为一名公民所应具备的最基本的素养与要求，是保障孩子走向社会不被排斥的底线。但是除了这些底线之外，家长也可以要求孩子不能违背一些他们认为不能违背的事情,我们称之为家长的接纳底线,每个家长的接纳底线会存在一定的差异。

一、确定家长接纳底线的重要性

谈到这一点,有些家长可能会产生疑惑,因为随着所谓的赏识教育在学校与社会的广泛传播,很多家长以为好的父母要能接纳孩子的全部,包括优点与缺点,不能批评孩子,只能接纳,只能说好,不能说不好。这样的无底线接纳根本不可能增强孩子的自信,事实上,如果表扬每个孩子都很优秀,就没有优秀的孩子,如果每个孩子都了不起,就没有了不起的孩子。这样培养出来的孩子,无法面对批评,无法客观地评价自己。当面对无法跨越的困难时,进行客观的评估并及时调整对策是一个明智之举,而不是在"我能行"的良好状态上做无谓的努力。真正的赏识教育应该是去发现孩子的积极面,激励孩子去发挥他的优势,寻找自己的价值感,而不是让孩子自我感觉良好。

心理咨询中非常强调对来访者进行无条件的接纳。这个无条件接纳其实是指咨询师要以非评判性态度对待来访者,对他的行为与想法表示理解。理解是一个中性的词,只是表示我能理解你做出这些行为或有这样的想法的动机与原因,但这并不意味着我认为你的行为与想法都是正确的。咨询师对来访者进行无条件接纳是为了营造安全的心理环境,有利于来访者自在地表达他的心理与行为问题,咨询师在不评判的基础上,通过澄清、具体化、面质、解释、指导、情感反应等心理咨询的技术帮助来访者认识到问题,自行找到解决问题的办法,而不是所谓的孩子的缺点也是"生命的花苞"。

家长也是人,当然不可能接纳孩子的所有行为。就好比3岁的孩子在吃饭的时候,把好吃的都自己留着,不好吃的都给父母,我们只对3岁的孩子有这一行为表示可以理解,原因是他的自控力还没有发展或者还没有学会与父母分享,但并不意味着这一行为是正确的。

当然不接纳确实也存在一些问题,如果家长对孩子的接纳度不高,那么孩子的安全感会降低,因为他怕不被父母接纳,怕他的言行会受到父母的处罚,所以他在和父母分享他的想法、告知父母他的行为时会有所顾虑。但影响孩子安全感的最重要因素不是父母的接纳程度,而是孩子不知道父母的接纳边界在哪里,或者父母的接纳度不稳定,随着时间与情境的变化而变化。比如,同样是孩子吵闹,父母心情好时,可能会接纳,但在心情不好时,就不会接纳。房间卫生不好,如果没有客人来时,父母是接纳的,但当有客人来时,就变成了不接纳。

父母过低的接纳度会给孩子带来很大的困扰。那如果父母没有任何接纳边界，允许孩子为所欲为，是否就好呢？比如，无论孩子犯了什么错，父母都开心地接纳，这也会给孩子带来很多的问题，他们需要不断地探索父母的边界，就像在大海中航行，我们看不到岸，甚至没有任何参照物，这常常会让我们非常害怕，期待自己能早日看到海岸。如果孩子经过探索，发现父母的接纳真的是无边界的，那么他们就会形成唯我独尊的思想，认为任何人都要接纳他们的思想与行为。这样的孩子进入社会后就会不断地触碰规则的边界或者挑战他人的接纳底线，这会给孩子带来很多的挫折，就好像我们在旷野中开车开惯了，一下子进入市区的道路后，感觉自己时时刻刻都在受到限制一样。

二、确定家长接纳度的方法

要想明确、具体地确定自己的接纳度，父母首先需要描述家庭中孩子的全部行为，这需要父母花一些时间来记录。在记录时，父母要区分哪些行为不属于违背底线的行为，而哪些是违背底线的行为。父母要将违背底线的问题单独列出来，然后在剩余的行为上进行接纳与不接纳的分类。图 2-1 就是父母对孩子行为分类的维度示意图。

图 2-1　行为分类图

对于父亲与母亲来说，他们定义的底线行为应该是一致的，即不可接纳与可以接纳的行为之和是相等的。父母可以对底线行为之外的其他行为独立地进行可以接纳与不可接纳的划分，图 2-2 中父亲与母亲的接纳度是不一样的。父亲的接纳度远远高于母亲的接纳度。

父母通过图 2-2 可以直观地了解自己对孩子的接纳程度，这样父母双方就不至于盲目地认为自己是一个严厉的或宽容的家长。另外，父母通过这一图形知道自己的接纳度太低的话可以进行自我调整，孩子也可以根据父母的图形来和父母商量可不可以增加接纳度。

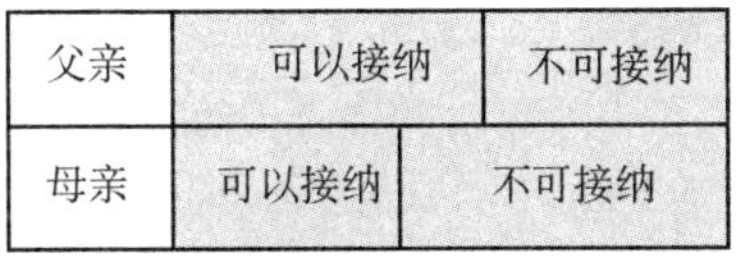

第二章　家庭教育的目标

父亲	可以接纳	不可接纳
母亲	可以接纳	不可接纳

图 2-2　父亲和母亲的接纳底线

图 2-2 只是描述了可以接纳与不可接纳的底线，可以帮助父母了解自己的接纳程度。要让孩子清楚地知道自己的接纳边界，父母还需要更具体地描述每一种可以接纳与不可接纳的行为及行为发生的条件。例如，孩子平时在客厅玩，把沙发搞乱是没关系的，但是当客人来时就不行；早上起床自己挑选衣服是可以的，但不能超过 10 分钟；等等。这样孩子与父母都可以比较清楚地理解哪些行为可被接受，哪些行为不被接受。

当然并不是父母宣布哪些行为可以接纳而哪些行为不可接纳就行了，因为有些行为不被父母接纳，但孩子认为应该被接纳。例如，家长认为孩子一周才整理一次自己的房间是不可以被接纳的，但孩子却认为这应该是可以被接纳的，因为自己周末才有时间整理房间。这需要亲子双方进行协商，找到解决问题的办法。比如，孩子一周整理一次自己的房间，平时父母可以协助清理部分垃圾等。

还有些父母表示不接纳的行为，其实是与父母无关的行为，如父母不接纳孩子考倒数第一，但孩子的这一行为并没有侵害父母的权益。父母接不接纳这些事情也没有意义，因为他无法因为自己的不接纳而让孩子的成绩提升上去。所以，父母在确定自己的接纳度时，还要区分哪些行为是与父母有关的，父母需要主动去干预；哪些行为是与父母无关的，父母只需要协助孩子去处理。

第三章 家庭教育原则

家庭教育的原则是我们进行家庭教育的准则，是亲子交往的行事依据。家长只有在确立并清晰地表述了家庭教育的基本原则后，才能在面对纷繁复杂的问题时不至于失去理智，坚持教育的一致性。

第一节 主体性原则

主体性原则是指在家庭教育过程中，要尊重孩子的主体地位，发挥孩子的主体性作用。对孩子主体性的尊重是家庭教育的首要原则。创新人才不可能是听话的人，而是充分发挥主体性的人；幸福的人也不是听话的人，而是能够倾听自己内心的人。

一、拒绝奴化教育

我们对孩子的评价通常就是听不听话。在孩子去上学时，我们告诉他要听话；在孩子回家后，我们问他听话了没有；在家庭生活中，我们告诉孩子要听我们的话，并且理直气壮地说："我所做的一切都是为了你好。"问题是，为了孩子好就一定能对孩子好吗？这样的好真的是孩子所需要的吗？

记得在孩子第一天去上幼儿园的时候，我送他到幼儿园门口，习惯性地说了一句："孩子，你到幼儿园要听话啊！"结果孩子回过头来问我："妈妈，我要听谁的话？"我当时怔住了，在我成长的过程中，我的母亲对我说过无数次要听话，我的老师也要求我们要听话。在我的人生经历中,从来没有想过要听谁的话,只是觉得所有成年人的话好像都是要听的。我想了想之后,很没底气地对孩子说:"听老师的话吧。"孩子听完就去幼儿园了。

第二天,我又不自觉地和孩子说了要听话,这次孩子问我:"妈妈,我听老师的话,那老师听谁的话?"我又怔了一下,想了想说:"老师听园长的话吧。"孩子马上问:"那园长听谁的话?"我回答不出来,只好说:"我也不知道,没想过。"孩子还是接着问:"妈妈,要是我的老师错了,我还要听话吗?"这下我彻底无语了,我从来没有想过大人会有说错话的时候,所以我马上说:"你觉得正确就听,觉得不正确就去告诉老师你的想法。"

真的很感谢孩子的问题,如果不是他的疑问,我可能无形中就对孩子进行了奴化教育,扼杀了他独立思考、质疑的能力。让孩子听话不只是扼杀孩子的创新能力,有时甚至要付出生命的代价。

2014年4月16日,韩国一艘载有476名乘客的"岁月"(SEWOL)号客轮在全罗南道珍岛郡屏风岛以北20千米的海上发生浸水事故沉没。当时有一些船只抵达现场准备救助,但几乎看不到有人跳船逃生。当时在现场的一名油轮船长文预植回忆道:"如果谁从船上跳下,就能得到救援,但是没有人从船上出来,让人焦急。"还有一艘油轮抵达距"岁月"号50米处,并鸣了几次汽笛,以提醒客轮旁边有援救的船只,任何人穿上救生衣跳海,就可以被打捞上来。"我以为乘客们肯定会跳船,但没有任何动作,令人吃惊。"事后调查得知失事客轮发出指令,要求乘客留在船舱中待命,至客轮发生严重倾斜后,船上300多名学生中的大多数仍然按照指令等待,最后与客轮一同沉没,只有一些没有听到指令或者不听话的学生活了下来。最后确认这起事故中,有172人获救,295人确认遇难,有9人下落不明(徐超,2014)。

如果该事件不是发生在长幼尊卑观念根深蒂固、来自上级和权威的要求不容置疑的韩国,而是发生在强调批判与独立思考的美国等西方国家,遇难者人数可能会大幅度下降。

二、尊重孩子的权利

孩子不是父母的附庸,他是一个拥有独立人格、尊严与权利的人。父母需要在不违背法律、不侵犯儿童权利、不越界承担义务的基础上对孩子进行教育。

尊重孩子的权利意味着不能简单粗暴地采用禁止、不准、体罚孩子的方法管教孩子。有些家长认为孩子还小，不懂事，只有打才会让他怕，这个想法在逻辑上就说不通。孩子小时候要打才听话，那么等他长大了，你打不动他了，这时你拿什么来教育他？打骂孩子是一种暴力行为，父母打孩子，会让孩子认为打骂是一种解决问题的策略，这样他就会用打骂来帮助自己达到目的，发生更多的攻击行为。

尊重孩子的权利意味着与孩子有关的事情一定要与孩子商量，或者由他自己做决定。很多孩子在幼儿园就被父母送去上各种兴趣班，兴趣班的选择通常是家长认为好的，而不是孩子认为好的。很多家长自己其实也不明白上这些兴趣班到底有什么具体的好处，反正是人家上，我的孩子也得上，不能在起跑线上输了。还有些家长仅仅是因为自己前期投入了很多，如果孩子不愿意学习就太可惜了而不同意孩子中止学习。

有一次，我去一个朋友家，他的孩子已经 10 岁了，他和他妈妈说不想练钢琴，结果他妈妈说那怎么行，买钢琴已经花了这么多钱，不练琴就浪费了。几年后再见到这个孩子的时候，我发现这个孩子特别逆反，对于钢琴干脆是看都不愿意去看一眼，学习成绩也很差。在与我们一起吃饭时，这个孩子一直在玩手机，不和任何人说话，他妈妈和他说话时，他连看都不看一眼。不考虑孩子兴趣的兴趣班就是折磨人的班，对这些兴趣班应该让孩子有充分的选择权与决定权。

也有人认为，现在的孩子太娇气了，就需要虎妈蔡美儿式的教育。蔡美儿自称"采用咒骂、威胁、贿赂、利诱等种种高压手段，要求孩子沿着父母为其选择的道路努力"，现在，她的两个女儿都很优秀，分别入读哈佛大学、耶鲁大学。

我们暂且不说入读名校是否就意味着成功，先来分析这样的成功能否被复制。首先蔡美儿获得了哈佛大学的文学学士和法学博士学位，现任耶鲁大学法学院的终身教授；其父蔡少棠被誉为"非线性电路之父"，现为著名高等学府加利福尼亚州立大学伯克利分校教授；她的丈夫 Jed Rubenfeld 同样是耶鲁大学法学院教授。这样家庭的孩子有多少根本不需要这样的教育也能达到现在的成就，毕竟智商多少会受到遗传的影响，而智商也确实会影响儿童发展的高度，家庭所拥有的资源对于孩子的成长来说同样具有重要的支持作用。《有奉献精神的父母培养大人物》的作者全惠星不用这样的方法照样教育出了同样优秀的孩子。

现在，我们再来分析蔡美儿的教育理念是否正确。蔡美儿认为中国父母得以"成功"的三大特质是：不理会孩子的自尊心；认定孩子必须孝顺父母；坚信小孩子不懂事，需要父母指引。首先，孩子是否真的不需要自尊心？试想，你更愿意听一个不顾及你自尊心的人的话还是顾及你自尊心的？其次，如果你对孩子一点都不尊重，那孩子为什么要孝顺你？最后，父母想要孩子成为什么样的人，那是孩子想要的吗？家长一定知道未来的发展是什么样的吗？

蔡美儿的教育之所以能引起这么大的轰动，是因为她在美国。美国家庭对儿童的主体性更重视，有些家庭可能会更宽容。另外，美国的教育环境更宽松，学习氛围也没有这么浓厚，当然这是相对于我国过于重视分数的现象而言的。仔细想想，虽然 PISA 的测试成绩表明美国的中小学教育水平远远低于我国，但世界上的主要科技创新又有几个国家能与美国匹敌？2012 年上海地区参加 PISA 测试的分析报告也指出，上海学生的成绩非常靠前，但是解决问题的能力却并不理想。

三、让孩子自己承担责任

很多家长之所以不敢让孩子自己做主，最主要的是怕孩子犯错。孩子之所以明知是错却依然要去做，是因为他知道除了挨一顿骂，最多就是挨一顿打之外，他就不需要再承担任何其他的责任。这是一个恶性循环，家长越不给孩子选择的自由，孩子就越不会选择，这样当孩子只能自己做决策时，他们为错误付出的成本比小时候要大得多。

有一个初二的孩子因为自伤而来咨询，在咨询过程中，孩子的奶奶给我讲了一件事，令我印象深刻。大致是说这个孩子在初一时，家长不同意给她买手机，结果这个孩子自己找人借钱买了一个，偷偷地在家里用，直到那个借钱给她的同学来家里找她要钱时家长才知道。我当时问这位奶奶，她是怎么处理的。她说，没办法，只能帮孩子把钱还掉，气不过就把孩子打了一顿。在整个过程中，为孩子的错误埋单的是孩子的奶奶，而不是孩子自己。如果我们和孩子商量，告诉她家长不会为她的行为承担责任。她可以选择让家长先借钱给她还账，但是需要通过额外承担家务劳动或者自己外出打工来偿还这些费用，也可以选择自己去与同学商量解决债务问题，但不打也不骂孩子。那么孩子在偿还债务的过程中就会不断地反思自己的行为，下次做决策时就会更理智一些。如果打了孩子，那么孩子仅存的一点内疚心理可能会消失，反而认为是你对她不好，对她太苛刻。

家长可能因为害怕孩子做出的选择会导致不良的后果而习惯于压制孩子的选择。事实上，有些错误的代价真的是不可承受的吗？只要不触及家庭教育的底线，让孩子自行选择后自己承担责任可能会更好。儿子在 10 个月大的时候对烧在火炉里的蜂窝煤火焰很感兴趣，他奶奶总是拦着，不让他去接触，这样他对火的渴望更大，更想去接触。我抓着他的小手慢慢地靠近火，到一定距离时，他感觉到了痛，然后快速地把手抽回去了。后来只要看到火，他都知道保持一定的距离。

通过后果来教育比父母的唠叨要有效千百倍。所以，如果孩子不好好吃饭，拿走饭碗就行了，直到下一次正常吃饭时间再给他吃，他有了饿的经验自然会好好吃饭；孩子坚持穿他自己喜欢的衣服，那受凉感冒也是他自己的事情，下次他自然会根据天气变化来更换衣物了。当然这只适合易养型儿童，个体差异部分详见第四章。

在学校，如果孩子犯错，教师一般也是叫家长去，轻的家长批评孩子一顿，重的如果需要赔偿也是家长去赔偿，甚至谈论赔偿的事宜都是家长去。这是一种责任的转移，而不是单纯的共同教育。如果大人试着放手，让孩子去协商解决，自己承担责任，也许这是一个教育的机会。

我记得我的孩子在小学五年级时，他和他的同桌一起打坏了坐在他前桌的女同学的眼镜。女同学的家长要求赔偿，因为那副眼镜太贵了。班主任打电话给我，让我和孩子同学的家长去学校协商赔偿事宜。我对班主任说："打坏眼镜是肯定要赔的，但眼镜是孩子打坏的，应该让孩子去协商解决，然后用他自己账户中的钱赔偿。如果不能达成协议，我再去处理。"我听出了教师不乐意，但她也没办法。结果我孩子同桌的父母也委托自己的孩子去协商赔偿。最后是三个孩子与一个大人在教师的帮助下一起协商赔偿问题。孩子回来跟我说，他们不同意赔偿整副眼镜，因为他们只打坏了一个镜片，并且他们两个也去配眼镜的地方问了，人家说可以只配一个镜片。最终那个女孩的妈妈答应让步，只让他们赔偿了普通眼镜的费用。这件事之后，孩子在学校再也没有打坏过其他同学的东西了，孩子也学会了如何与人谈判。班主任最终认可了我的处理方法，因为后续孩子的问题减少了很多。

如果不坚持让孩子对自己的决定与行为承担相应的责任，那么单独谈对孩子主体性的重视一定会带来灾难。对孩子主体性的重视是建立在孩子必须为他的行为承担责任的基础之上的，不打骂孩子同样是建立在这一基础之上的，否则就是溺爱。我们的学校只有教师不能打骂学生的规定，赏识教育告诉我们没有教不会的孩子，只有不会教的家长。这导致了现代孩子无视他人权利、不承担自身责任、放纵自己的欲望。

我们通常认为美国人对孩子溺爱得无法无天，其实他们的教育恰好是建立在权利与义务相对等的基础之上的，每个孩子从小就要承担与年龄相匹配的家务劳动，上中学后就要承担社区劳动，自己赚零花钱。美国的学校规定教师不能打骂学生，同样学生也要尊重教师，并对学生的违规行为制定了非常规范的处罚体系。学生的每一种违规行为都有对应的处罚标准，只要犯错就一定会受到惩罚。

美国纽约的 Horace Mann 学校非常明确地把学生的欺骗、欺负、攻击与恐吓等 12 类行为进行了清楚的定义，明确规定为违纪行为。与此相对应的是，处罚措施从轻至重分为六级。最轻的一级为警告，要求家长、学生及学校相关人开会讨论如何改进，以及如果不改进可能导致的更严重的具体后果；第二级为失去某些校内的权利，如不能去图书馆，或者参加学校组织的公共活动，作为学校的代表等；第三级为取消一些自由，如在每天的开始与结束都需要签名，除上课、午餐时间及面见教师外的课余时间，他需要待在自修室（这一要求会根据情况从一天到持续两周不等）；第四级为留校察看，在留校察看期间，学生必须用自己的行动表明他们可以成为一个负责任的公民；第五级为暂时离开学校，离开时间为一天或更长时间，要求学生回到先前在会议上与学校及其家长讨论好的社区中去；第六级是开除，学生不能再回到学校学习，通常用于很严重的情况（Horace Mann School，2015）。

我国只对教师不准打骂学生有明确的规定，却没有针对学生违规行为的具体处罚标准，如不交作业要怎么处罚，上课迟到要怎么处罚，对抄写他人的作业、攻击与欺负他人等行为都没有规范的处罚体系，这样教师要不就是自定处罚标准，要不就是不处罚。自定处罚标准会导致无法区分体罚与惩罚的界限，家长如果不支持，教师就会更难执行，孩子就会更无法无天。这或许也是我们的留学生在国外因为威胁或不恰当的言论而被遣返的原因之一。

在学校教育缺乏治理标准的背景下，家庭就需要制定规则系统，明确每个家庭成员的责任与义务，以及违反规则或侵犯其他家庭成员权益的处罚规则。孩子的责任一定要让他自己承担，只有这样才能培养孩子的规则意识，孩子对他人的权利才可能有基本的尊重，对法律才可能有基本的敬畏。

四、顺应孩子自身发展

人的能力与社会性发展都是有关键期的，关键期是指某些特定的技能或行为模式发展最敏感的时期。在关键期，如果有适当的环境刺激，个体就很容易产生这些行为模式或者培养这些能力。过了孩子的关键期，后续再进行补偿教育的话，通常需要花费更高的代价，甚至无法补救。成年人学普通话为什么比 2~3 岁的孩子难多了？就是因为过了关键期。

顺应孩子自身发展就是要抓住关键期进行与之相适应的教育。在孩子初步展现某些能力时，父母就要学会放手让孩子去做。在孩子各种能力的发展过程中，没有所谓的优先重要次序，只能顺应孩子自身发展规律。

很多家长在孩子6岁以前能保持平和的心态，能够按教育规律，以游戏、活动与阅读为主要养育方式，培养孩子探索各种兴趣。但是父母重智轻德的教育理念在这时仍表现得较明显，父母会花很多的时间来培养孩子的感官能力与兴趣发展，而对于树立家庭规则、培养规则意识、与其他同伴友好相处、培养生活能力却常常忽视。而6岁以前恰好是孩子树立秩序意识、培养动手能力非常关键的时期。有家长问我，孩子在外面老是被其他小朋友打，但被打了也不哭，还跑去和人家玩，要不要告诉孩子打回去？其实孩子对打的理解与大人是不一样的，没打疼，他就以为只是在玩，如果打疼了，家长也应该引导孩子学会如何处理，而不是怕孩子吃亏，简单地采用以暴制暴的方式解决问题。

从小学到初二是孩子大量阅读的关键时期，也是培养勤奋、坚毅等心理品质的关键时期。但家长在这一时期极易被孩子的学业成绩所影响，忽视孩子其他方面的教育。一位小学一年级孩子的家长跟我说，平时觉得孩子能拿90多分就很不错，参加家长会的时候才知道孩子成绩不好，在班里都排在最后了。很多家长会盯着孩子的名次，希望孩子在小学都能拿双百分，却把最重要的品德、习惯与阅读培养给耽误了。

进入初二以后至高考前，孩子最主要的发展任务是探索自我，了解环境要求，初步探索自我的生涯目标。但随着升学压力的增加，家长眼中就只有那几科要考的科目了，甚至有些家长会完全以孩子为中心，包办孩子的全部生活事项，沦为孩子的保姆、伙夫与车夫，费九牛二虎之力去帮助孩子提高学业成绩，而家长自己的时间却被孩子切得零零碎碎，甚至没有自己的时间。有一次，在网络上分享的家长自豪地说自己是孩子的保姆、伙夫、车夫与家庭教师，在孩子早上起床穿衣服时，家长已经帮孩子打开录音机放英语或古诗词的磁带了，然后家长马上把早餐做好放到桌子上。在孩子吃早餐时，家长马上去整理孩子的床铺，再开车送孩子去学校等。竟然还有很多家长在微信群里转发这样的生活方式，似乎想以她为榜样。

不顺应孩子自身发展规律的家庭教育必然会带来很多问题。孩子从小没有形成规则意识，那么他就无法对社会准则与法律保持敬畏之心，而这是个体安身立命的根本。孩子在小学没有养成自主学习习惯，到了中学就难以适应学校的生活；一个在中小学完全忽视生涯规划的孩子，大学选择的专业很可能与自己的兴趣或能力不匹配，大学学习无动力，很多大学生甚至难以毕业。一个以孩子为中心的家长,也培养不出懂得感恩的孩子,因为孩子会觉得一切都是家长应该做的,这些孩子自然也不会感恩他人。

很多家长与老师都反映现在的孩子一点儿都不体贴父母,我在大学教书对此也有很深的感悟。在给大学生上课的课间,有同学上讲台复制课件,结果可能有静电,她受了惊吓,便把U盘扔给我,对我说:"老师,有电,你帮我复制吧。"我当时听了很生气,自己明知有危险的事却让老师来干,又何来对他人生命的基本尊重,而且还说得那么理直气壮。

第二节 陪伴性原则

陪伴是建立亲子关系的基础,也是教育孩子的条件。留守儿童身心发展的问题之一就在于缺乏家长的陪伴。起初,我认为陪伴只是一个简单的词,所有人都理所当然会理解并能做到。在咨询过程中我才发现很多的家长并不理解陪伴的含义,从而带来很多的问题。陪在孩子身边并不一定是陪伴,只是一种空间的接近。那么陪伴到底是什么呢?

一、陪伴是什么

(一)陪伴是父母与子女的同在

陪伴是父母与子女的同在。这里的同在概念与伽达默尔提出的同在概念具有一定的相似性,父母作为子女的理解者,需要融入子女的内心与生活,并因此而熟悉/分享孩子的整个世界。在此过程中,父母需要忘记自己的主体性,需要忘记自己的目的,融入孩子的世界来理解孩子的想法,不要打乱孩子的节奏,而要学会等待其自身的自然展现,父母在此基础上理解孩子的世界。

同在是忘记父母自身的规定性,是一种非评判的态度。在咨询中,我们通常会鼓励父亲参与陪伴。结果一周后,有一位母亲称父亲的加入简直是一场灾难。在家庭活动日,孩子与父亲一起放风筝,孩子在父亲的帮助下很努力地把风筝摇摇晃晃地飞上去了。当然风筝放得不是很理想,但孩子心里充满了欢乐,而父亲却沉着脸说:"你这也是放风筝,简直是瞎放,让我来放。"孩子的欢乐一扫而光,很不开心地坐在旁边。母亲与孩子交流时,孩子告诉母亲,本来因为自己的风筝能飞上去感到非常开心,觉得自己做得也不错,但是父亲说他放得太差,让他觉得很难受,感觉自己怎么也达不到父亲的标准。父亲按照自己的标准对孩子的行为进行评价,对孩子并无任何的理解,当然也缺乏尊重。

同在还是等待,等待孩子自然的表现。有时孩子回家后的表情很不对劲,一句话也不说,我会问他:"怎么啦,发生什么事了吗?"结果孩子有气无力地说:"没什么。"虽然很担心,但我知道只能等待,同时我也需要告诉孩子我与他同在,愿意理解他。我只能告诉他:"看你的表情感觉你不开心,如果有什么,妈妈随时都愿意听你说。"孩子听后什么也没有说就进了自己的房间,但半小时之后就出来和我说发生了什么事,甚至自然而然地表露自己的情感,没有半点的隐藏与防卫。

同在的基础是尊重与信任。父母之所以能抛开自己的规定,进入孩子的解释框架中去理解他的看法,并且能够耐心地等待,都源于父母对孩子的尊重与信任。父母只有认为孩子在价值、尊严、人格方式上与父母是平等的,而且孩子能够为自己的事情负责任,能够解决自己所遇到的问题,父母才有可能克服育儿焦虑,真正做到与子女同在。

(二)陪伴是安全的心理氛围

陪伴要能使被陪伴者觉得更安全,在这个环境中,孩子可以自由地展现自己而不用担心会被责罚。记得小时候,我特别喜欢父亲在家,因为我知道,在父亲那里做错任何事都可以重来,说错话可以改正,写错作业可以更正,遇到不懂的问题自己可以再看看书,实在不懂他也会教我。做完作业,他会给我讲故事,和我一起做游戏。当然他也会和我一起躲着母亲偷吃母亲不准吃的零食。他为我们操的心很少,但做到了高质量的陪伴,让我们感受到了家庭的安全与温暖。

让孩子最没安全感的不是责罚,而是不知道在什么情况下,会受到什么样的责罚。孔子所说的"从心所欲,不逾矩"是家庭教育的理想状态,如果家庭中有规则系统与奖罚体系,那么孩子自然会慢慢习惯于家庭的规则而不会时时去逾越而导致不快。心理安全感不是没有规则意识的安全感,而是孩子知道在这个家庭中哪些能做、哪些绝对不能做基础上的安全感,当然家庭中不能做的事情不能太多,制定规则系统时要让所有的家庭成员一起协商决定。

在我咨询的个案中,有一位母亲做到了极致。她会操心孩子的一切,也不放过任何一个管教孩子的机会,所有的作业都要由家教检查,所有的生活都要亲自检查、监督。这位母亲来做咨询的目的是想从咨询师处学会几招去管教自己的孩子。当时来咨询时，她的孩子已经读初二了，但是孩子洗脸没有用洗面奶、洗澡没有用干毛巾都会被责备。重要的是，只要孩子和哪个人关系亲密一点，她就会要求人家帮着教育孩子。结果，这个孩子觉得世界上只要认识她母亲的人都是她的敌人，都是母亲派来管教她的。在这种环境下成长的孩子自然会觉得很不快乐，不是逆反就是严重退缩。

面对那些为孩子操心一切的家长，甚至完全以孩子为自己的人生追求的家长，我一般会要求她们回忆一下自己没有做母亲时的梦想是什么，制订一个追求自我梦想的计划，以此降低与孩子的联结性。在咨询经历中我也发现，与那些经常联系我的家长相比，那些不主动联系我的家长的孩子的咨询效果会好很多。

（三）陪伴是关爱与支持

陪伴是父母对孩子关爱与支持的体现。父母在陪伴孩子的时候，要向孩子传达你对他的关爱与支持。孩子可能会和父母抱怨学校，抱怨学习，此时孩子可能只是情绪的发泄或者太累了的一种抱怨。父母要做的只是陪伴，用言语或非言语的行为传达给孩子——你在他身边，你能理解他所说的一切，如果有需要，你随时都愿意帮助他就行。此时不要试图去安慰孩子，因为与其听你的安慰，他更愿意你听他的倾诉。

在孩子学习累了的时候，给孩子递一杯水，削一点水果，然后轻轻地离开也是一种关爱。当然，不要太频繁地出入孩子的房间，更不要跟孩子说话，除非他跟你说话。很多家长反映，孩子一到家就马上回到自己的房间，甚至还把房间的门锁上，这可能表明他在拒绝与你沟通，希望你离他远远的。这些行为表明你的陪伴对于他来说，已经不是关爱与支持，而是干涉与烦恼了。这时唯一的办法就是先容忍，然后再想办法制造你与他对话的机会，协商解决这一问题。

二、陪伴不是什么

现在我们再来看看陪伴不是什么，这也常常是我们在家庭中与孩子相处不是很愉快的地方。

（一）陪伴不是陪着

很多家长对我说，从孩子回家读书开始，自己连电视都不看，就是拿着一本书坐在他旁边，陪着他看书。我很佩服这样的家长，除了孩子读小学以前，我会整晚陪着他玩儿之外，其他时间我很少因为陪伴他而影响自己的娱乐与生活。孩子在家做作业，我会做自己的事，如看电视，不过会把电视的声音调得更小，不至于影响到他。我也会看书或做自己的研究。

孩子为此和我抗议过，他认为在他做作业的时候，我怎么能看电视。我问他："我看电视的声音影响到你了吗？"他说："这倒没有。"我接着问："我把自己的工作、要做的事都做完了，那我为什么不可以玩？如果你做完了作业与自己的事，那你也可以玩。"结果孩子说："看到你在看电视，我也想看电视了。"我告诉他："如果你因为自己想看电视而影响了学习，那是你自己的事情，你应该学会克服电视对你的诱惑，而不是消除诱惑。这对我来说太不公平了。"从此之后他再也没有为此来反对我了，只要求我让他进自己房间做作业后再打开电视。后来，即使电视开着他也能自觉进自己房间做作业。

陪伴不是不能有自己的生活与娱乐，而是要告诉孩子在他需要你的时候，你随时愿意提供帮助。孩子读初中的时候，我几乎没有检查过孩子的任何家庭作业，他的班主任可能在班上批评过一些家长不检查作业，结果我在他的作文中看到："虽然我的父母不管我的学习，但如果我有需要，他们就会及时提供帮助。我觉得这样很好，因为学习是我自己的事情。"当然也不能因为你的生活方式而影响孩子的生活，如在家里搓麻将，或出去娱乐把孩子一个人放在家里。

（二）陪伴不是监督与约束

很多父母认为孩子是需要监督与约束的，如果自己不在家盯着孩子做作业，他就可能不认真。现在学校教师也通常要求家长在孩子的家庭作业上签字，所以家长就更加不辞劳苦地陪着孩子做作业，检查作业，要求孩子修改作业。有位初二孩子的家长说："孩子在家里每次都要先玩儿，一直要等到需要去学校的时候才急急忙忙地完成作业。没办法，我只能将其抓到餐桌旁来做作业，直到守着他做完。"

这种经历相信很多父母都有过，我有比这更糟糕的经历。因为出生时难产，孩子有点感统失调，注意力也有点缺陷。这样的孩子在做作业时简直就是灾难，很多作业都是写错的，错别字也一大堆，抄写跳行跳格严重，作业做得又慢，还要一边做一边玩儿，没东西玩儿的话就把橡皮戳成粉。每次做到很晚才完成作业，我检查完后又要让他修改，修改后依然出错，再加上我的臭脾气，搞得孩子生气，我也生气，每天晚上检查作业都是噩梦。

由于孩子学习不认真，在学校又和其他小朋友打架，回家还不好好吃饭，长得比较瘦，孩子当然也没少挨我批评。直到有一天我又批评他时，他悲伤地对着空气说："谁会像我这样，在家里被父母打骂，在学校又被老师骂和被同学欺负？"我看着他忧伤的表情沉思了很久，决定改变这一境况。

我首先放弃的就是检查孩子的作业，因为我知道我的臭脾气不是说改就能改的，孩子当然也不可能一夜就变好。我唯一能做的就是眼不见心不烦，而且我的检查对他的成绩没有什么帮助，对他的习惯更没有帮助，如果再这样，孩子的学习兴趣也很快会被我磨完的。我需要找到另外一条途径，虽然我是学习心理学的，但由于我的研究方向是心理测评，我自己也就学了那么三四年的心理学，我也不知道要怎样去解决这一问题。

我决定先从简单的开始，首先帮助孩子解决受欺负的问题。我开始认为这很简单，但查阅相关的欺负行为研究的文献，我发现好像没有一篇文章能解决这一问题。所以我只能去找那些欺负他的孩子谈，每次下课之后就马上去接他，并且把孩子送去学习散打。我心想，如果有力气，其他孩子起码不敢打他，即便被打，他也没有那么害怕。另外，我还申请了校园欺负行为课题作为我的研究方向。

或许这是我作为母亲做得最好的一次决定，即送孩子去学习散打。孩子在散打班得到了师兄、师姐的关爱，回家后也听教练的话大碗地吃饭，最重要的是经过训练，他的感统失调好了很多，错别字、跳行现象都减少了不少，身体也变得很强壮，孩子在各方面都变得更自信了。

父母的监督、检查或许对孩子习惯的养成具有一定的作用，但如果发现无效，就要去寻找另外的解决办法。陪伴不是监督、检查，也绝对不是只有监督与检查才能培养孩子良好的习惯。

第三节 优先改变环境的原则

优先改变环境的原则是指如果能通过改变环境解决问题，或者让孩子做出父母可接受的行为，那么就应优先选择改变环境而不是要求孩子做出改变。

在孩子很小的时候，我们会尽量通过改变环境去适应孩子的需要。例如，孩子哭闹时，我们会思考孩子是不是尿了，要换尿布；是不是饿了，要吃东西；或者是不是想出去玩了。我们几乎不可能会对孩子说不准，如不准哭、不准闹等。

当孩子慢慢长大时,我们就很少通过去改变环境来改变孩子的一些不可接受的行为了,而是要求孩子做出改变。我们更多地告诉孩子不准哭、不准挑食、做作业时不准玩等,因为这样做之于父母是最简单的,父母不需要为此改变自己的生活,也无须改变家庭环境,但有时这恰恰是最无效的。

这样的行为还有很多,那么我们怎样通过改变环境来改变行为呢?

一、简化环境

在我们需要孩子集中注意力或保持安静的时候,我们可以通过简化环境来达到这一目的。所谓简化环境就是不想让孩子接触的、玩的、吃的东西尽量不要让它们出现在孩子的视野中,以减少对孩子的诱惑,从而改变孩子的行为。

孩子进入小学时,做作业很容易分心,尤其是有注意力缺陷的孩子。我们可以通过尽可能地减少环境中的刺激物而减小孩子注意力集中的压力。首先,要给孩子一个能独立做作业的房间或一个区域,书桌最好不要背对着门口、走廊或过道,因为门的隔音效果相对差一些,不关门的话孩子更易分心。书桌上不要放玩具或饰品,也不能直接对着窗户,因为孩子很容易被外面的风景所吸引,只是斜对着窗户就行,窗台上种一些绿色植物,可以缓解孩子的焦虑情绪。如果房子不大或隔音不好,家长在孩子做作业时尽量不要看电视,毕竟很小的孩子更喜欢看电视而不是做作业,他也会分心去想电视。如果孩子有多动障碍,最好放一点轻音乐,不要有歌词,这样有利于孩子集中注意力。

其次,文具与书包也要考虑使用最简单的样式。现在的文具盒、削笔刀,甚至是笔都做得可以用来当玩具,这也容易使孩子分心,最好买最简单的文具。由于小孩子间会相互攀比,所以在给孩子买最简单的文具时要做好解释工作,以免孩子自卑。在家中做作业时,除必要的文具与书本、作业本之外,要把所有的物品都拿走,以减少孩子分心的可能。

每天上学前协助孩子检查书包,减少携带不必要的物品去学校。笔只要带两支就行,橡皮只能带一块小的去学校,否则孩子在学校拿着文具就能玩很久,甚至用笔尖把橡皮戳成粉。培养孩子在每次上课前,一次性把下堂课要用的东西摆在桌子上再去玩的习惯,做好上课准备,以免因要准备课堂学习用具而分心。

对于更小的孩子,这一方法其实更有用。在一次去幼儿园做讲座的时候,很多家长都提到孩子晚上不肯睡觉,虽然答应了马上就睡,但是要磨蹭很久才能上床,早上又赖着不肯起床。要想孩子按时睡觉,在孩子要睡觉之前的半小时至1

小时内就要减少刺激物，不玩剧烈的游戏，床上不要放玩具，如果家长有时间给孩子讲故事，则更有利于孩子入睡。

对孩子有诱惑力，但又不允许孩子使用或食用的东西尽量不要出现在孩子的视野内。我在咨询中遇到的一个案例就是如此。一位母亲讲述她的孩子因为肥胖导致月经不调，血脂升高，走路都很困难。医生让其节食，少吃肉类等高脂食物，多吃蔬菜和水果，但是孩子就是不吃蔬菜，也不喜欢吃水果。每次吃饭时都趁母亲不注意，赶快夹几片肉放在饭底下藏起来。放学路上，这个孩子也经常偷偷地买零食吃。我问她，孩子是不是每次都在家吃饭，零花钱是不是都是她给的，饭菜是不是她做的。她确定都是。我建议她每次只根据均衡营养原则做适量的菜品，这样孩子就只能吃那么多菜，因为当她想吃时，桌子上已经没有了。或者采用分餐制，当然其他人也不要当着孩子的面吃大鱼大肉。零花钱也可以与孩子商量能不能稍微少给一点，这样孩子就没有钱去买零食了。结果她母亲说，她们家每顿饭都会做好几种肉类，一般家里人都吃不完，她说她从来没有想过要少做菜，也没有想过要少给零花钱。

二、丰富环境

父母在帮我们带孩子时，常常会感觉带现在的孩子比带我们那时候要辛苦得多。在我们小时候，只要学会走路了，似乎除了吃与睡之外就很少需要父母花精力来管我们。其实不是我们就比现在的孩子听话，只不过那时一般家庭会有几个孩子，孩子们也不是被关在家里，而是大家集中在大院里一起玩。那时候的社会治安相对来说更好一点，汽车等几乎没有，所以那时的环境其实是相对安全的，自然不需要父母花太多的精力。

如果你想让孩子能够独自玩，不至于吵到你，那你要做的是丰富孩子的环境，为孩子的能量找到发泄的出口。在家中为孩子开辟一个专门用来玩的地方，在这个地方为孩子提供丰富的、他喜欢玩的东西，如橡皮泥、积木、玩具车、拼图、阅读材料等。在这个地方，孩子可以自由自在地玩他想玩的玩具，做他想做的游戏。这样，他自然不会来吵你。记得在我小时候，父母拉了一车沙子放在我们家一棵大树下，我爷爷还帮我们做了一个秋千，用一块木板放在一个坡上做滑梯。那是我们附近好多小朋友的乐园，不玩到父母来叫吃饭绝不回家。

乘车外出旅行是孩子最麻烦、最缠人的时候。如果你事先带些玩具，在他们无聊的时候有玩具可玩儿，他们就不会太烦你。当然，如果有条件，几个孩子同

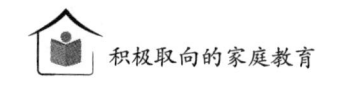

行或几个孩子一起,则比一个孩子更能找到大人能接受的事情来做。

三、必需物品的方便易得性

如果你想要孩子做某些事情,则你要保证这些物品能够很方便地被孩子拿到。很多家长表示,孩子就喜欢看电视,不喜欢看书。我问他们家的电视在哪里,书在哪里。他们通常告诉我,电视在客厅里,书在书房的壁橱里。我们来想象一下哪个更容易得到。回家后一般就到客厅,动一下遥控器就可以看电视,这可真是方便易得。要拿到书则需要走到书房,打开壁橱,再找个地方坐下来,这之中任何一个动作未做就无法看书。如果把书放得到处都是,孩子就更有可能看书。

记得在孩子很小的时候,我们在书店买书,我选了一套感恩系列的书,其中有一本是感恩父母的书。结果孩子很生气,他说:"你让我感恩你也就算了,还要我看书来学习感恩你。你到底为我做了多少感天动地的事,还需要我看书学习来感恩你?"我当时告诉他是我自己买来看,他同意了让我买。但是他还是非常反感这本书,坚决不看。有一天我在客厅的沙发上看这本书,其中有些文章写得很感人,我不自觉地流了眼泪,在旁边看电视的孩子好奇地问:"书里到底写了什么,你竟然流泪?"我没有说什么,只轻轻说了一句:"不要影响我看书。"看完后,我随手把书放在客厅的茶几上,结果儿子在电视放广告时,很自然地拿起了这本书来看,后来他也觉得写得很好,直接把我买回来的那一系列的书都看完了。经过这件事之后,他很少因为我买书而反对我。

书房是专门看书的地方,但绝不是只有书房才有书,才能看书。韩国妈妈全惠星培养了6个优秀的子女,她介绍了创造一个在什么地方都能打开书本的环境,对培养孩子的阅读习惯有多重要。他们家有8口人,有19个书桌,还不算茶几等可以充当书桌的其他物品。现在我家所有的卧室与客厅都摆放了书柜,有些书柜还是开放式的。因为我们都有在哪儿看就把书丢哪儿的习惯,所以家里每一个能坐的地方差不多都有书,来我家的孩子随时随地都能找出一本书来看。

四、物品尽可能简易安全

家庭是所有家庭成员的家,而不只是大人的。现在我们来想想我们的家是否真的适合孩子使用。我们给孩子买衣服时是否考虑了孩子穿脱是否容易?年幼的孩子是否能够得着门把手?家里的插座是否具有对孩子的断电保护功能?

在购物与装修房屋时，一定要考虑到家庭所有成员使用环境的安全性与简易性，以免孩子因为无法控制自己所处的环境而受挫。对于上小学以前的孩子，要买容易穿脱的衣服，外出游玩时尽量不穿需要系鞋带的鞋子，鞋带松了的话孩子容易摔跤。要买适合孩子尺寸的餐具，适合孩子学习的桌椅。家中要备几把安全轻便的小板凳，便于孩子拿来做小梯子，用于取衣橱里的衣服、开水龙头与打开门。值得注意的是，对于幼儿园的孩子来说，还是需要买一些需要扣扣子的衣服与系鞋带的鞋子，因为这些活动对于训练孩子的小肌肉运动是非常有帮助的。

很多家庭的衣服都整整齐齐地叠好摆在衣柜里，这样如果孩子去拿就可能会翻乱。如果我们把当季不穿的衣服收起来，放在衣柜不显眼、不易够到的地方，把要穿的衣服按每个人一个柜子挂在一起，这样你每天都不用叠衣服，孩子也可以很快找到自己的衣服，从而减少孩子的依赖性，增强其自主性。

对孩子有伤害的东西当然要避开，如开水瓶、电暖器等一定要避免放在孩子能拿到或借助工具能拿到的地方，剪刀最好能买小孩专用的。当然最重要的还是对孩子进行安全教育。

第四章　个体差异与家庭教育

当我从护理工作转专业学习心理学时,觉得很不习惯,很苦恼。医学中的很多理论是适用于一切人的,如解剖学与生理学,如果有不同的解剖结构,用一个变异理论基本也就能解释清楚了。人们的生理机制基本是一致的,影响生理机制的因素虽然复杂,但都有可靠的实验证据来证明。心理学却很不一样,一个心理结构会有很多种理论来解释,如智力理论就有很多种,人格理论就更多了。原因在于人们生物属性的一致性比较高,而心理属性却非常复杂,差异性非常大,没有任何一个理论能解释所有人的行为。

正因为心理属性的这种复杂性与差异性,我们常常感觉家庭教育的书籍通常没有多大的作用,照着书去教育孩子通常会发现不管用,最要命的是通俗家庭教育书籍中的方法竟然每本都有不同之处,甚至完全相反。比如,蔡美儿的虎妈式教育与蔡真妮强调的用接纳成就孩子的一生就完全不同。也许每种方法都有其合理之处,它们只是适用的孩子不同而已。

你要先了解自己的孩子适用哪些方式,在理解个体差异的基础上进行家庭教育才能达到理想的效果,这也是贯彻主体性原则的基本要求。

本章重点在于阐述个体差异的含义,帮助家长更好地理解孩子的独特性。在阅读本章内容时,家长要谨记的是所谓的这些差异虽然得到学界甚至社会的广泛认可,但要注意这些研究数据都是基于样本得出的,其中很多研究是基于国外的实验证据,所以家长虽然要知道这些个体差异,但不能用下面的术语去套孩子的行为,绝对不能给孩子贴各种标签,如果你无法做到这一点,最好是跳过本章。

第一节　正态分布及意义

一、什么是正态分布

正态分布是生活中经常出现的一种概率分布。假设把我们所有人的智力都进行测量，那么我们每个人都会有一个分数，将我们所有人的分数放在一起并用图形表示，通常就会出现图4-1这样的曲线，我们称之为正态分布曲线。

正态分布图的横轴表示的是我们的分数，越往右边表示分数越高，越往左边表示分数越低。原始分数的平均数与标准差[①]不同，则正态分布曲线也会不同，并且不会有正负号。比如，某省高考的语文与数学的平均分不同，标准差也不同，那么根据这些分数做的正态分布曲线也会不一样。为了比较某个学生的语文成绩更好还是数学成绩更好，我们只能将所有人的语文、数学成绩分别减去该省的语文、数学平均分，然后再除以各科的标准差。这样，我们就能解决因平均数与标准差不同而无法比较的问题了。统计学上将经过转化后的分数称为标准分数。

有些同学的分数比平均分低，则他们的标准分数就变成了负值，而比平均分高的，他们的标准分数就是正值。我们将原始分数转化为标准分数后的曲线称为标准正态曲线，图4-1就是标准正态分布曲线。

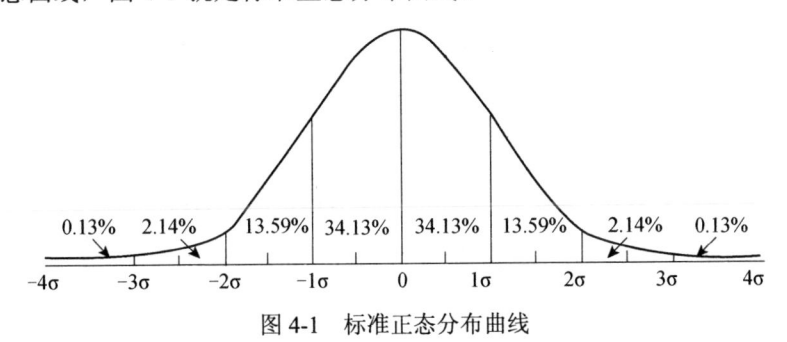

图4-1　标准正态分布曲线

标准分数的平均数为0，标准差为1。这样，如果一个人的智商分数刚好是

[①] 标准差是指群体中的每一个人的分数与平均数之间差距平方的平均数，然后再开方。其实际的意义是指一个群体中个体之间的差异。如果标准差大，表明数据之间的差距大；如果标准差小，表明数据之间的差距小。

平均数，那么他的标准分数就是0；如果他的分数比平均数高1个标准差，那么他的标准分数就是1；如果他的分数比平均数低1个标准差，那么他的标准分数就是-1。

从图4-1中我们还可以看到，在两个标准分数之间，正态分布曲线下会有一个面积，这个面积就是一个概率，即有多少人会分布在这一区间内。从图4-1可知，离平均数越近，分布的人数就越多。根据积分法则可以算出68.26%的人在平均数上下各1个标准差之间，如果是体检或者智商分布，我们认为这一区间是正常范围；在平均数上下2个标准差之外的人只占约5%，我们称之为异常；上下3个标准差以外的人不足1%，我们称之为极异常。

二、正态分布曲线的意义

（一）基于平均数的理论

除那些经验类的教育书籍或者在后现代理论指导下的研究外，所有科学研究的理论几乎都是基于平均数水平的理论，如平均身高、平均智商、平均变动等。也就是说这些理论只适用于典型情况，如果你的孩子正好在平均数上下1个标准差的范围之内，所学的理论与方法就会更适合你，而如果你的孩子靠近正态分布曲线的两端，教育理论对你孩子的适应性可能会低一些。

年轻的妈妈可能都深有体会，发现育儿书中的有些理论与自己的孩子不符，机智的妈妈会根据自己孩子的需要及时修改，而有些妈妈则会完全照搬。记得有一次和一位年轻的妈妈及她的孩子一起吃饭。席间她的孩子哭了，我们说孩子可能饿了，小嘴巴不停地动。这位妈妈说不可能，才喂了不到4小时。我问她为什么一定要4小时才会饿，她说书上说要间隔4小时。结果我们把奶瓶给孩子的时候，孩子吸得可用力了，而且喝下了一大瓶奶。4小时不过是一个基于平均的数字而已，有些孩子消化得快，有些孩子消化得慢，孩子有时吃得少一点，有时吃得多一点，这都是很正常的。

上述这一问题除了初当妈妈的人会混淆外，其他妈妈可能不至于如此死板，但是有些心理学的研究结论却会给家长带来很大的压力。比如，心理学研究发现，离婚家庭、单亲家庭的孩子会有更多的问题。这一结论从平均数来看当然是正确的，但是同样是离婚家庭出来的孩子有些也会适应得很好，并且正因为家庭的不完整，他可能变得更坚强、更独立、更能直面挫折。

但这一结论却影响了很多家庭,有一位母亲打电话跟我说,在孩子读小学时她就发现丈夫有外遇,要和丈夫离婚,但孩子却一直不愿意,要死要活地求妈妈不要离婚。这位母亲怕孩子受到伤害,一直和丈夫维持着事实上的婚姻,直到孩子考上高中,她感觉自己快要崩溃了,孩子也每天担惊受怕,生怕自己一离开家,父母就离婚了。后来在分析了离婚的利弊之后,母亲还是勇敢地选择了离婚,并且找了一个合适的时间跟孩子说了这个结果。根据她后来打来的电话内容发现,离婚给她带来了解脱,孩子虽然痛苦,但同时反而安心了,不用担惊受怕了。

(二)基于概率的异常

我们通常会说这个孩子是天才,那个孩子有点智力迟滞,这个外向,那个又内向等,这些都是基于概率的划分。在人格类型的划分上,我们通常把平均数上下0.67个标准差之间的人认定为中间型,占全部人数的50%;把平均数上下0.67～1.15个标准差的人称为倾向型,占全部人数的25%,这部分人也仍然是正常的。只把平均数上下各1.15个标准差之外的人才称为典型,也占全部人数的25%。因此,在心理学上很多所谓的异常都是与自己同年龄的人相比而言的,即与个人在正态分布曲线横轴上的相对位置,而不是与某一绝对标准进行比较,更不是与家庭内的成员进行比较。

这提醒我们,在家庭教育中,我们要认真考虑教师或其他人反馈的关于孩子异常的一些信息。如果你的孩子在幼儿园特别爱闹,或者有人说你的孩子怎么从来不答理人,这时你就要考虑是不是要去专业的医院与妇幼保健机构进行相关的检查了。

我在幼儿园会听到很多的教师反映有的孩子明明就和其他孩子不一样,但是家长就是认为自己的孩子是正常的,他们认为正常的理由是这个孩子与他们家的某个人小时候是一样的。其实有些问题是遗传性的,与家中的人一样可能只是遗传的表现,而不代表正常。幼儿园老师也许不知道你的孩子是否有问题,但是因为他们同时在观察很多孩子,所以他们判断孩子是否有问题通常会比家长更敏感。我在参加一个自闭症研讨会时,发现很多自闭症孩子的第一发现者通常不是父母,而是爷爷、奶奶或者小区里的其他父母。

在幼儿园做讲座的过程中,我有时会根据家长询问的内容,建议他们去妇幼保健院给孩子做一个ASQ发育筛查。虽然我告诉家长ASQ筛查非常简单,也很便宜,但很多家长因为无法接受孩子可能是异常的事实而不愿意去医疗机构进行

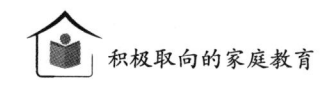

检查。儿童的心理与行为问题的原则就是早期发现、早期干预。一般来说，干预越早，则效果越好。如果筛查没有发现问题，也可以尽早放心。

（三）名次不是等距的

名次是正态分布曲线下的面积，其实就是你的孩子排在哪一个位置。通过正态分布曲线可以清楚地看到，在平均数以上3个标准差的人数是非常少的，只有0.13%的人，如果一个年级有1000名学生，那么理论上只有1.3名同学在这个区间内。2个到3个标准差之间为2.14%，则有21.4名学生在这一区域内。

家长通常会通过孩子进步了多少名或者退步了多少名来比较孩子的成绩。但事实是这些名次在不同的区域含义是不同的。如果孩子的成绩位于中等水平，即500名左右，那么这个孩子的分数只要提高一点点（横轴上的区间），名次将可以提高很多（曲线下的面积）。在分布的两端，如前200名与后200名，即使分数提高很多，进步的名次却会很少。在海南，很多高中老师都会建议标准分在400分以下的人不要再复读，因为经过一年的复读也很难考上好的大学。一般来说，基础太差，通过一年也难以切实提高成绩，抛开这一点，单从正态分布来说也是如此。如果孩子在400分以下，那么表明他的标准分数是在-1个标准差以下[①]，那他的排名就在16%以下，也就是如果有1000名学生，只有不到160人的分数会比他低，即便他提高很多分，也很难提高到一本线所要求的分数。

通过正态分布曲线，我们可以更好地看待孩子的名次，也可以告诉孩子如何正确地面对名次，以减少孩子的压力。在孩子考了405名时，我告诉孩子在名次上前进很容易，但退后更容易，因为这时他的分数刚好在平均数以上一点点，这时微小的分数变化就会使名次变化非常大。我对他说努力学习就好了，不要太在意名次，名次相差很多，有时成绩并没有相隔多远。孩子到了174名时，我告诉他现在进名次很难，但退后却很容易，所以能够稳住名次就非常不错了。当他在期末考试时又降至259名时，他也没有多不高兴，而是心平气和地去分析原因，寻找改进学习的方法。

当然，如果你的孩子处于800名左右，你可以乐观地告诉他，他现在处于进步相对比较容易，但退步相对要难一点的位置，激励孩子采用每次进步几个名次的方法是恰当的。而对于处于900~1000名的孩子，家长需要告诉孩子这时候的名次前进很难，哪怕只前进一名，他的成绩也好了很多；否则，孩子会发现无论

[①] 海南高考的标准分的平均数为500，标准差100，标准分400的标准分数是（400-500）/100，因此为-1。

自己怎么努力，他的名次总是无法上升，则会越来越无助，直至最后放弃学习。对于这样的孩子，重点在于激励他看到自己每天的进步、每天完成的具体学习任务。

再次强调，定义孩子水平的目的是帮助你找到适合孩子的教育方法，找到恰当的激励方法，而不是去思考孩子正常与否。即使你的孩子不正常，那又怎么样？你所能做的，就是在现有水平上，帮助孩子变得更好一些。正如在心理咨询中，我们通常对来访者能幸福到什么程度不感兴趣，我们感兴趣的是来访者是不是变得更幸福、更快乐。

第二节　智力的个体差异

智力是影响个体成长非常重要的因素，智力的类型、智力的水平及智力的结构都会影响孩子学习的过程与结果。每个孩子在智力的水平上是存在差异的，而且同样智力水平的孩子，其智力的类型与结构可能也存在差异，这就使得教育变得更为复杂。

一、智商分布与教育

（一）智力测验与智商

心理学家把智力分为一般智力与特殊智力。一般智力是指个体在任何活动与学习中都需要的能力，是个体适应日常生活并从中学习与解决问题的能力。每个人都有一般智力，只是存在多与少的区别。特殊智力是指与少数心智活动有关的智力，即我们所说的特殊才能，如音乐能力、机械能力等。特殊智力对于每个人来说可能是有和无的差异。这里我们只讨论一般智力，特殊智力与个体生涯发展的关系更大，我们放在后续章节中讨论。

我们日常所说的智商是指智力测验的分数，随着所使用的智力测验不同，所衡量的智力结构就存在差异。所以，我们在说某人的智商高低时，一定要结合获得智商的心理测验的特点来分析，一个单纯的智商分数没有任何意义。

目前国内最常用的测量一般智力的个人测验是韦氏智力测验，包括幼儿版（2～5岁）、儿童版（6～16岁）与成人版（16岁以上）。韦氏智力测验第四版的儿童版提供言语理解、知觉推理、工作记忆与加工速度四个智力指数，最后合成四个总体分数。这些分数是通过将所抽样本的全部孩子的分数做出一个图,这个图一般是一个正态分布图,然后通过转化,把标准正态分布图上的平均数 0 变成大家都喜欢的 100,把标准差 1 变成 15(图 4-2[①])。

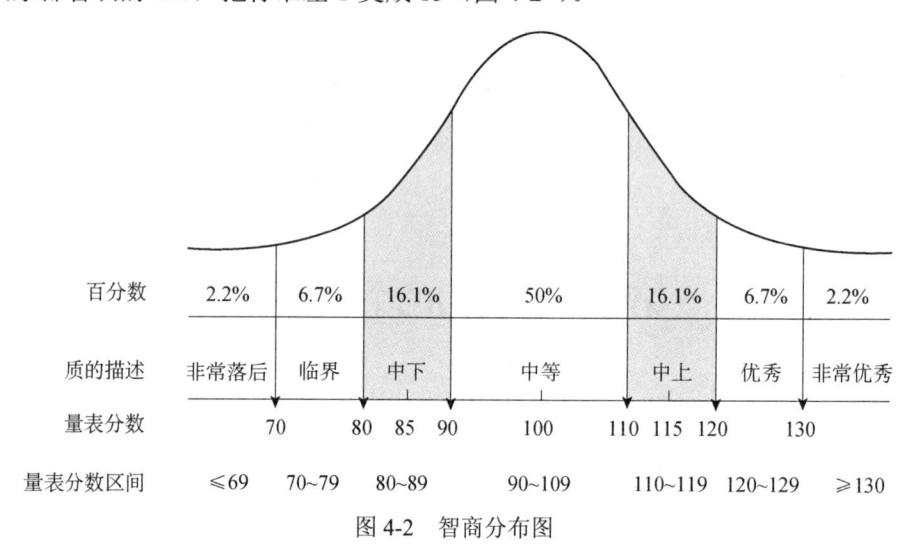

百分数	2.2%	6.7%	16.1%	50%	16.1%	6.7%	2.2%
质的描述	非常落后	临界	中下	中等	中上	优秀	非常优秀
量表分数	70	80 85 90		100	110 115 120		130
量表分数区间	≤69	70~79	80~89	90~109	110~119	120~129	≥130

图 4-2 智商分布图

通过图 4-2,我们可以看到,智力测验得分处于平均水平的孩子就能拿到 100 分。50%的人分数分布在 90~109 分,称之为中等;所谓天才是 130 分以上的人,占 2.2%,一般来说,在智力研究中,我们把 130~144 分的人称为普通天才,而把 145 分以上者称为天才,因为这类人在人群中的比例仅为 0.13%。

相应地,我们把 70 分以下的孩子称为非常落后,因为他们只占到总人数的 2.2%。在这里要说明的是,即使是智商非常落后也并不意味着这个孩子无法正常生活,50~70 分的孩子,经过良好的早期教育与自身努力也是可以正常生活的,只需要他人偶尔提供一些帮助,在学业水平上稍微落后于他人,这种落后通常要在小学中高年级才会有明显的表现。

有些智商分数高的孩子也并不是没有任何问题,因为智商高并不表明他的四个智力指数都很高。以表 4-1 为例,这个孩子的总智商达到了 125 分,表明他处于优秀的水平,在整个人群中比 95%的人要高。但是他的四个指数却极不平衡,言语理解指数最好,达到 144 分,知觉推理指数也很优秀,但是他的加工速度指数与工作记忆指数却只达到普通水平。这会为他的学习带来困惑,因为他的语言学习、概念形成、抽象思维、分析概括能力、非言语推理能力、空间思维能力均

---

① 图 4-2 与表 4-1、表 4-2 均来源于京美公司修订的韦氏儿童智力测验第四版中的智力测试结果报告书。

很优秀，但注意力、记忆能力、对外界简单信息的理解速度、记忆的速度和准确度、书写能力等处于平均水平，这会影响他的学习速度与效果，他可能需要一些注意策略、动手能力的训练。另外，智商分数也不能简单地比较高低。比如，这个孩子的言语理解比知觉推理指数高了17分，但并不能说他的言语推理就比知觉推理好很多，因为两者相差17分的人，在整个人群中占了10.2%（基础率），一般来说只有基础率低于10%的差异才有意义（表4-2）。

表4-1　智商分数总和与合成分数转换表

量表	量表分数总和	合成分数	百分等级	95%置信区间
言语理解	51	言语理解指数：144	99.8	135～148
知觉推理	43	知觉推理指数：127	96	117～132
工作记忆	20	工作记忆指数：100	50	93～107
加工速度	18	加工速度指数：95	37	86～105
全量表	132	总智商：125	95	119～129

表4-2　智商分数差异水平比较表

指数/分测验	指数及量表分数1	指数及量表分数2	分数差异	临界值	显著性差异（是或否）	基础率
言语理解—知觉推理	言语理解指数：144	知觉推理指数：127	17	11.38	是	10.2%
言语理解—工作记忆	言语理解指数：144	工作记忆指数：100	44	10.6	是	<0.1%
言语理解—加工速度	言语理解指数：144	加工速度指数：95	49	12.47	是	<0.6%
知觉推理—工作记忆	知觉推理指数：127	工作记忆指数：100	27	11.76	是	2.8%
知觉推理—加工速度	知觉推理指数：127	加工速度指数：95	32	13.48	是	2.4%
工作记忆—加工速度	工作记忆指数：100	加工速度指数：95	5	12.82	否	40.8%

不同儿童之间智商的微小差异其实是没有意义的，因为每次智力测验时都会有误差的影响。有些孩子发挥得好一些，分数就会高一些；有些孩子发挥得差一些，分数就会低一些。在心理测验上，分数不是一个点，而是一段距离。比如，这个孩子的总智商为125，那么如果他再重复做100次，他有95次的分数可能会在119～129（表4-1）。因此，我们一定不要太在意孩子的智商分数的高低，重要的是关注孩子智力成分之间的差异及其与孩子学习、生活表现中一些问题的关

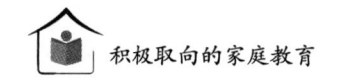

系，据此采用更有效的方法对孩子进行干预。

（二）天才儿童是一个固定的概率

很多家长不明白为什么自己的孩子很聪明，但是成绩却不好。这个聪明可能并不是心理学意义上的概念，只是相对父母来说会聪明一些或者只是与其他小朋友一样聪明。因为根据智商的统计定义，所谓的高智商儿童在人群中所占的比例是固定的，只有这么多人能够被称为天才。同样，成绩不好也没有固定的标准，而是在和其他小朋友比较后才觉得自己的孩子成绩不好，其与智商的概念一样都是基于概率来说的。

这里介绍智商的概念，并不是为了让家长带孩子去做智力测验，有时智力测验对孩子来说并没有任何意义，甚至有害。因为家长很难以平和的心态来面对孩子的智商，也难以真正理解智商的意义。当你的孩子与其他孩子相比确实不一样，或者所有人都说你的孩子很聪明，但是他的生活能力与学业表现却不好时，或者所有人都说你的孩子不聪明时，你可能需要带孩子去做智力测验，以找到适合孩子的教育方法与针对性的干预训练。比如，表4-1中的那个孩子，就需要对其智力结构进行更细致的分析，以提出对学校、家庭及他自己有针对性的建议。

详细讲解智商的概念，主要目的在于帮助大家树立一个概念，那就是我们的孩子是天才与笨蛋的可能性都不大，不要过低看待自己的孩子，也不要对孩子有过高的期待。我在给幼儿园的教师上课时讲到了天才儿童的划分标准，园长与教师都希望我去给孩子的家长讲讲这些理论，他们觉得最苦恼的是家长普遍认为自己的孩子很聪明，对孩子的期望非常高。在一所初中所做的调研也发现，很多孩子表述："最苦恼的是不管自己怎么努力，总是无法达到父母的期待。"

（三）智商分布与分班制

智商与人的成功关系不大，但智商的高低确实会决定一个人发展的高度，即智商为个人的发展提供了可能，后天的教育效果只能在个人智商允许的区间内发挥作用，只是这个区间通常会很大。家长对孩子的期待最好能够根据孩子的实际情况进行适当调整，以免期待过高给孩子带来压力，期待过低给孩子带来伤害或制约孩子努力。

很多家长与教育专家都认为学校分重点班对于孩子的发展不好，对于普通班的孩子来说不公平。分班制对于低分端的孩子确实不利，但是普通班制对处于正态分布曲线两端的孩子都可能存在一些问题，如开小差、作业完不成等。

一个小学四年级的孩子因为数学课经常开小差、违纪而来我这里咨询，通过智力测验发现这个孩子的智商处于高分端。他在我的咨询室说："数学课就是无聊！无聊！无聊！！！老师讲了一遍又一遍，一道题要讲七八遍，我听得都要发疯了，最讨厌的是他还要求我们不能动，要专心听讲。下课还要拖堂，占用我们的美术课与音乐课的时间。"通过仔细的询问后得知，原因在于这个班有几个孩子存在学习困难，无论老师讲多少遍都不会，数学老师只能不断地重复。其他科目老师当然不是用很少的时间帮助这几个孩子学懂了，而是"你们不要管他们，你们听懂了老师就往下讲"。所以，这个孩子在其他的科目上并没有出现开小差、不认真的现象。

不分班对普通孩子来说或许是公平的，那么对高分端的孩子与低分端的孩子公平吗？对于国家的发展来说又公平吗？高分端的孩子在一些艰深的研究领域与发明上会比普通孩子更有优势，为什么美国的创新无人能敌，那是因为它对高分端与低分端的孩子都会提供适合他们的教育，而学校的一般教育更适合中等水平的孩子。不分班就意味着低分端的孩子每天要和一些成绩很好的孩子在一起，天天体验到不如他人的滋味，这对他们又公平吗？

分班制对低分端孩子产生的不利在于差生这一标签效应与低能力教师的配备。教育要解决的不是将所有的孩子按智商分为不同层次的班级，而是将某一科目中能力相近的孩子放在同一班级内学习，去除重点班与普通班的标签，并为不同能力水平的班级配备擅长教某些孩子的老师，而不是重点班配好老师，差班配差老师。分层制其实是为了最后不要分层，让所有的孩子都找到适合自己发展的教育模式，探索实现自己学习目标的路径。

关于智商水平的差异，要特别注意的一点是孩子的智商是不稳定的，也就是说，随着孩子的成长，智商是可以发展的，孩子年龄越小，科学合理的教育对孩子的影响越大。在准备要孩子的时候，家长就要多学习发展心理学、教育心理学与儿童保健类知识，在孩子读幼儿园时不要选择小学化的幼儿园，更不要要求幼儿园提供小学化的教育，否则孩子到了小学后就可能会对学习失去兴趣。

（四）高分端孩子的教育

如果你的孩子处于智商测验的高分端，那你就要与学校教师商量可不可以在班内实行分层制，对于已经掌握的孩子，就不再要求他们认真听讲，而是分配额外的学习任务或者自由做作业，等到有新的内容时再听老师讲解。我记得我的儿子读小学时，他的老师经常反馈孩子上课不认真听讲，学业成绩也是时高时低。

数学老师干脆说，孩子平时从不听课，如果在最后期末复习的时候听了课，他的成绩就会很好，如果这时还不听课，他的成绩就会非常差。我问孩子平时为什么不认真听课，他告诉我："你不知道老师有多无聊，平时上课一个东西要讲两三遍，结果到了期末又从头至尾讲一遍。所以平时都可以玩，到了期末再认真听就行了。"

当时，我没有经验，孩子不听，我就让他随便玩了，并没有给他推荐额外的学习任务或者送他去学习奥数，也没有和老师协商采用分层制或增加学习难度。到了初中之后，孩子仍然面临着教学进度太慢的问题，我也仍然没有推荐额外的学习任务给他。好在他的初中老师采用了班内分层制，允许学生听懂了可以不听，只要不吵闹就可以学习其他的内容。当他讲新内容的时候，以敲黑板为信号提醒他们认真听讲。孩子每次听懂了之后就做其他作业，在初中期间，放学回家之后基本上没有做过任何作业，只是阅读其他书目、观看我购买的网络课程或学习计算机技术。

另外，对于课外参加补习班或兴趣班是否有必要，这个不能一概而论。对于正态分布两端的孩子来说，这是有必要的，而对于中间部分的孩子来说可能不需要，因为学校教育的内容与进度是以他们为主的。

智商高分端的孩子在学校"吃不饱"就会无所事事，可能导致厌学、违规与其他行为问题。现有研究发现，智商达到180以上的孩子，往往比资质平常的孩子有更多的适应问题，由于班级内同水平的孩子非常少，甚至没有，他们有可能常常会感觉被孤立、排斥。众多天才成年后说，上学的经历非常痛苦，老师的知识还没有他们渊博，学习内容毫无挑战性。

对于这样的孩子，家长可以提供一些高难度的课程与学习任务，让孩子体验到学习的乐趣与成就感，也可以鼓励孩子参加学校组织的一些社团活动与班级活动。另外，可以让孩子探索各种职业世界，以及各个大学的校园文化与学科专业，找到适合自己优势的发展方面，培养成熟的兴趣爱好。记得我的孩子在初中的时候，比在小学的表现好多了，原因在于初中学校提供了很多的社团活动与一些全校性的比赛，另外，他在家开始自学一些大学的计算机课程。

（五）低分端孩子的教育

如果孩子处于智商的低分端，家长则要考虑降低对孩子的学业期待与要求，和教师商量减少作业量，并肯定孩子的进步。家长要帮助孩子发现自己的优势，帮助孩子获得除学业成绩以外的自我评价信息，促进孩子正确评价自我，培养孩子的自信。

我的孩子在读高中时，有一次回来忧伤地跟我说："我的同桌根本不需要多努力就能取得很好的学业成绩，我比他努力多了，但成绩就是没有他好。我的名次和他相比差了 400 多名。"我很诚恳地告诉他："可能是你在与学业有关的智商方面确实比他要低一些。你的智商虽然不低，但你所在的学校几乎是全省最好的生源聚集地，从 10 万人中选择这么几千人，从概率上也可以判断很多人的智商可能都高于你。但是你的同桌除成绩比你好之外，他还像你一样参加很多的社团活动吗？"孩子告诉我："同桌除了学习与做点体育运动外，基本不参加任何团队活动。"因此，我接着对他说："智力有很多种，心理学上把与学习相关的智力称为分析性智力，但还有创造性智力、实践性智力等。在你羡慕人家成绩的时候，人家可能在羡慕你其他方面的能力呢，比如说你的计算机能力、活动组织能力。"

孩子听完后，笑着说"那倒也是"，他接纳了自己智商比他人低的事实，同样找到了自信，并且和同桌一直保持着很好的关系。只有能欣赏自我的孩子才能真正欣赏他人的优点。不能正确自我评价、找不到自尊的孩子在强者面前容易自我贬低，对强者也容易产生嫉妒。

低分端的孩子通常无法消化学校所教的知识，家长需要在家提供额外的帮助，协助孩子改进学习方法。很多孩子确实会因为理解力差一些而影响学业成绩，但不会探索、改进自己的学习方法是学习成绩不好的主要影响因素之一。现在国内很少有学校开设与学习策略相关的培训课程或工作坊，家长可以与孩子一起阅读教育心理学、学习策略的专业书籍，然后在家庭中帮助孩子慢慢掌握与主动应用学习策略。

对于低分端的家长来说，需要切记的是永远都不要因为学业分数低而责骂孩子。我们需要坚信，智商低的孩子如果选择了恰当的工作仍然可以做出不错的工作业绩。我在大学上心理测量课，通常会以给学生测试最简单的瑞文推理测验作为课程的导入。结果发现，在同一个学院的大学生中，智力测验分数从 76 至 127 分的人都有。父母要相信即使自己的孩子处于临界智力落后水平，经过良好的教育他也可能上大学，至少也能幸福地生活。

智商的差异也给我们为孩子择校提供了参考依据。如果孩子的智商普通，学业成绩不是特别好，却被家长送到了顶级学校去学习，那可能是不利于孩子发展的。每年高考后都会出现这样的一些情况。例如，某个孩子是因为择校进入重点中学的，到了高二才开始非常努力，但是在高三时却考上了北京大学。很多家长将这一故事作为自己给孩子择校的励志榜样，但他忘记了一个前提，这个孩子的智商一定不会低，一般来说是高的。试想，如果孩子的智商一般，但是他却要每

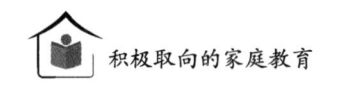

天与一群高智商的孩子在一起学习，甚至被比较，学校也不会按照他的水平，而是按照这所学校大部分孩子的平均水平来设计教学进度，那么他所承受的学业压力是可想而知的。

只考虑学校的名气，不考虑孩子的特点来择校，其实是忽视了老师与学生是否匹配的问题。有时名校的老师可能对成绩好的学生的理解、沟通更好，教育策略也更适合他们，让这些老师去教普通的孩子就不一定适应了。一位在海南省内最有名高中的特重点班级任教的老师和我说："我对激励我们班的孩子学习很有经验，不愿意学习的学生经过我的鼓励都有好的表现，但是却无法激励我亲戚家的孩子。这位孩子初二时因为无法适应学校生活而选择退学，现一直待在家里玩游戏，这种状况已经持续半个学期了。其间，我想尽了办法，请教了很多人，却一点进展也没有，我甚至无法和他说上一句话。"从这个例子可知，并没有适应所有孩子的所谓的好老师。这也是教育要有这么多的流派的原因，因为没有一个流派能解决所有的教育问题。

有些家长会觉得送孩子去顶级名校，目的不是让他学到多少东西，考上什么大学，而是冲着那里的同学资源去的。名校的孩子未来发展更好，那我的孩子将来走向社会后，同学资源会更好，社会资本会更多。问题是，人与人相处是遵循相似性原则的，成绩好的孩子通常会和成绩好的孩子在一起多交流，成绩差的孩子通常会和成绩差的孩子在一起多交流。如果孩子一直成绩不好，过得压抑不说，有时也交不到特别优秀的朋友。为了孩子的健康幸福，择校只应选择适合自己孩子的学校，而不是所谓的名校。

二、多元智能差异

心理学家几乎一致同意智力是多元的，而不是单一的。关于智力多元的理论有很多种，下面我们主要介绍斯滕伯格的三元智力理论、加德纳的多元智力理论。另外，丹尼尔·戈尔曼的情绪智力理论也很重要，我们将在情绪管理的相关章节进行介绍。

（一）斯滕伯格的三元智力理论

斯滕伯格认为智力有三种形式，即分析性智力、创造性智力与实践性智力。分析性智力涉及分析、判断、评价、比较和对照的能力；创造性智力涉及创造、设计、发明、创作与想象的能力；实践性智力着重应用、执行及实践的能力。有些人可能在三个方面都有很高的水平，而有些人可能只在一至两个方面表现突出。

分析性智力强的孩子通常可以在韦氏智力测验等传统的智力测验上得高分，大家都会认为他很聪明。相比于其他智力优秀的孩子，分析性智力优秀的孩子通常更适合学校的讲授制教学方式，学业成绩也会更好，并且表现出高水平的思维能力，在升学考试中更容易胜出。

创造性水平很高的孩子通常不是班级中成绩很好的孩子，他们通常不会遵照教师的要求完成作业，回答问题时通常也不按常规而是喜欢独辟蹊径。他们经常因此而受到教师或家长的批评，学业成绩也容易得低分。如果教师与家长要求这类学生掌握更多知识，打压他的独创性，则会使他的创造才能受损。

实践能力与现在学校的学习任务之间没有什么关系，所以实践能力强的孩子在学校的成绩也往往表现平平，但他们的课外活动能力很强，具有良好的常识性知识与优良的社交能力。尽管成绩可能不怎么好，但他们也可以成为优秀的企业家、政治家。

家庭教育既要分析孩子的优势智力成分，又要有意识地培养其他弱势的智力。值得注意的是，我们在家庭中永远不要要求孩子考试拿满分、必须考第一名，因为这种不允许犯错的教育是扼杀孩子创造力的最大杀手。教育中出现过"前十名"现象，即班级前十名的孩子往往成就不是最好的。这当然只是一个没有得到科学验证的现象，但这一现象也提醒我们如果孩子要求自己永远是第一，那他的学习就只敢根据教师所教的标准答案走，他可能会因害怕失去第一而不敢质疑与批判现有标准答案，过度追求答案的正确性，学习范围也会有意无意地局限于考试要求。如果其他条件都一样，那么追求第一的孩子在创造意识、批判精神上均会比不追求第一的孩子差。

有一点也要注意，有时家长为了安慰孩子而跟孩子说这个所谓的"前十名"现象，或者孩子用这一现象来自我安慰，这对孩子的成长来说是有害的。追求第一与考试第一是两回事，有些孩子能够自主学习，也敢于批判，但他同样能考第一名，这种第一当然不会损害他的任何能力，丰富的知识与应考能力反而能为他将来赢得更多展示自我才华的机会。所以，我们需要区分孩子考试的名次与家长追求的名次之间的差异，最好就是不要去管学习结果，而是直接关注学习过程。

（二）加德纳的多元智力理论

加德纳认为智力表现为八种特殊的类型，具体见表 4-3。这八种智力同样重

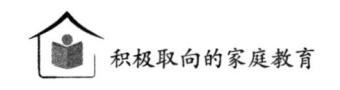

要，而没有所谓的核心能力。每种智力之间并不是彼此独立、毫不相关的，它们通常会以不同方式相结合，从而呈现出每个人不同的智力特点。

表 4-3 加德纳的多元智力理论

智力类型	内容	代表职业
语言表达智力	应用语言文字思考及使用语言表达意义的能力。智能高者，通常对语言的意思与结构会比较敏感	作家、记者、演说家
数理逻辑智力	进行数学运算的能力，对各种观点进行组织与抽象概括的能力	科学家、工程师、会计
空间视觉智力	三维空间的思考能力，包括感知视觉或空间映像的能力，进行图像转换的能力	建筑师、艺术家、水手
身体运动智力	操作物体与动作敏捷的能力	外科医生、运动员、舞蹈演员
音乐智力	对音高、旋律、节奏与音调的敏感性，能根据所形容的节奏与音符来创造与组织相应的声音	作曲家、音乐家
自我认知智力	了解自己，感知自身的情感，并能有效地指引自己人生方向的能力	神学家、心理学家
人际交往智力	感受他人动机、理解他人并与他人有效沟通的能力	成功教师、公共关系专家、政治家
自然观察智力	观察自然界规律并理解自然及人造系统的能力	农民、植物学家、园艺师

资料来源：约翰·桑切克.2007.教育心理学.2版.周冠英，王学成译.北京：世界图书出版社：116.

每个孩子都有潜力在一个或多个领域培养自己的优势，当然每个孩子也会有一些劣势。幼儿园会设置很多不同类型的活动角，并不是要求每一个孩子在每个活动角里都玩得很好、很开心，而是为不同智力类型的孩子找到与之相应的活动区域，了解每个儿童的优势。

在家庭教育中，首先，我们要帮助孩子发现他们天生的优势智力，并鼓励他们在这些领域内探索，树立"天生我材必有用"的自信。其次，我们要注意尽可能地培养孩子的多种智力，因为单独用任何一种智力都无法完成孩子未来的生涯发展任务。我们常常会说运动员头脑简单、四肢发达，事实上，要成为一个好的运动员，单纯在身体运动智力上的优势是不够的，还需要空间视觉智力，如果是团体运动，还需要人际交往智力等。

针对加德纳的这八种智力，教育心理学家提出了具体的教学策略，这些教学策略也可以作为家庭教育策略来使用，详见表4-4。

表 4-4　加德纳八种智力结构对应的教学策略

智力类型	教学策略
语言表达智力	给儿童读故事，也让他们把书的内容念给你听 和儿童讨论书籍作者 和孩子一起上图书馆、逛书店 让孩子将重要的事件记录下来 让儿童总结并复述谈过的故事
数学逻辑智力	和儿童一起玩逻辑游戏 留意可以启迪儿童思维并认识数字的情境 带儿童参观计算机实验室、科学博物馆、电子产品展览会 和儿童一起开展数学活动，如数物体和用数字做实验
空间视觉智力	准备各种儿童使用的创造性材料 让儿童穿行迷宫，制作图表 带儿童参观艺术博物馆和可以亲身操作的儿童博物馆 和儿童一块散步，返回途中，让他们回忆去过的地方，然后绘制游历图
身体运动智力	为儿童提供运动的机会，并鼓励他们参与活动 为儿童提供室内和室外活动的场所，如无法做到，带他们去公园 带儿童观看运动赛事和芭蕾舞演出 鼓励儿童参加舞蹈活动
音乐智力	为儿童提供可供他们使用的录音机或播放器 为儿童提供弹奏乐器的机会 创造机会让儿童利用声音和简单的乐器创作音乐与节奏 带孩子去听音乐会 鼓励儿童自己创作歌曲
自我认知智力	鼓励儿童培养兴趣爱好 倾听孩子的感受，并做出感觉敏锐的反馈 鼓励儿童运用想象力 让儿童以日记或杂记的形式记录自己的想法和经历
人际交往智力	鼓励儿童参加团体活动 帮助儿童培养沟通技巧 提供儿童玩耍的团体游戏 鼓励儿童加入俱乐部
自然观察智力	鼓励儿童参观自然科学博物馆 在教室里建立自然观察学习中心 鼓励儿童参与户外自然观察活动，如到野外散步或认养一棵树 让儿童收集植物或动物标本，并将其分类

资料来源：约翰·桑切克.2007. 教育心理学.2 版. 周冠英，王学成译. 北京：世界图书出版社：118-119.

第三节 人格差异

人格是指源于个体身上的稳定的行为方式和内部心理过程。人格与智力一样具有稳定性。例如，很多年没有见过的朋友，一打电话你就知道还是那个人。同学聚会时，你发现学生时代爱说话的同学现在仍然爱说话，不爱说话的同学仍然在当背景墙，这都是人格稳定性的表现。

一、气质类型差异

如果你抚养过孩子，你就会发现每一个孩子的不同：有些孩子天生会更安静，有些孩子更好动，有些孩子容易快乐，而有些孩子却更易哭闹。心理学家把个体一般行为倾向及特有的反应方式称为气质。"江山易改，禀性难移"中的禀性指的就是气质。相比于我们所说的性格，气质受遗传的影响更大，也更难受环境的影响。

（一）气质类型理论

有关气质分类的理论很多，下面讲述两种与家庭教育密切相关的理论。

1. 三分理论

亚历山大·切斯与斯特拉·托马斯根据活动水平、接近或退缩、适应性等九个指标，将人的气质类型分为易养型、难养型与启动缓慢型三类，具体见表4-5。

表4-5 气质类型的三分类型

类型	表现
易养型	孩子出生后生理规律性强，易接受新事物和陌生人，反应积极，对新环境适应快，能够迅速建立常规，情绪乐观
难养型	生理功能不规律，反应消极，适应慢，具有攻击倾向，自我控制力弱
启动缓慢型	对新事物和陌生人的最初反应是退缩、适应慢、反应强度低、消极情绪多

资料来源：Thomas A，Chess S. 1991. Temperament in adolescence and its functional significance//Lerner R M，Petersen A C，Books-Gunn J. Encyclopedia of Adolescence（VOL.2）. New York：Garland.

难养型孩子在小时候比其他孩子难养得多，形成良好生活规律也比易养型孩子要难一些，时间要更久一些。在养育过程中，如果遇到孩子不愿意吃饭的情况，我们通常会告诉家长，如果孩子不吃饭，你就把饭拿走，并且告诉孩子接下来的零食也会被取消，直到下一顿再吃饭，孩子下一顿饿了就会好好吃的。这对于易养型的孩子来说通常是有效的，但对于难养型的孩子来说就不一定了。他们一时难以形成良好的饮食习惯，不断地被惩罚挨饿，会使得孩子营养不良，脾胃功能弱，从而会更不想吃饭。有家长用这一方法，最后导致孩子因营养不良去医院打点滴。因此，对于难养型的孩子来说，更重要的在于营造良好的进食氛围，尽可能提供合胃口的、营养丰富的食物来吸引孩子进食。事实上，难养型的孩子入学后，在学校也更容易出现问题行为。

启动缓慢型的孩子也比易养型的孩子要难教育些，需要家长更有耐心，多带孩子外出与其他小朋友在一起玩，鼓励与表扬孩子，让孩子体验到更多的积极情绪，增强其自信心。鼓励孩子参加身体平衡运动训练，如根据年龄选择单脚跳、走平衡木、跳绳、荡秋千、滑滑梯等。对于这类孩子，我们在养育时要给孩子足够的安全感，敏锐地感受到孩子的心理需求，并且绝对不能使用恐吓、不耐烦的方式对待孩子，不能强迫孩子形成常规，而要缓慢进行。

当然，无论哪种类型的孩子，我们在养育过程中都要注意采用恰当的沟通方式，任何问题的解决途径都在于良好的沟通方式与安全的心理环境。最重要的一点是，家长不要去分析自己的孩子属于哪种类型，很多孩子的类型并不会很典型。即使知道你的孩子属于典型的难养型，于你的教育也是没有任何帮助的，你有形无形的强化反而会使孩子更固定在难养型这一模式上。学习气质类型的目的是提醒你，孩子的某些行为并不是他故意的，只是他遇到了问题，家长要做的是用更多的耐心与智慧去寻找适合孩子的养育方式。

2. 抑制型与非抑制型

抑制型儿童是自我控制与温和有礼的，当他们遇到陌生人时，会抱住爸爸妈妈不放。他们在新环境中，最开始的几分钟内通常什么也不会说，只会慢慢探索。非抑制型儿童则表现出相反的行为模式，他们会用一种精力充沛的和自发的方式来表达自我。典型的非抑制型儿童会很快与陌生人熟悉起来，进入新环境中后也会在几分钟内就开始说话。

抑制与非抑制主要和生物学因素有关。和非抑制型儿童相比，抑制型儿童在出生后头几个月更可能出现烦躁、睡眠失调和便秘。

抑制型儿童主要是在面临陌生情境或陌生人时更易焦虑。随着抑制型儿童长

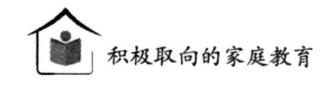

大，他们比非抑制型儿童更容易变成害羞的成人，抑制型气质是成人焦虑症的危险因素。但这并不是说抑制型儿童长大后就一定会变成害羞的人，只要父母敏感地觉察到孩子对陌生人或陌生情境感到焦虑，并有意识地帮助孩子学会应对陌生情境，学会与陌生人相处，就会对这些孩子有帮助。事实上，很多政治人物与明星都谈论过他们是如何克服害羞的。

非抑制型儿童也不是完美无缺、毫无问题的。相比于抑制型儿童，他们更易出现破坏性行为问题，如攻击行为与注意力不集中问题。他们上学时可能会因为注意力不能集中而带来学业问题。在国内，人们通常会有种偏见，即认为调皮的孩子更聪明，所以非抑制型儿童的家长通常容易忽视尽早培养孩子保持安静的能力。

（二）气质类型与学习

气质类型会影响孩子的学业成绩，第一个原因可能在于适应性、注意力的个体差异使某些孩子更适应学校的学习。有些孩子注意力难以集中、持续时间短，在学习时容易分心，则他们的课堂听课效果会比别人差，尤其是随着年级的增长，孩子的适应会更困难。除了气质类型与学校教学安排的适应性之外，孩子因气质方面的原因导致的学习困难会进一步导致其他问题。例如，学习成绩落后于他人会使孩子学习后续内容更困难，失去学习兴趣，甚至厌学。

气质类型影响孩子学习成绩的第二个原因可能在于教师对学生的反应。不管教师如何提醒自己要平等地对待每位学生，但当与那些愿意学习、注意力集中、积极回答问题的学生在一起时，教师会有意无意地表现得轻松快乐，而当与那些易于分心、从不举手回答问题、反应慢的孩子在一起时，教师更易产生挫折感与无力感。

最重要的问题在于教师没有理解学生的学业表现与学习问题是由个体气质类型的差异造成的，而将其归咎于个体的主观故意。例如，启动缓慢型的孩子在完成学习任务时会比其他人慢很多，教师会曲解为这个孩子不认真。我在一次心理测量学的实验课上就发现一个典型的抑郁质类型的学生，前后两组学生都做完心理测量学实验走了，这个学生却还没有做完测试。我坐在那里，真的有点生气，以为他是故意的。等他做完测试，我在系统的后台查看到他的气质类型之后，不仅没有生气，还给了他一个鼓励与赞赏的微笑。

因此，如果你知道孩子的行为表现与他的气质类型有关，你要主动帮助孩子向老师澄清孩子不是故意的，只不过孩子的特点就是这样。你可以委婉地对教师提出你的要求，如希望他给你非抑制型的孩子更多的宽容，或给你抑制型的孩子更多的鼓励。

二、认知风格差异

认知风格不属于能力的范畴，是个体如何运用自身能力的偏好方式，既包括个体知觉、记忆、思维等认知过程方面的差异，又包括个体态度、动机等人格形成和认知能力方面的差异。认知风格与气质类型的相关较大，也没有高低与好坏之分。认知风格的类型也有很多的理论，下面我们介绍与家庭教育关系比较密切，并得到广泛认可的两种认知风格理论。

（一）冲动型/沉思型

卡根等在1964年区分出来两种认知风格：冲动型与沉思型。这主要表现在个体加工信息、解决问题时的思考速度与准确性上。冲动型的特点是反应快，但精确性差，而沉思型的特点是反应慢，但精确性好。后续的研究发现，冲动与正确率之间的关系要复杂得多。奥尔特等在1972年加上了另外两种认知风格，即快-正确型与慢-非正确型。这样，根据反应的快慢与加工信息、解决问题的错误率高低区分出来四种类型的认知风格，详见图4-3。

	错误率低	错误率高
反应时 快	快-正确型	冲动型
反应时 慢	沉思型	慢-非正确型

图4-3 四种认知风格类型

冲动型的儿童反应快，急于求成，粗心大意，不能全面细致地分析问题的各种可能性，因而精确性比较差，有时还没有弄清问题的要求就开始对问题进行解答。如果你的孩子经常被教师说回答问题很积极，但是答案多是错的，那么你的孩子可能倾向于冲动型。我的孩子是典型的冲动型，在小学时，我问他怎么上课老举手，不会也举手回答问题。结果他告诉我："先举手再说，答案可以边想边说。"这类学生采用的是整体性策略，在学习整体性解释的学习任务时表现较好，在要求细节注意的学习任务中表现较差。

沉思型的儿童反应慢，但精确性高。这种类型的人喜欢把问题考虑周全以后再做反应，不在意反应速度。他们注意细节，在学习结构性的信息、阅读理解与课文解释、解决问题与决策能力方面都好于冲动型的儿童，无论是在学习效率还是在学习效果上都优于冲动型的儿童。如果你的孩子被教师说发言很不积极，不过每次起来回答问题的答案都是正确的，那么你的孩子可能是沉思型。这类孩子的记忆能力、阅读能力、推理能力与创造能力都比较好。

对于冲动型的孩子，在家庭教育中要有意识地帮助孩子慢下来，告诉他对问题不要仓促作答，上课时要克制自己举手的冲动，或者规定自己只有在想出答案后才能举手。在家里要和孩子玩一些需要沉思才能找到答案的游戏，比较谁的答案的准确率高，而不是谁更快。引导孩子通过制订计划来减少冲动行为。当然还可以让孩子练习绘画、书法、刺绣、编织、禅坐、瑜伽、沉思等。在家庭中，也可以通过游戏来达到让孩子安静下来的目的，如玩捉迷藏，让孩子扮演门卫或哨兵，这些游戏与角色都要求孩子保持安静不动，相较于父母的要求，孩子在游戏中更容易保持安静。

当然也不是沉思的程度越高越好，沉思型的孩子在寻求答案的过程中常常左思右想，迟迟下不了结论，这样也会降低学习、工作效率。我们需要帮助孩子在速度与准确性之间求得平衡，使他尽可能在短时间内找到解决问题的办法。

有些孩子反应快，但并不能被划分为冲动型，因为他解决问题又快、又准确、又善于决策，属于快-正确型。这类孩子当然是最棒的，也是老师最喜欢的，他们在课堂上积极回答问题，而且正确率高。

另一类孩子属于慢-非正确型，这类孩子反应慢，很少举手回答问题，如果被强制叫起来回答问题，答案的正确率很低。对于这类孩子，我们首先要培养他们学会思考的方法与问题解决策略，在做好这些之后再想办法训练孩子的思维速度。

很多关于学习策略的书都告诉家长，孩子课前预习有利于学习，甚至有些家长会在假期让孩子提前学习新课。这对于沉思型的孩子，尤其是慢-非正确型的孩子来说是很有效的方法，但是对于冲动型的孩子来说可能就是灾难。吸引冲动型孩子沉静下来学习的主要因素在于材料的新异性，如果他们事先学习过就会以为自己懂了，无法再深入学习，这样反而对他们的学习有害。在学习策略的学习与应用中，一定要启发孩子去分辨、使用适合自己的策略，而不是生搬硬套，因为书上的规律也不过是基于平均数的人来说的，你的孩子并不一定处于平均水平。

（二）表层型/深层型

表层型/深层型是按照个体理解材料的程度来划分的。表层型的孩子学习时只涉及所学习的材料，不能将正在学习的知识和大的概念框架联系起来，不会建立自己的学科知识结构。这类孩子通常倾向于被动学习，往往采用机械记忆，更易于因为好的成绩与教师的表扬而学习。深层型的孩子会将学习材料加工成有助于理解的形式，主动建构所学内容并使学习材料具有意义，建构自己的学科专业知识结构，这类学习者也更可能主动自发地学习。

首先我们要区分自己的孩子是哪种类型的孩子，如果你的孩子每天只是机械地完成教师的作业，依靠题海战术来提高成绩，那么他可能是表层学习者。这时家长需要采用表层学习者喜欢的激励方式，即表扬与奖励来激发其学习的外在动机，然后在此基础上示范与训练深度学习的策略，如画组织结构图、思维导图等。现在有很多思维导图的应用软件，可以很方便地帮助孩子组织知识网络。随着学习的深入，表层学习者会体验到更多的学习乐趣，此时我们的激励机制就可以减少了，以让他们及时转入深度学习。

一般来说，有些孩子天生是深层学习者，有些孩子天生是表层学习者。有些孩子在开始新的学习任务，或者在面对自己不喜欢的课程内容时会采用表层学习方式，而在学习自己感兴趣的内容时会采用深层学习方式。在孩子采用深层学习方式时，家长就不要再给孩子外界的奖励，因为如果外界有奖励，则孩子会以为自己是为了外界的奖励而学习，反而有可能会将学习方式变成表层学习方式。

三、人格结构差异

心理学中关于人格理论的流派非常多，如精神分析学派、特质学派、生物学派与人本主义学派等。每一种理论都与家庭教育有关，这里，我们主要讲述生物学派的艾森克人格理论。艾森克通过因素分析法发现，人格由三个因素构成，即内外向、神经质与精神质。相关研究发现，人们在艾森克的人格维度上的水平差异会影响人的生活方式及应对方式。

（一）人格结构

1. 内外向

内外向与我们通常所说的内向与外向是一致的，外向的人通常是爱社交的人，他们朋友多，喜欢与人交流，通常比较开朗。他们不太愿意一个人读书学习，不喜欢独自做事情。极端外向的人喜欢追求刺激、喜欢冒险、情绪容易失控、爱冲动、做事粗心。在选择事情时，他们不喜欢深入研究，而喜欢做实际的工作。

内向的人则相反，他们朋友不多，交际不广，但他们有挚友。这类人安静，做事不易冲动，会瞻前顾后，退缩。生活中他们不喜欢刺激，而喜欢有秩序的生活，喜欢一个人安静地读书。他们很少发脾气，做事有计划，情绪倾向于悲观。

艾森克认为内向和外向的人生理结构是不同的，在没有外界刺激、处于休息状态时，内向的人大脑皮质的唤醒水平要高于外向的人。内向的人正因为其内在的皮质唤醒水平高于最佳水平，所以他们要避免外界的刺激、选择安静的环境，以使他们已经很高的皮质唤醒水平不再提高。外向的人正相反，他们自身的皮质唤醒水平低，因此他们需要去寻找外界的刺激，以使自己的皮质唤醒水平处于最佳状态。简单来说，外向的人之所以喜欢聚会、喜欢与人交往、健谈，只不过是为了满足自己对刺激的需要和避免无聊。

虽然现有研究没有检测到艾森克所说的皮质唤醒水平的差异，但是大量实验证据表明，内向者比外向者对刺激更敏感，处于外部刺激中时，内向者的唤醒更迅速，也更强烈。内向者对外界的刺激性物质，如茶、咖啡、尼古丁等，也更容易产生反应。

教育方面的研究发现，外向的孩子在学校更容易产生学习问题。除非对学习内容非常感兴趣，否则，外向的人难以把注意力集中到当前的学习任务上，他们在学习中会经常休息，会环顾四周寻找分心的事物，当环境非常安静时，他们会无法适应。由于需要刺激，外向的人更喜欢听着音乐来做作业，或者一边看电视一边做作业。

内向的人则相反，他们讨厌刺激，学校的学习任务对于他们来说是很适合的，他们能够容忍连续的安静与独处，愿意去思考与研究问题。因此，内向的人很少因为学习问题而退学，而更可能因为人际交往问题而退学。对于内向的人来说，他们难以忍受环境中的刺激，甚至在安静的图书馆，他们也需要用耳塞来堵住耳朵以使自己处于最佳的学习状态。

另外，有研究发现，外向的人比内向的人报告的幸福感更高，体验到的快乐也更多。原因可能在于：首先，外向的人有更多的朋友，遇到问题时也更愿意向朋友求助。其次，外向的人对外界的奖赏更敏感，在取得好成绩时，外向的人通常比内向的人更快乐，得到外界的表扬或积极反馈时，他们也比内向的人更快乐。当然有利就有弊，当他们受到外界的批评或消极反馈时，他们比内向的人更伤心。

外向的孩子因为爱冲动，所以他们招惹麻烦的可能性会大于内向的人，对于青春期的孩子来说，外向的孩子比内向的孩子更易出现不良行为问题，更易参与团伙犯罪。

当然，所谓极端的内向与外向的人都是极少的，我们一般处于内外向平衡或者倾向内向、倾向外向的状态。那些内外向的典型表现也不一定会集中表现在人们的身上，可能一个人在这个表现上更突出一些，而在另一个表现上则没有那么明显。而且，内向与外向都是有利有弊的，我们需要了解孩子的内外向差异，寻找适合孩子的学习方式，而不是让内向的人变成外向的人，或者让外向的人变成内向的人。

2. 神经质

神经质是指情绪的稳定性，反映的是情绪化的反应倾向，是艾森克人格理论中的一个主要的人格结构。

高神经质的人通常被描述成情绪不稳定的人，他们对于很小的挫折或问题会产生很强的情绪反应，并且要经过很长的时间才能平静下来。我们通常认为外向的人更容易释怀，其实这是错误的。能否释怀是神经质的特性，低神经质的人才容易释怀。高神经质的人更容易体验到兴奋、气愤与抑郁，情绪容易大起大落，并且易对他人抱有偏见，易患身心障碍。

低神经质的人则相反，通常情绪反应缓慢、不强烈，而且容易平复，很难情绪失控。在一般人难以忍耐的刺激下，低神经质的人也会有所反应，但不强烈。他们很少患身心障碍。

3. 精神质

精神质并不是指这类人易患精神病，而是人格结构中的一个因素。高精神质的人常被描述为以自我为中心，具有攻击性，没有人情味。他们缺乏同情心，不关心他人，对人常抱有敌意，喜欢恶作剧。有的甚至可能表现为残忍，到哪里都觉得不合适（龚耀先，1993）。

在儿童时期，高精神质的表现是喜欢恶作剧，让人感觉这个孩子没有是非感，令人讨厌，调皮，和他相处很麻烦。

关于精神质的研究并不是很多，但是现有研究发现，精神质与物质滥用、心理健康水平、适应能力等方面有比较高的相关。我们对药物依赖的人员进行的调查发现，精神质是心理健康问题的高相关因子，与焦虑、抑郁水平均具有高度的相关。

（二）神经质与内外向的组合

艾森克将神经质与内外向相结合，分析出了四种类型，即外向稳定、外向不稳定、内向稳定与内向不稳定。这四种类型又分别对应了四种气质类型，也对应了人格心理学中的人格特质理论，详见图4-4。

图 4-4 艾森克人格维度与气质、人格特质的关系

资料来源：Eysenck, Eysenck, 1968

通过图 4-4，我们可以找到自己的气质类型与人格特点。如果你是内向、情绪不稳定的人，那么你可能具有悲观、冷静的特点，你的气质类型可能属于抑郁质。如果你是外向、情绪不稳定的人，那么你通常会有易激动、易变与不安定的特点，你的气质类型可能属于胆汁质。临床的研究发现，抑郁质的人易患焦虑症、强迫症与抑郁症，而胆汁质的人更易于患精神病态与癔症。黏液质与多血质的人都不易患心身疾病。

（三）人格结构对家庭教育的启示

1. 人格受遗传学的影响但可以改进

人格结构具有生物学的基础，受到遗传的影响。双生子的研究表明，同卵双生子在内外向上的一致性明显高于异卵双生子，即使是分开抚养的同卵双生子的一致性也高于一起抚养的异卵双生子，但是低于一起抚养的同卵双生子，这表明遗传与环境是共同影响人格的。

人格的这种生物学的基础决定了我们并不能完全去改造一个人，它制约着我们能在多大程度上去改进孩子的人格倾向。例如，生物因素会决定我们在多大程度上可以将一个内向的孩子转变为一个善于交际、热情开朗的人，或者说把一个冲动、有攻击性的孩子变成一个安静、随和的人。人格的这种生物学特点也决定了我们不可能在短时间内就改变一个孩子在人格结构的不同维度上的水平。当然，人格受到遗传的影响，并不是说由遗传决定，遗传只是影响着我们容易发展出什么样的人格特点，影响环境对我们的作用效果与方式而已。

对于家长来说，好消息是人格并不完全由遗传所控制，它同样受到环境的影响。因此，即使我们，甚至我们家族中的人都是高精神质的人，通过科学的方法，也可以让我们的孩子在人格方面得到改善，只是我们需要付出努力并且学会耐心等待。

2. 孩子行为的差异源自人格的不同

每一个孩子的行为均存在差异，父母也常常会拿自己的孩子与其他孩子相比，希望自己的孩子能具有与其他孩子一样优秀的品质。但很多行为的表现来源于孩子人格的差异，或者说某类行为对于某些孩子来说只是由自己的天性所发，而对于其他孩子来说，却是完全与自己的天性相悖。

孩子的班主任跟我说："你们家的孩子很活泼，回答问题很积极，参加活动也很主动，爱好广泛。对老师也很好，看到老师做事，就会跑来帮忙。但就是坐不稳，专注力不够。"结果孩子对我说："妈妈，如果我能坐稳，能够很专注于一件事情，那我就不可能爱好广泛，积极主动地去参加很多活动呀。对于我来说，要专注还是很难的，我要慢慢训练才行。"

事实也是如此，对于低神经质的孩子来说，他们要保持情绪稳定很容易，但是让他们快乐、激动并不容易。对于活泼的孩子来说，让他们持重就会很困难。做班干部、积极参加各项活动、与人交谈，对于外向的孩子来说很容易，而对于内向的人来说，却非常艰难。

人格结构中的内外向与神经质都无好坏之分，处于两个极端都不利于孩子的发展，精神质则是越低越好。对于处于极端区域的孩子，我们需要通过后天的教育来改善他们的人格结构。

需要家长谨记的一点是，一切的教育与训练均要以孩子能适应、不影响其生活为依据，否则，只会适得其反。比如，内向的孩子成绩一般比较好，也比外向的孩子更遵守纪律，这类孩子也常常会得到教师的青睐。教师一般会推荐这样的孩子当班干部，这时，家长就一定要保持清醒的头脑，不要强迫孩子当班干部。如果孩子没有准备好当班干部，或者当班干部的过程让他很不开心，家长就要及时同意或者建议孩子暂时不要做班干部，或者让孩子从对与人打交道要求较少的小组长、科代表做起。

另外，虽然人格是可以通过后天的教育得到改进的，但这一过程毕竟是缓慢的，有时也是痛苦的。如果不是处于极端的区域，家庭教育更重要的是尊重孩子的人格差异，充分利用孩子的人格特点来选择适合孩子的发展路径。这样会更有利于孩子的身心健康与发展，具体参见本书第七章生涯教育的相关内容。

3. 寻找适合孩子人格特点的教育方式

常常有家长问我："我的孩子一边看动画片一边写作业，可不可以？"我通常的回答是："如果他完成的作业质量很高，又有什么不可以？"当我们知道了人格理论之后就很容易理解，一边看电视一边写作业，对于外向的孩子来说，是有效的，但对于内向的孩子来说，则可能是灾难。

教育不仅要考虑到智力的个体差异，还要考虑到人格结构的差异。对于高精神质的孩子来说，我们很难通过指责与批评来培养孩子的良好习惯，并且可能会越批评越糟糕。对于这类孩子，采用角色扮演或情感陶冶的方法可能会更有效。例如，与孩子一起照顾小动物，让孩子扮演护士、教师、妈妈的角色，以增强其对他人情感的理解与把握的程度。

如果孩子具有攻击性，最好的办法可能是让他自己扮演受欺负的孩子。我在对小学四至六年级学生的欺负行为的调查中发现，欺负者并不认为自己欺负了他人，他们只是觉得好玩。其中有一个四年级的孩子，被班上56个孩子中的53个提名为最讨厌的人，原因是他经常欺负他人，但是他在调查问卷上却填写他没有欺负过他人。

如果我们选择一个游戏，让孩子通过游戏的方式将他加之于人的行为再返回给他（当然这要在不伤害孩子的情境下，以游戏的方式进行），那么，孩子就能很好地理解自己的行为给他人所带来的伤害。

第五章　构建积极的亲子关系

随着孩子一天天长大,你会突然发现,不知道从什么时候开始,曾经与你天天在一起的孩子,曾经天天在家和你说个不停的孩子,却突然不再和你说话,甚至当你不存在一样。你只能从他的表情推断他是不是开心,但是你无法知道他身上发生了什么事。在这样的情况下,你发现自己是如此无力,想和他说句话都难,更别说教育孩子了。

第一节　亲子关系概述

亲子关系是人际关系的一种,同样是人与人之间的心理关系与心理距离,反映了亲子双方寻求满足自己社会需求的一种心理状态与相互影响的过程。适用于人际交往的一些原则同样适用于亲子交往,但亲子交往与一般的人际交往相比又具有一些特殊性。

一、亲子关系的特殊性

（一）亲子关系的无选择性

与他人交往时,我们通常是可以选择的,但亲子关系是无法选择的,是谁都无法更改。正因为亲子关系的无选择性,我们就不会担心失去这段关系,在日常生活中不会思考如何去维持、去经营亲子关系。与对待他人相比,我们对待自

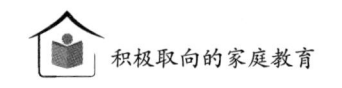

己的孩子更随心所欲，甚至在自己生气的时候对他大喊大叫。与对待孩子相比，我们对待他的同学更亲切、更礼貌、更友好，因为我们觉得孩子是自己的，怎么做都没有关系。

这种因为关系亲密而更不在乎对方看法的现象在一般人际关系中同样存在。人们通常在陌生人面前表现得更和蔼、更文明有礼，对自己的好朋友却不一定，对自己的爱人态度就可能更不好。其部分原因就在于我们不担心会失去他们。

（二）亲子关系的天然不对等性

在与他人交往中建立平等的关系是比较简单的，因为在你们交往时，他人本来就是独立于你而存在的。然而，亲子关系在最初就是不平等的，父母给了孩子生命，年幼的孩子需要依赖父母才能存活，孩子所拥有的经验少于父母，孩子这种天然的弱势会让父母无法与孩子保持一种真正的平等关系。

父母无意识中也会认为是自己养育了孩子，自己所做的一切都是为了孩子，孩子应该听话。更何况我国传统文化非常强调父母的权威，强调家庭中的长幼尊卑。因此，父母要做到真正尊重孩子、平等对待孩子是很困难的。父辈常常会告诉我们，作为父母要有父母的权威，不能和孩子太过亲密。记得有一天，4岁的孩子对我说："妈妈，你不在家的时候，我好想你哦。"我也很亲切地对孩子说："妈妈也好想你哦，每天都在想宝宝在干什么。"结果我的母亲在旁边说："怪不得孩子不怕你，你这样他怎么怕你？"

很多家长会对孩子应用权威，如告诉孩子"吃我的，穿我的，竟然敢不听我的话，还和我对着干"。孩子当然会意识到这种不平等的关系，他们会尽可能地减少对父母的依赖，以此增进在关系中的平等性，但事实上的依赖又会让他们感觉自己很悲哀、无助，只能不情愿地向父母低头，并因此对父母充满怨恨。

有一位母亲说："孩子平时基本不理我，只有当他没钱的时候，才会对我软弱一点。我就利用这个机会提要求。"如果母亲利用这点去要挟孩子，则会使得孩子认为与母亲之间是一种交换关系而不是共同关系，并且因此而感到屈辱。

（三）亲子之间的差异性

人际吸引的影响因素之一是彼此的相似性，在观点、人格特点、兴趣、态度与价值观等方面相似的人更容易成为朋友。由于年龄与经验的差异，亲子之间在观点、兴趣、态度与价值观上均存在很大的差异，这些差异即所谓的代沟。试数数你的朋友圈中是否有比你小二三十岁的朋友？如果年龄相差这么远，我们就会称之为忘年交了。在单位，你会发现，与你相差十来岁的同事，在观念、对生活的态度，甚至工作的方式上都与你存在很大的差异。

亲子之间的差异，使得我们对同一事件的解释会存在很大的差异，也必然会给亲子交往带来很多的问题。有一天孩子回来问我，同学要是借钱不还怎么办。我问他，借钱的人是谁，借的数额是多少。他说，有很多同学找他借钱，都是一般的关系，借十几元至二十多元的都有。我说，才那么点钱，不还有什么关系，一共才能有多少。结果孩子有点不高兴地对我说："对于你来说十几元钱当然没有关系，反正你每个月要用那么多钱。但是对于我来说，十几元钱也不少了，我一个月的生活费才900元钱。几个人不还，那我吃什么？"

很多亲子关系的冲突只是由亲子之间的差异性造成的，有时候家长可能会觉得孩子不理解自己，不能体谅自己的苦心。事实上，在我们小的时候，我们也常常抱怨父母不理解自己，对自己的要求太高。现在，我们与孩子的关系只是当年我们与父母关系的一种重演，唯一的区别是我们现在变成父母了。

（四）亲子中自我表露的单向性

在人际交往中，人与人之间的关系基本遵循自我表露的相互性与平等性，即人们在初次交谈时，表露信息的隐秘程度大致在同一水平。只有你逐渐地把隐秘信息告诉别人，别人才会把自己的秘密告诉你，而且你们基本上会说出的隐秘信息的程度是相似的。随着双方交往得越多，就会越来越多地选择隐秘话题。研究发现，和陌生人相比，好朋友之间或夫妻之间通常会分享更多有亲密迹象的话题，如使用熟悉的暗语，了解什么时候该说、什么时候要结束谈话。

在亲子关系中，通常是父母想了解孩子的全部情况，甚至偷看孩子的日记等，但父母却很少向孩子表露自己的信息，甚至很多孩子根本不了解父母的工作与生活。这种单向表露通常无法使双方形成亲密和相互喜爱的感觉，孩子也不愿意独自表露更多。在条件允许的情况下，我们通常会鼓励父母带孩子去参观自己工作的单位，带孩子去参加自己的社交活动，最重要的是与孩子谈谈自己的工作与生活。这样做，除了可以对孩子进行生涯发展教育外，更重要的是可以增加父母的自我表露，修正自我表露的不平衡性。

当我的孩子升入初三时，孩子的班主任打电话告诉我，孩子可能喜欢某个女生或者谈恋爱了，学业成绩下降比较快。为了敲开孩子的心扉，我主动与他分享我们读初中时异性交往的经历，然后顺便问问他们班有没有这样的情况。在孩子处于比较放松的状态时，我再和他谈怎样恰当地表达对他人的爱慕，如何拒绝他

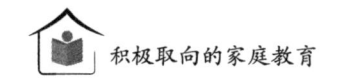

人的爱慕等话题。虽然孩子仍然没有告诉我他喜欢的是谁,但是他很愿意与我分享这些事情,也愿意与我讨论这些问题。因为有事前的沟通,就不至于出现谁也不愿意看到的结局。因此,如果你想让孩子向你敞开心扉,最好的方法是你先打开自己的心扉。

二、亲子交往的原则

(一)平等互惠原则

虽然亲子关系是不平等的,父母付出的比子女要多得多,父母对孩子的爱也是无条件的、无私的,但父母仍然要谨记孩子在人格尊严上与我们是平等的。事实上,亲子关系仍然是人际关系中的一种,而人际关系是存在回报与成本的,亲子关系也不例外。

回报是指能给接受者带来愉悦与满足感的任何事情或得到的资源,如孩子灿烂的微笑、孩子真诚的一声谢谢都是回报。成本是指负性的内心体验或付出的资源,如为孩子付出的金钱与时间成本、孩子对你生气、不好的习惯等。即使是亲子关系,我们也会更喜欢公平的关系,即你所付出的成本与回报比率与对方的比率要一致。如果亲子双方所体验到的成本与回报比率不一致,则是非公平的关系,比率高者属于受益不足者,比率低者为过度受益者。

研究发现,公平的关系是最快乐、最稳定的关系,而在不公平的关系中双方都是不开心的。过度受益者会良心不安,受益不足者通常会觉得非常痛苦与委屈。虽然受益不足者总是不快乐的,但过度受益者如果没有公平意识,不一定不开心。很多家长可能认为,作为父母,怎么可以在乎为子女付出?为子女付出是应该的,但是如果你每次的付出都得到子女不好的回报,你会开心吗?

亲子关系中也要注意平等的关系,如果你觉得付出太多而得到太少,那就要减少付出,而要求更多的回报。有一位母亲给我打电话的时候哭了,她说她偷看了孩子和同学的聊天记录,她的孩子对其他同学说:"现在在咨询师的帮助下,与母亲的关系好些了,没有那么像仇人一样了。"母亲伤心的是,生了孩子后自己就辞职了,每天都是围着他转,在接受咨询后才出去工作的,这孩子纯粹就是一个白眼狼。如果孩子每天对你凶巴巴的,你就要把你的感受告诉他,让他理解他的行为给你带来的伤害。事实上,这个孩子在母亲出去工作后,情况反而有所改变,孩子与母亲的关系有所缓和。因此,不要为了子女牺牲自己的梦想与自己应有的生活。

每个人对回报与成本的理解是不同的,孩子因为没有做父母的经验,也很难理解父母的付出,即我们所说的"养儿方知父母恩"。因此,我们可以通过各种途径让孩子体验父母的感受,角色扮演是比较有效的方法。所谓角色扮演就是让孩子扮演父母的角色,父母扮演孩子的角色,这样能更好地理解对方的感受与自己平时的行为给对方带来的困扰。

在我的孩子8岁的时候,我和他做过互换角色的游戏。我让他做母亲,我做孩子。当时他很开心,他觉得做母亲可以想干什么就干什么,而且有一天的生活费可以随意支配。他带我去菜市场买菜时,先跑到市场旁边的玩具店给自己买了一个玩具,再高高兴兴地去买菜。

在菜市场,我趁机要吃他平时喜欢吃,但非常贵的海鲜。他听后跑去问价钱,结果发现自己手上的钱已经不够了,就和我商量今天先不吃,明天再吃。我自然装作他平时的样子说不答应,结果他也说了我平时所说的话:"你爱吃不吃,不想走就待在这儿吧。"我只能跟他走,这时我才体验到,当我和孩子说这句话的时候孩子心里的无奈、伤心与屈辱。

回家之后,他自己在厨房忙碌了半天,我最后在他的请求下提供了一点技术指导,折腾了半天之后,我终于吃到两道做得不好吃的菜。在接下来的时间里,我把孩子平时的行为都演练了一遍,孩子也把我平时的行为体验了一遍。此次事件之后,孩子几乎没有再批评过我做的菜,只是建议一下能不能做点什么给他吃,他平时乱扔东西的毛病也有所收敛。当然,我对孩子的态度也好了很多,因为我体验到了自己平时所说的话其实很伤孩子的自尊。

(二)真诚原则

所谓真诚原则是指在与孩子交往的过程中,态度要真诚,以人的角色出现而不是以父母的角色出现,表里如一地置身于亲子关系中。很多教育书籍常常会告诉你,作为父母要这样或者那样,家长做不到也常常会刻意表现出某种行为,这样反而会给孩子带来困扰。

真诚意味着实事求是。比如,有时孩子和你说他比人家反应慢些,人家在那么短的时间内就能做出那么好的东西,自己连想都想不出来。如果父母为了安慰孩子而说"那有什么,你一点也不笨,比好多小朋友都聪明",那么孩子会认为父母很虚伪,也没有理解与接纳他此时的情感。假如改为"你在这方面可能比他差一些,但不代表你在所有的事情上都慢",或者"你比他慢一些,也不意味着你比很多人都慢一些，是不是"，那么，这样真诚的表述会让孩子感觉到你接纳了他的情感与慢的事实，同时启发他思考自己的优点。

还有些家长在开家长会回来后，面对孩子问老师是否表扬了他这个问题，家长为了照顾孩子的情绪而撒谎说老师表扬了孩子，而实际上老师根本没有这样做。这是非常不好的行为，一定要告诉孩子老师没有表扬他，同时，帮助孩子正确去面对没有被表扬的事实。如果家长说谎，孩子在学校通过同学是可能会知道的，这样对孩子的打击很大，孩子对母亲的信任也会大打折扣。最重要的是，你撒谎的行为本身就表明了你很在乎老师有没有表扬孩子，会让孩子觉得在学校得不到老师表扬是件很严重的事，不利于孩子建立自我评价体系。

真诚意味着家长要真实，不要拔高自己。很多家长为了维护自己在孩子面前的权威，不愿意展示自己的缺点与不足，也不愿意承认自己的平凡。有位家长问我，孩子上课不认真、容易分心，要怎么办？我问她和孩子讨论过这个问题没有，那位家长说讨论过，孩子告诉她每次分心之后就不知道听课了，一直到下课，问家长怎么办。我问家长，听到这些后，她是怎么做的。结果家长说她自己也不知道怎么办，所以直接转移话题，以免孩子知道自己不行。这样孩子会察觉到家长的装腔作势、不懂装懂或者隐藏自己，久而久之，孩子会不信任父母。

家长在孩子面前拔高自己的现象很普遍。记得在孩子读幼儿园时，有一天回来问我小学时的成绩，我回忆了一下，然后告诉他一般是七八十分，好的是90多分，差的只有60多分。第二天，他从幼儿园回来之后告诉我说："妈妈，我发现你是我们班同学的妈妈中最笨的妈妈，人家的妈妈都是考双百分的。"我只能笑笑，但没有告诉孩子有多少父母在自己的孩子面前撒谎。这是完全没有必要的谎言，只有我们足够自信，才能真诚地面对自己过去的失败，也更珍惜过去真实的经历成就了今天的自己。事实上，我的孩子在知道我的分数是全班同学父母中最低的之后，也没有因此而瞧不起我，而且我的行为间接告诉了孩子，考试分数其实没有那么重要。

真诚是一种真正的内心流露，不在于技巧，而在于对孩子的尊重。有时家长需要做一些孩子不愿意让家长做的事情。比如，孩子在学校表现不好，家长需要经常与老师联系，了解孩子在学校的情况；孩子过于肥胖需要减肥，家长不定期检查孩子的书包与房间，甚至要去接送孩子以免他在路上偷吃东西。这些都是家长不得不做，而孩子不愿意让家长做的事。有些家长为了避免和孩子发生纠纷，常常瞒着孩子去做这些事。这会带来很严重的问题：一方面，孩子无法信任父母，而且需要时时提高警惕来对付父母；另一方面，孩子会觉得周围的世界都是不安全的，不知道父母在背后又会联合什么人来怎么对付他、教育他。如果父母一定要做，那就一定要提前告诉孩子，并且告诉他为什么一定要这么做，冲突并不会损害亲子关系，而冲突的解决方式却可能会损害亲子关系。也有些家长说："我不告诉他，他怎么可能知道？"事实上，父母打过电话后，老师会通过有形无形的方式表达出来，甚至不小心就会说漏嘴。比如，"你父母这么关心你，经常打电话过来了解情况，你也不体谅一下父母的苦心"。再如，被动过的书包会与没动过的完全一致？这种不确定感给人带来的威胁反而会更大，直至草木皆兵。

在表达不好的信息时，语言要积极，而不是实话实说。如果自己的孩子确实比其他孩子要笨一些，难道你就真的对他说"智力测验检测出来你是真的笨，那也没办法"？即使是报告智力测验，我们也会告诉受测者："你的分数确实比其他人要低一点，这样你在学习新东西时可能比别人慢一点，你可能需要更多一点的时间来学习、做作业。但是很多与你分数一样的人，经过努力也取得了不错的成就。"这样不仅说了实话，让受测者理解了自己平时学习中出现问题的原因，还给了孩子希望，让他体验到了你的真诚，而不至于灰心丧气。

有时实话实说会损害亲子关系，那么我们可以试着用更委婉的语言来表达，如果孩子回来说："我成绩不好的原因是试卷太难了，老师不会教。"你如果说："那其他人怎么考得那么好？自己考不好还推卸责任。"这固然做到了实话实说，但你们的亲子关系可能也受到了损害。如果换一种说法："你刚才分析了一些外部的原因，现在你能分析一下你自己内部的原因吗？"这样就避免了贴标签、被指责的情况发生，孩子也会更愿意去思考自身的原因。

（三）愚笨原则

父母照顾孩子长大，对孩子的性格、爱好都很清楚，对孩子的生活、社交与学习会有一个大致的评价，对孩子的品德也有基本的描述，我们将这些称为图式。这些图式又会反过来影响我们选择性注意、思考与解释孩子出现的新的行为或问题，而且这一过程是自动化的加工过程，家长可能根本没有意识到这一过程。

图式可以帮助我们快速地应对新情况，但有时也会导致我们在与孩子的交往过程中产生很多问题，如对孩子的某些行为视而不见，对某些行为又盯住不放，孩子的话还没有说完就急着下结论，或者发现异常也不先问问孩子就下结论。如果孩子辩论，家长一句"我还不知道你"就压过去。这样必然会使孩子离你越来越远。

愚笨原则是指我们不会比孩子自己更了解自己。亲子交往中坚持这一原则可

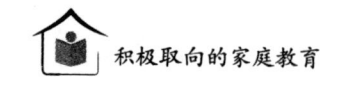

以很好地解决上述问题，并且会让我们心平气和地坐下来倾听孩子诉说，静静地等待孩子说完后再下结论，也更愿意倾听孩子的辩论。

记得我的孩子6岁时，放学后都是自己坐车回家。有一次我在家里等了他一个多小时，他还没有回来，我想去找他又怕他回来后无法进家门，如坐针毡地好不容易等到他到家。我一见他就生气地指责道："你又去哪儿玩了？放学了也不按时回家。"孩子一听就气得哭起来，边哭边说："你知不知道我去坐车的时候才发现把钱丢了，我以为放在学校，又返回学校找，没找到，我自己走路回来的。"我一听赶快向他道歉，想想一个6岁的孩子经历了这么多，在又累又饿中走了两三千米路回家，得到的却是妈妈的指责，他又是多么委屈与难受。如果我能坚持愚笨原则，遇到孩子的问题不先下结论，而是先倾听他怎么说，就会减少很多的误会。

（四）心理距离评估的一致性

人际交往中，我们会评估彼此的心理距离，主要通过分享话题的私密性来判断彼此之间的距离。亲子关系与一般人际交往不同的是，孩子出生之后，父母一直养育、陪伴着孩子，所以父母觉得与孩子的心理距离是非常近的。但孩子却不一样，随着年龄的增长，同伴在孩子生活中的作用越来越大，对孩子的影响越来越大，父母的作用越来越小，这样，孩子知觉到的自己与父母的心理距离，其实是越来越远。

父母通常很难适应这种变化，他们依然觉得和孩子的心理距离是很近的，而孩子估计的心理距离却比较远，这时矛盾就产生了。因为父母觉得和孩子的心理距离很近，他们就会觉得去孩子的房间、帮孩子准备隐私的东西、掌握孩子的心理动态、了解孩子的秘密都是理所当然的，是爱的表现。但孩子不是这样认为的，他觉得和父母没有这么近，父母应该在远一点的地方，不应该侵入到他的私人领域内，父母越近，孩子越觉得难受，越觉得压抑。

有一个孩子说，能逃离父母的关爱是最大的幸福，希望父母永远不回来更好。孩子锁上自己的房门、抽屉等行为，其实就是告诉父母："我和你没有这么近，请离我远一点！"这时，父母就需要重新评估自己与孩子的心理距离，以使双方的心理距离比较恰当。

孩子做出的远离父母的行为，以及父母在亲子交往中感觉到的子女离自己越来越远的感受，会让父母很伤心，觉得孩子怎么这么不尊重亲子之间的关系，不理解父母的苦心。想掌控一切的父母，在遇到这些行为时通常会感到非常愤怒，觉得孩子怎么可以这么不听话。

一方面，父母要适应孩子离自己越来越远的事实，认识到这是孩子成长的积极表现；另一方面，父母也需要拉近与孩子之间的心理距离。人际交往的原则表明，当我们有更多的自我表露与情感交流时，会使双方的距离更接近。一般来说，我们对陌生人暴露得很少，只会谈谈天气等公共话题，关系越亲密，我们暴露的内容会越深入、越广泛。通过增加与孩子在一起的时间，倾听孩子的声音，并且适当地暴露你的脆弱面、你的一些可以谈的隐私，会让孩子觉得你与他更亲近，他也会更愿意表露他的隐私，减少与你的心理距离。

第二节 积极倾听

有一次，我和我的孩子坐在教室里分析他试卷中存在的问题，一位同学的妈妈走过来对我说："你真幸福，我们家孩子每次回来不会和我说一句话，一到家就把自己锁到房间里。"我对她说："要不你买些沟通方面的书看看？"结果那位家长不耐烦地说："最没用的就是看书了，我家里买了好多家庭教育的书。"

很显然，我没有好好听对方说话，以至于我们都给了对方不想要的信息，根本没有达到沟通的效果。倾听是沟通的必要环节，是说的基础。对于心理咨询师来说，倾听是非常重要的技能，需要经过长期的练习，才能使自己做到积极倾听。

一、倾听的基础

（一）无条件接纳

无条件接纳是指抛开我们自己的价值观去理解孩子此时此地的感受，理解他话中想要表达的东西，不做任何价值判断与批判。无条件接纳不仅要接纳孩子阳光、积极、正确的一面，还要接纳孩子灰暗、消极、错误的一面。如果只接纳前者，则是有条件的接纳。

很多家长对此表示无法理解，并且觉得这与我们在第二章所讲的确定家长的接纳度好像有冲突，因为既然有些事是我可以不接纳的，那为什么我还要接纳孩子的一切？无条件的接纳是指对孩子此时此地的情感和想表达的内容的接纳，并不做价值判断。也就是说，我们只是对孩子所说的事情表示中性的理解，而不是欣赏与赞成，当然也不是厌恶与反对。

无条件接纳为什么会有效？

首先，接纳可以让孩子感受到安全与被尊重，孩子知道无论自己接下来要说什么，你都会接纳他、理解他，而不用担心被评判、被指责。这样孩子才会敞开心扉、无所顾虑地与父母分享他们的欢乐和烦恼。在咨询室中，很多学生会和我说："老师，我从没有觉得这么安全过，我在这里想哭就哭，想说什么就说什么，即使告诉您我怀疑自己是不是同性恋，也不觉得有什么尴尬。"

其次，只有接纳，父母才能心平气和地倾听。孩子读小学时，有一天和我打电话说，因为他爬学校的铁门让校长发现了，现在班主任让我去学校。我那天刚好无法赶到学校，只能告诉他让爸爸去。在电话中我听出了孩子的失望，但是我当时没有时间去叮嘱他爸爸不要责怪孩子，认真给老师道歉就行。当我晚上回到家时，父子俩都很伤心，孩子因被爸爸打了而伤心，爸爸因为在老师的指责之下，一激动就打了孩子而后悔。

因为我小时候也经常爬学校的铁门，本身就很接纳孩子的行为，所以我很和蔼地问孩子发生了什么事。孩子跟我说："今天有个同学在校园里面，他想要班里的钥匙，但校门没有开，我就想爬过铁门把钥匙丢给他，结果被校长发现了，还告诉了班主任。"我问孩子："你告诉老师为什么爬铁门没有？"孩子说："告诉了，但是她不听，还是要叫爸爸过去教训我一顿。"我接着问孩子："那老师是不是被吓住了？因为那个铁门很高，上面还有尖刺，很危险的，所以想让家长去学校共同教育你，让你印象深刻一点。"结果孩子不屑地说："根本不是这么回事，就是因为她被校长批评了，所以要教训我。"很显然，孩子对爸爸与老师都有意见。现在孩子只不过记住了他因为想给同学扔钥匙，被爸爸与老师狠狠地教训了。如果家长与老师能首先接纳孩子的行为，在了解孩子的行为后，再进行安全教育，可能效果会更好。

（二）同理心

同理心又称为共情，即体验他人内心世界，并将这种体验传达给他人的能力与技巧。当孩子对家长抱怨高中读书压力太大时，很多家长会说："不要给自己这么大的压力，考不好没有关系。"估计每个孩子听到后都会对家长大发脾气，觉得没法和家长沟通。因为家长没有对孩子做到同理，没有理解孩子的心情与表达的真正含义。孩子可能只是想向父母倾诉一下烦恼，然后该干什么还干什么去；

孩子也可能只是想告诉父母自己压力大，解决不了。事实上，家长的所谓的安慰隐含了这样的信息："我们又不期望你能考好，压力都是你自己给的"，或者"我们知道你不行，不期望你能考好"。你如果知道了自己的隐含信息，会不会也很难过或者生气？

同理心要求把自己的观念抛弃，把自己当作他人，来深入理解他人的内心与情感，并且试图去理解他人的体验与个人经历及个性特点之间的关系。我在给一群小学生做人际沟通的讲座时，让一个孩子回忆与家长的一次争吵。其中有一个小女孩对爸爸充满了怒气，对我说："我做错作业，爸爸就打我。"我问她："如果你是爸爸，你会怎么做？"她告诉我："我爸爸也这样和我说过呀，说如果你是爸爸会怎么样，结果我想了半天也不觉得父母有必要打自己的孩子，明明他就是一个野蛮人。"很显然，这个小女孩还是在自己的解释框架下去理解爸爸的行为。

所谓的设身处地不是真正的同理心，需要把自己当作与他人在同样的环境下成长，同样的性格的人遇到这件事会怎么想、怎么做才是真正的同理。后来我启发小女孩："如果你从小就被父母打，并且父母告诉你打是为了你好，然后你长大了，工作很累，回来还看见孩子的作业做错了，你会怎么想？"这下小女孩不说话了，因为这时她做到了真正的同理。

我们不仅要有同理心，还要把这种体验传达给对方，表达对他内心世界的体验与对他所面临的问题的理解。比如，我们再来看孩子和你抱怨学习压力这件事，你可以通过简单的回应，如"嗯，我在听"，来表示你理解他的苦恼，并且有兴趣听，你也可以将你体验到的情感反馈给他，如"你现在很苦恼，是吗"。

同理心之所以在沟通中非常重要，因为它是正确理解他人的钥匙，也是让对方感受到被理解、被接纳的途径，有利于建立信任、安全的亲子关系。对方在被理解的基础上才会有动力去理解自己的情感体验与探索解决问题的方法。有时候孩子只是迫切地需要情感倾诉，如对于高中学习压力大的孩子，同理本身就能对孩子起到明显的帮助效果。

在本节开始所讲的我与那位家长的沟通就是一个典型的非同理行为，我的所谓的建议隐含的信息是——"你错了，你要赶快改进"。所以家长拒绝了我的建议，也没有继续和我沟通下去的兴趣。如果我对她采用同理——"你现在是不是很着急"，那么，她可能会更愿意继续与我沟通。有时我们所谓的建议其实是对孩子的伤害，因为其中暗含了不信任、评价、指责、威胁与厌烦。

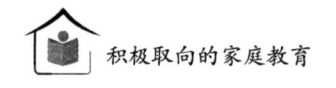

二、如何有效地倾听

（一）倾听时，家长应该是认真的

在倾听孩子说话时，家长应该是认真的，而不是漫不经心的。如果在幼儿园观察接孩子的父母，就会发现有些家长的倾听是漫不经心的。比如，一位妈妈拉着孩子的手，问孩子："宝贝，今天在幼儿园开心吗？"然后孩子仰着头艰难地看着妈妈的脸说在幼儿园发生的事，而妈妈一如平常地抬着头，牵着孩子的手往前走。如果不方便倾听孩子说话，则需要告诉孩子你现在不方便，他什么时候可以和你说话。这表示你对与他谈话很重视。

认真的倾听还需要观察孩子的非言语行为，看孩子是真诚的、焦虑的还是忧伤的等。如果孩子的头部、脸部与眼睛都不与你正面接触，则表示他有防卫心理，他还不相信你，也表示他缺乏自信。如果孩子吊儿郎当，甚至还和你谈笑风生，说个不停，则表明他可能不想和你真正地交流，他想占据谈话的主角，让你无法发问，以此避免关键问题。在咨询室中，有些孩子是被家长骗来咨询的，其中一些孩子可能会一句话也不说，在那里和你比赛，看谁能沉默得更久；有些孩子则恰好相反，他会和你说个不停，但关键部分根本不和你谈，像泥鳅一样滑过你想要和他谈的内容。

（二）倾听是主动参与

当孩子越来越大时，孩子与家长交谈的兴趣会越来越低，遇到什么问题也常常会憋在心里，不跟家长说，但是又常常在家里对家长不耐烦、生气等。家长可以主动邀请孩子交谈。家长可以说："除了对妈妈不耐烦，是不是有更好的途径解决问题，比如说和妈妈谈谈？"一般来说，孩子会思考并最终选择和父母交流，至少他不再通过对父母不耐烦的方式来解决他的问题。家长也可以说："你是不是有什么事情，所以对妈妈不耐烦，妈妈愿意听听。"当然也可以简单地发出邀请，如"给我讲讲""能和我谈谈吗""你是不是有什么想和我说的""当你想谈的时候，随时可以来找我谈"。这样说表明你在关心他，对他说的感兴趣，孩子一般也会答应和家长谈谈。

在倾听时，家长需要不断地参与，而不只是静静地听。家长可以通过把脸朝向孩子或看着孩子，点头或发出"嗯""哦""是吗？""真的吗？""然后呢？"等方式，还可以明确地告诉孩子"我在听，请继续说""再给我多讲讲"。这些不仅表明你在认真地听,还表明你对他所说的感兴趣。

(三)倾听要帮助孩子澄清他想表达的内容

家长在倾听时要一边听一边思考:孩子说了什么,他想告诉我什么,他为什么要这么说,他的心情怎么样。在孩子表达的信息不明确时,家长要帮助孩子澄清他的内容与感受,同时家长可以在这一过程中澄清与验证自己的同理是否正确。

下面是我与孩子在他小学六年级时的一次沟通,我们以此来展现澄清、同理等技巧。

孩子回来跟我说过几次他的语文成绩下降了,我没有太在意。一天早晨,孩子要去参加一个语文测试,我正好与他走同一段路去乘车外出开会。在路上,他突然又跟我说:"妈妈,我的语文这几次都只考了80多分。"这句话的信息不明确,但我知道我必须帮助孩子处理这一问题,因为他说了几次,而且情绪明显有些不太对劲,我觉得应该认真倾听他的感受。

妈妈:哦,你几次都只考了80多分,你很难过还是……(反映孩子的感受,但不确定,鼓励孩子继续说。)

儿子:嗯,我都有点怕语文了。(孩子表达了他正确的感受不是难过,而是焦虑与恐惧。)

妈妈:你这段时间是不是上课没有那么认真了?还是认真上课了考试却没有考好。(选择性提问,帮助孩子思考语文考不好的原因是什么[①],转移孩子对当前情感的关注。)

儿子:我认真了,但是考得不好,一考试就担心考不好。

妈妈:你是说考试时担心考不好,反而让自己考得不好,是吗?(反映孩子所说的内容,验证自己的同理是否正确,并启发孩子进一步思考。)

儿子:是的,我都不知道怎么办了。(进一步表达担忧,并且希望母亲提供建议,这时母亲给的建议孩子会听,不会反感,但是通常没有什么效果,所以家长需要克制自己给建议的冲动。)

妈妈:你想考好是为了什么呢?(同理孩子的情感,主动帮助孩子转移到思考想考好的原因。)

---

① 选择性提问是一种限制选项的提问方式,目的在于减少对方思考的范围。但在使用中要注意,只有在听话者正确同理了说话者的想法,并且确定选项只有这几项时才能使用这一提问方法,否则,最好用开放式提问,如"你说的没考好是什么意思?"。

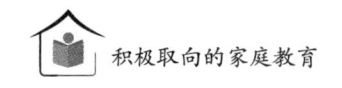

儿子：我想考海南中学，但现在这样肯定是不行的。（孩子表达他的目标，这一目标对于小学毕业生来说看似是正当的。因为海南中学是海南省最好的中学之一。）

妈妈：你想考海南中学，但你考海南中学是为了什么呢？（帮助孩子思考考海南中学的目标是否真的是正当且必需的。）

儿子：我想考好的大学，将来考好的大学。

妈妈：哦，你想考海南中学是为了考好的大学，那考好的大学又是为了什么？

儿子：为了将来过得好。

妈妈：那么是考好大学本身会让你过得好，还是你学习好了才会让你过得好？（帮助孩子思考他的思维逻辑是否混乱。）

儿子：是学习好了。

妈妈：只要你学习好了就可以，也就是说考试本身不重要，是不是？（澄清。）

儿子：是的。

妈妈：那你学习认真了，考得好不好还需不需要担心？

儿子：我知道了，妈妈，我只要学习好了，就没必要担心考试了。

妈妈：嗯，不过妈妈的经验是，如果不去担心考试，学习好了，考试细心，一般都会考得不错。妈妈相信你能处理好的。（表达信任，赋予能量。）

儿子：我知道了，谢谢妈妈！

当我三天后开完会回来时，孩子很高兴地对我说："谢谢你，妈妈！我这次考得很好！我根本没去想会不会考好的问题，只是告诉自己认真做完就行了。结果反而考得很好，太开心了！"

有时孩子所说的内容模糊不清、混乱、不合理，或者过分概括化，他自己也不知道自己真正想说什么，我们在倾听中可以用具体化的技术来帮助孩子澄清他想要表达的情感与意义。比如，我们问孩子在学校怎么样，孩子可能会回答还不错。其实"还不错"这三个字等于没有回答，因为你不知道他的具体所指，我们可以追问"你说的'还不错'具体是指？""比如说？"等来启发他深入思考。

当孩子思维混乱或者说得太多时，我们需要概括一下孩子的信息，并且反馈给孩子以确认我们的理解是否正确。比如，孩子说："今天下午我和班主任吵架，同桌把我的作业本搞丢了，体育课被罚不能去上，英语课也没心思上，现在不知道家庭作业要做什么。"听到这些，我们除了知道孩子的一些情绪之外，很难知道孩子所说的这些事情之间的内在联系。

这时，我们可以说："你今天好像很不顺，同桌把你的作业本搞丢了，你又和班主任吵架，还不知什么原因体育课也上不了，英语课没有认真听，家庭作业也不知道要做什么，是这样吗？"孩子这时可能和你说："是啊，就是太倒霉了。"你可以再追问："你能告诉我为什么与班主任吵架吗？"孩子可能会接着告诉你，因为作业本丢了，班主任批评他，他反驳，结果吵了起来，班主任罚他不能上体育课，他心里觉得委屈，接下来的英语课也受到了影响，布置作业时也没认真听。在搞清楚这些问题之后，你可以和孩子谈谈如何避免因为一件小事而导致一系列灾难性的结果，你甚至可以启发他思考遇到作业本丢了等意外事件时，如何更好地与班主任沟通或者学会平静地接纳误解，了解生活中被误解也是很平常的事。

（四）倾听是一种积极的倾听

积极的倾听是指在倾听过程中不仅要关注到孩子的消极信息，还要找到孩子的积极面。比如，孩子向我抱怨语文成绩连续下降，他很焦虑、着急，不知道怎么办，这些都是消极的信息。同时，他想解决问题，想努力学习并获得好的成绩，想克服考试焦虑并能主动寻求帮助，这些都是孩子的积极面，是解决问题的重要资源。倾听者要通过积极的倾听，来把握这些信息，学会辩证、客观地看待孩子。

积极倾听还要有意识地在消极信息中找到积极的信息。在咨询中我发现有些孩子抱怨一切，而他自己一点积极性都没有，不快乐、不努力，也不愿意去改变，原因在于他们不相信自己有任何能改变的可能。我记得有个孩子告诉我，他不想读书。我问他是不想读书，还是怕努力了也读不好。他想了想说，其实是怕努力也读不好。那么这个孩子在回答这一问题时，其实已经前进了一步，即他明白了自己其实是想学习的，而想学习就是解决学习问题的重要资源。

三、倾听的作用

很多听讲座或者来咨询的家长都希望学到实用的技术去改变自己的孩子，总认为家长要用摆事实、讲道理的方法去说服孩子或改变孩子。其实，倾听本身就能帮助孩子解决很多问题。

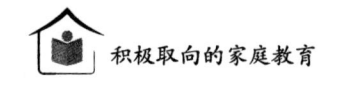

（一）倾听可以促进亲子关系

自己的情感与内容能够被另一个人准确地理解，会使信息的发出者感受到被尊重、被接纳，对倾听者感到信任、安全与温暖。这种积极的情绪会使孩子对父母产生更好的印象，觉得与父母更亲近。如果父母不能真正倾听自己的孩子，那么孩子可能会有被人误解的痛苦、不安与焦虑，这种消极的情绪同样会使孩子对父母的印象变差，甚至严厉地指责父母。

当父母能够以孩子的处境去理解孩子的情感与思想时，会产生更多的亲密、关怀、同情与爱，更少的焦虑与指责。在一项心理学研究中，实验者指示一些学生对另一个学生施加电击，如果被电击者能够自我披露一些关于自己的私事时，那么电击者通常会施加较轻的电击；而那些不能自我披露者，则会被施加较重的电击。因此，如果父母能够真正做到积极倾听，同理自己的孩子，那么父母就更难以做出伤害孩子的行为。

倾听可以让孩子对父母更有安全感，更觉得被尊重，而父母也因为积极倾听对孩子有了更深的理解与爱，这种良性循环可以让亲子之间的心理距离更接近，亲子关系更亲密。

（二）倾听有助于孩子愿意倾听父母的想法与建议

倾听他人的想法与建议是良好人际沟通的基础，也是父母对子女进行教育的基本途径。那么倾听为什么会有助于孩子愿意倾听父母的想法与建议呢？

首先，父母积极倾听的行为为孩子树立了一个榜样。孩子通过观察父母的行为，以及比较父母积极倾听与不积极倾听自己的行为的感受，知道倾听的重要性，那么他也会更愿意倾听父母的感受。

其次，父母对孩子的倾听能让孩子感受到父母的理解与接纳，他的防卫心理会因此降低，他更愿意敞开心扉，也更信任父母，自然更愿意听取父母的建议。因为倾听，孩子不仅听懂了父母要表达的意思，还能更理解父母的感受，那么孩子自然更愿意接受父母的想法与建议。

有一位家长邀请我吃饭，在电话中他没有告诉我吃饭的目的，我还以为他是因为单位改组的问题想和我谈谈，到那儿后才知道是为了孩子的教育问题，希望我能开导他的孩子。孩子当然也是一头雾水地进来和一个陌生人吃饭，将近16岁的大男孩还被家长教育说"叫老师好"，并拉着孩子的手让他与我握手，孩子无奈地照做了。到了吃饭的时候，父亲一直在说这个孩子的问题，而孩子一直在玩手机，只在父亲说他在玩手机的时候咕哝了一句："那是因为无聊。"

在整个进餐的时间里，父亲一直在不断地说话，孩子一直在玩手机。有时候父亲会问一些孩子的问题，其间我和他说了电脑与手机在孩子教育中的作用，他马上去问孩子要不要买个电脑，孩子说了一句"其实无所谓，手机就行"。父亲却并没有认真听，继续说要买什么品牌的电脑等，我看了一下孩子，孩子也正好无奈地对我笑了笑。

后来，我主动控制了谈话的方向，示范了沟通的模式，孩子见我愿意倾听他的想法，他也就自然而然地放下手机与我聊天。我及时转向他的父母："你们看，孩子现在并没有玩手机。"吃完饭后，我建议他们去看看关于倾听的书，如《PET父母效能训练手册》。

（三）倾听有利于孩子更好地处理情绪与解决问题

负面情绪是生活中必然会产生的一种情绪，如愤怒、抑郁等。学校与社会都告诉我们要战胜负面情绪，讲述抑郁、愤怒等情绪对人身心健康的影响，却忽视了情绪本身的作用。无论是积极情绪还是消极情绪，对人的身心健康与适应环境都有帮助，只是情绪不能积累太多或过分压抑，它们需要疏解与管理。

当父母积极倾听孩子，并且接纳与同理孩子的负面情绪时，孩子就有机会审视自己的情绪。比如，孩子回家后不高兴，家长问："今天好像不开心，发生什么事了吗？能和我谈谈吗？"这时孩子可能会觉察到自己情绪的变化，审视自己情绪变化的原因，并且了解负面情绪只是让自己、让他人了解自己的一种信号，并没有什么大不了的。

父母还可以通过开放式提问、澄清等技巧帮助孩子表达自己的情绪，说出影响自己情绪的事件的细节，这对孩子的心理健康具有非常重要的作用。在对一些经历了各种创伤事件的人的研究中发现，那些被诱导说出了事件细节及当时感受的人，与那些只能默默承受，以及虽然说出了事件细节却没有表达当时感受的人相比，6个月后的健康水平更高，遭受的生理疾病也更少。

在父母的倾听中，孩子通过讲述事情发生的经过与自己情绪变化的历程，可以逐步澄清自己真实的想法与问题情境，因而能找到更好的解决方案。我有好多次只是倾听了孩子的想法，并没有提出任何建议，结果他告诉我："我明白了，谢谢妈妈。"我实在是不明白他明白了什么，但事后他确实解决了自己的问题。

事实上，生活中有很多人也会说："我去找人说说，可能会有帮助。"如果孩子受到创伤，也不愿意去做心理咨询，这时父母的倾听就显得非常重要，但是做到倾听却非常困难,因为孩子可能会保持沉默,怎么也不会和你说话,父母要做到的是真正的陪伴与等待。建议父母去看一部电影——《从心开始》,这部电影讲述的就是一个遭遇重大创伤的人,最后如何通过朋友与心理咨询师的帮助逐渐恢复的过程。

(四)倾听能够把解决问题的责任留给孩子

倾听只表达了我们愿意听孩子说,但并没有表达我们会帮孩子解决问题。在倾听中,我们承担着一面镜子的角色,将我们所感受到的信息真实地反馈给孩子,孩子通过镜中的自我来找出解决问题的线索,就好像我们照镜子时知道自己哪些地方需要改进一样。

当你开始倾听孩子的问题时,你会发现孩子已经在思考了,并可以通过思考最终找到解决问题的办法。倾听向孩子传达了一个很重要的信息,那就是父母相信孩子能自己解决问题。这鼓励孩子尝试自己去思考,自己去分析问题情境,并找到解决问题的方法与策略,最终选择适合他自己的方案。

我们通常习惯去解决孩子的问题,给孩子分析、推论与建议,这其实是剥夺了孩子自己解决问题的机会,削弱了孩子的责任感与问题解决能力,并传达了你的不信任感,即你不相信他能自己解决问题。

在倾听的过程中,我们一定要克制自己想给孩子建议的欲望,因为孩子很希望你给他提供一些问题解决的策略。这也是我们在咨询中经常遇到的问题,有些来访者会很生气地说:"我来咨询,就是希望你给我拿主意的,结果你什么主意都不给我,让我自己来选择。"我一般会真诚地对他说:"你觉得让我来给你拿主意,左右你的人生,对你真的公平吗?"

事实上,在整个的心理咨询过程中,除了提供相关信息之外,咨询师几乎不给来访者任何实质性的建议,来访者是通过自己的领悟来解决问题的。

四、倾听的使用条件

理论上,倾听可以随时随地进行,但是倾听需要倾听者付出很大的努力,因此几乎没有人能随时随地做到用心去倾听他人的谈话,就如我在和孩子一起分析他的试卷时,我没有办法做到去倾听另一位家长的事情。我也常常想对一些家长说,不是你一打电话我就能做到倾听,只有做好准备我才能做到倾听,去帮你解决问题。

（一）你是否真的做好了准备

你确定你真的做好了倾听的准备？倾听并不是简单地了解孩子现在饿不饿的问题，而是去帮助孩子处理麻烦问题的时候才需要倾听。这意味着你要花大量的时间去听，如果你当时没有时间，你最好和孩子约好时间再谈这一问题。

有些家长可能会认为，孩子好不容易才和我说他的事，我一定要听他说。这当然是一个沟通的好机会，但如果你现在正在做饭，一边做饭一边听的效果肯定不好，因为你的倾听能力还没有强大到能一边做其他事一边倾听的水平。另外，一边做事一边倾听本身也表明了你对他的问题的不重视。这时，你只需要告诉孩子你很开心他愿意和你聊他的事，吃完饭之后，你准备些茶点再和他聊天。这一行为可以表明你对他和你谈事情的重视。

倾听需要接纳孩子的情绪，无论你能否接受这些情绪，你都需要对此进行接纳。做到这一点并不容易，需要长久的练习。

（二）你是否真的承认孩子是独立的个体

承认孩子的独立性是倾听的前提条件，你需要确认你是否真正能做到承认孩子是拥有自己独立的生活和独立的情绪情感，具有处理自己的问题的能力的人。作为父母，在孩子有问题时，你只是在他身边帮助他处理问题的人，而不是代替他处理问题的人。

只有在承认孩子是独立的个体、能自己解决问题的基础上，你才能保持平静，真正做到不干涉孩子，等待孩子自己找到解决问题的办法。另外，你还要相信孩子能处理自己的情绪，深信孩子的情绪困扰只是暂时的，是会转变的，否则，可能出现孩子已经从沮丧的情绪中脱离出来了，你却仍然在担忧的现象。

很多家长会告诉我，他的孩子很独立，但是他举的例子却让人哭笑不得。比如，在陌生的城市把孩子丢了，但9岁的孩子通过询问路人，步行找到了2千米外的酒店；在孩子五六岁的时候，乘坐飞机在无人陪伴的情况下自己独立回了老家；读高二的女儿在知道妈妈生病后，早上自己起床煮了稀饭。这恰好是没有承认孩子的独立性，不相信孩子自己解决问题的能力。你需要再放手让孩子自己去做一些事，然后去观察，相信孩子的能力会让你大吃一惊。

记得去上海世界博览会游玩时，我的孩子只有10岁。在游玩期间如何设计游园路线，如何乘坐公共交通工具，直到最后在上海的所有行程，基本上都是孩子设计的，我和他的爸爸不过是跟在他后面走的两个所谓的成人而已。在孩子13

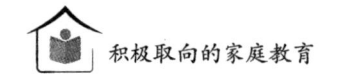

岁时，他就能够帮我在北京退房、订房，自己一个人带着行李坐公交车到新酒店入住，然后告诉我从会议地点到新酒店的公交线路及上下站点；从酒店去长城旅游的公交线路、站点及旅游方式都是他安排的，我只是一个陪在他身边发点小脾气的大人。后来，他带着外公外婆从沈阳到南京去旅游，从如何进站，到在火车上找位置，照顾外公外婆睡好，再到快到站时去叫醒老人，与在南京接站的舅舅联系都是他做的。

（三）问题归属于孩子，与父母无关

心理咨询师之所以可以用倾听解决问题，原因就在于所有的问题都归属于来访者，与心理咨询师无关。这一原则同样适用于家庭，只有当问题归属于孩子，与父母无关时，倾听才能起作用。

哪些问题是归属于孩子的问题呢？当问题或事情只会影响孩子的需求，而不会影响父母的需求时，这个问题就归属于孩子。比如，孩子的作业没做完就是归属于孩子的问题，他去学校可能会被老师批评，但与父母无关，因为它并没有直接影响到父母的生活。通过我在家长群里看到的信息可知，孩子通常会遇到在学校受欺负、成绩不好、在学校上课不认真、找不到自己的书包、过于沉迷于手机、过于肥胖或过于瘦弱、考试焦虑等问题，这些问题统统都归属于孩子。

很多家长可能会说，这些问题怎么与我没有关系呢？孩子遇到的这些问题，哪一件不是让父母操碎了心，甚至直接让父母去做？现在，我们反过来想想，如果你能做到不管，这些问题会不会真的影响你的生活？你的回答当然是"不会"。比如，我和孩子约定上小学后要自己定闹钟，我不再叫他起床。有一次老师打电话给我，问孩子为什么没去上学。我去孩子房间才发现他没有被闹钟叫醒，仍然在睡觉，然后我告诉他老师打电话的事，并将我看到的情况告诉了老师。孩子自己急急忙忙地起床去学校，因为怕他着急忽视安全，我叮嘱他反正迟到了，就不要赶那么点时间了，多迟到几分钟结果也一样，注意安全就行。这件事就是典型的归属于孩子的问题，因为耽误功课与挨老师批评都是他自己的事情，并没有影响我的生活。

我们之所以将问题归属于孩子，就是因为只有将问题归属清楚，才可以使父母从孩子的问题中抽身出来，将责任留给孩子自己承担，父母作为独立的人去帮助孩子。父母把孩子视作独立的、能自己解决问题的人，这可以帮助孩子意识到自己有解决问题的潜能。

心理咨询师并不是不关心来访者遇到的问题，不关心来访者的痛苦，对来访

者抱有真诚的关心是咨询成功的基本条件,但咨询师把解决问题的责任留给来访者才能达到助人的效果。

很多家长恰好相反,把孩子的很多问题都当作自己的问题去处理。我在一个初二学生的家长微信群中发现,有家长在群里问作业的,有问老师孩子的教材怎么丢了的,甚至让老师帮忙寻找。家长从孩子小时候就陪伴他做作业,孩子不懂的家长耐心地辅导,等孩子上了初高中自己教不了就请家教等,这样家长就把孩子的所有麻烦变成了自己的麻烦,并因此去说教孩子,家长想办法去解决孩子的问题,解决得不好,责任也全在家长身上。在美国的一些高中,明文规定有些作业要由孩子自己独立完成,家长与家教不能提供帮助。

如果问题不是孩子的,而是与家长有关的,那么家长就无法通过倾听解决问题。比如,孩子不知道穿什么去上幼儿园,这时,问题是孩子的。如果孩子在早上因为选衣服花了很长时间,让家长无法按时上班,那么这个问题就是家长的了,因为这件事直接影响了家长的生活。这时,无论家长怎么倾听,孩子也不会去想办法帮家长寻找解决问题的办法,这个问题只能家长想办法或与孩子共同去解决。

五、倾听使用的误区

(一)倾听不是指导与建议

倾听是帮助孩子更好地探索自我,更好地理解自己的情绪,审察自己所面临的问题及寻找解决问题的方法,最后自己做决定,但绝对不是指导与建议。很多家长最想做到的就是去指导孩子,甚至控制孩子,总认为如果自己不去指导,孩子就成不了器。

作为家长,在倾听过程中,你确实会感觉到孩子和自己的感情更好,关系更亲近,但这并不意味着你此时可以去指导他,否则你的倾听会立即失效,因为孩子马上会意识到你对他的控制,你所谓的接纳与尊重都是假的。下次你再想试着去倾听的时候,孩子会非常防备你,好不容易建立的信任就这样被一句建议毁掉了。

试想,如果我在与孩子就他的考试焦虑问题谈话时,当他告诉我"是的,我都不知道怎么办了"的时候,我就马上告诉他考海南中学根本不重要,重要的是能学习好,那么孩子虽然不会生气,但并不能就此放下害怕考差的包袱,仍然会担心考试,因为是我告诉他考海南中学不重要,而不是他自己通过思考获得了这一感悟。

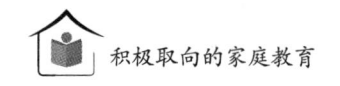

在他高二的时候，我有一次失败的经验，当时我没有用倾听的方法，而是用了建议的方法。

儿子：妈妈，我一定要考北京大学，如果我再复习一年的话，应该没有问题。

母亲：考上北京大学有那么重要吗？

儿子：当然很重要，那是我的梦想！

母亲：如果考上了其他很好的大学，你一定要复习一年考北京大学？

儿子：如果考上"985"高校我就不复习了，如果是其他的我就复习，反正我读书比其他人早一年。

母亲：难道"211"就不行，非得"985"？

儿子：我就想读个"985"，怎么不行了，我给自己一点压力，难道不可以？

这时我没有话说了，对话以孩子生气结束。原因在于我不是在倾听，没有感受到他在说这话时是想给自己一点动力，同时又希望能找到一条退路给自己释放一点压力，他的重点在于大不了复读一年，而我想做的是去改变他要复读的想法。如果家长想控制孩子，那么即使使用倾听的方法，也与其他方法一样无效。

（二）倾听并不是孩子需要的

虽然有时孩子遇到了问题，你的倾听确实可以帮助他，但有时孩子就是想一个人待着，无论如何不想和你说话，那么这时你就不能使用倾听，因为孩子没有准备好与人分享他的情绪与问题。

比如，孩子升入高一时，进入了很好的中学，而且还是重点班，这时他的学习压力特别大。更麻烦的是，他初中的数理化学习成绩一直很棒，但到了高中却发现连及格都很困难。有一次，我在他回家的路上遇见了他，他的表情很忧伤，不过还是叫了我，然后我问了他几句，他都不耐烦地回答我。我感觉我还是先溜走为妙，否则，在这样压抑的环境下，我可能真忍受不了，我和他说了一句，就赶紧骑车先走了，把他一个人留在后面。他回家后还是很不开心，我想用倾听的方法根本不行，他就是一个火药桶。所以我只能说："我知道你不开心，很烦，但除了对妈妈发脾气，是不是还有其他更好的办法？"他这下有点不好意思，躲进自己的房间里去了。过了半个小时，他才从房间出来，没说几句就哭了，通过我的倾听，他又平静地学习去了。

另一种情况是孩子只是需要信息，需要使用父母的特殊资源或者希望得到帮助，那么你就直接告诉他结果。比如，孩子告诉你："妈妈，我可以用你的电脑查资料吗？我要准备科技创新的研究。"这时你如果用倾听："哦，你是想要用我的电脑吗？"估计你的孩子想过来摸摸你的额头，看你是不是发热，头脑不清醒。有时孩子可能只是询问你是否能提供帮助，如"妈妈，你能不能在我放学后来接我回家"等，我们只要告诉他能否帮助他就行，无须再用倾听来确认他的想法。

父母要永远铭记一个事实，即无论你的美食多么好吃，也不要硬塞给想节食或饱到想吐的人，对于他们来说，这时的美食比什么都令人讨厌。

（三）倾听不是一定要帮助孩子找到问题的答案

在倾听时，孩子可能觉得他表达的信息已经足够多了，但是父母却觉得没有给孩子找到解决问题的方法而选择继续倾听，这时孩子就会觉得父母太啰唆而不耐烦地走掉。如果听到"就这些了""我明白了""我的想法改变了"等信息，就表示倾听达到效果了，你不用再听了。如果孩子说"出去的时候能不能帮我关上门""我要做作业了"，就意味着他不想和你谈了，而且有点讨厌你在旁边，你需要选择离开了。

倾听并不是一定要找到解决问题的办法，而只是为孩子开启解决问题的第一步，即释放情绪与定义问题，事后孩子可以自己找到解决问题的办法。比如，孩子在和我谈了他高一的学习问题之后，并没有找到解决问题的办法，只不过是释放了情绪而已。一个星期后，他从学校回家后对我说："妈妈，我在初中时使用过网络学习软件，当时对我的数学与英语学习有很大的帮助。你能不能帮我在网上查找一下相关的资源？"我后来真的帮他找到一家网站，我试听后感觉还不错，便告诉他网址，在他也试听了几节课之后，最后决定买3年的使用期。

永远不要以为倾听一定要帮孩子找到解决办法才能结束，而应该以孩子的感受为准，孩子觉得应该结束就要结束。

（四）共情要适度

共情是倾听的前提，如果父母缺乏共情的能力，则会带来很多问题。首先，孩子会觉得父母不理解自己，不能体会他们此刻的内心感受。对于孩子来说，他们所说的话通常会包含很多的情感，如喜悦、失望、恐惧、爱、担忧、愤怒、骄傲与悲伤等。他们不仅希望你能理解他们的内容，还希望你能理解他们的感受。我们来看下面这段话。

孩子：今天我被叫到校长办公室去了，因为打同学。
母亲：今天你因为打同学被叫到校长办公室了？

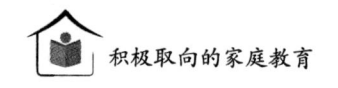

孩子：是的，倒霉透顶了，那个人经常打我却没被校长看到，我打他一次就被校长看到了。

母亲：你觉得你倒霉透顶了，因为打了一次就被校长看到了。

孩子：我讨厌死那个人了，他经常打我，可恶至极，见到老师与校长就假装对人很和气，虚伪极了！

这位母亲只听懂了孩子的字面内容，却忽视了他的情绪感受，这个孩子不仅觉得他倒霉，还觉得不公平，觉得那个人很讨厌、很虚伪。

共情太少了不好，但不分时机地一味强调理解孩子的内心感受也不好，当孩子在表达自己的内心世界时，家长需要保持安静，听完孩子想说的话之后再表达自己的共情，倾听最忌讳的就是随意打断对方说话。

共情时的情感反应要适度，次数过多或程度过重反而会对孩子产生不良的心理暗示，强化他的不良情绪，如"你觉得很伤心""你觉得很委屈"，或者"你感觉受到了侮辱"。有个孩子回家跟父母说："假期作业太多了，怎么做也做不完了。"如果家长回应："那你很烦、很不开心，是吗？"孩子开始可能只是无心地抱怨几句，被家长这么一说，可能觉得真的是很烦了。

如果孩子的自知力、判断力很强，他会因为你夸大其辞，低估了他的心理承受能力而不开心，甚至不愿意和你再说下去。有一个读初二的男孩比较内向，在课间被一个女生把裤子脱了，这个孩子没有告诉老师，而是告诉了家长。家长说："你觉得很丢脸、很生气，是不是？"家长还表示要到学校找老师与那个女生的家长交涉。结果孩子对他妈妈说："其实没有什么事，我只是觉得不好意思，也没有觉得很丢脸，也没有觉得有多生气，毕竟那只是女生闹着玩儿的。"

一般情况下，如果孩子情绪反应强烈、表达混乱、需要你理解的愿望强烈，则父母需要更多地表达共情，而如果孩子的情绪稳定、表达清楚，则父母不需要给予太多的共情，用言语表达你听懂了就行。

第三节　建设性地处理亲子冲突

如果孩子的问题影响了父母的生活，那么问题就归属于父母了，如孩子从父母钱包里拿钱去玩游戏，孩子不做他分内的家务，孩子无论如何都要去父母无法接受的地方玩。这些问题涉及亲子冲突，已经不再是倾听所能解决的，需要父母具有一定的冲突解决策略。

一、清楚地表达自己的意见

当问题属于自己时，我们要能清楚地将自己的信息传达给对方。戈登教授将信息分为"你"信息与"我"信息。

（一）"你"信息与"我"信息

"你"信息是指以"你"字开头的信息，如"你怎么可以这样""你为什么要迟到""你实在是个不体谅父母的人""你不觉得羞耻吗"。还有一些信息虽然不是以"你"字开头，但是同样暗含着"你"信息，如"别烦我"暗示"你让我很不开心了"，"离我远点"暗示"你打扰了我"。这些信息会让对方觉得受到评判、指责与命令，会让对方抗拒或畏缩。

"我"信息是以"我"字开头的信息。相比于"你"信息，"我"信息更强调说话者的真实感受，责备性更少。如果我们把上述内容改为"我"信息，则会依次变为"你这样让我很难过""你迟到让我很担心""我感觉很累""我为你的行为感到羞耻"。相比于"你"信息，这些修改后的信息包含更少的评判与责备，更重视说话者的感受。

亲子冲突是孩子的需求与父母的需求之间发生冲突，或者孩子的生活影响了父母的生活，因此问题归属于父母。这时的重点是将父母的信息传送给孩子，"你"信息的立足点是孩子，显然无法达到这一目的，这时父母需要用的是"我"信息。

（二）"我"信息的应用

"我"信息包括三个部分，即描述不可接受的事件或行为，陈述这一事件或行为对自己的影响（感受），讲出自己希望的结果。

比如，孩子很晚还没回来，打电话也不接，等他回家后，家长可以说："当你很晚还没回来，而且电话也没接（描述事件）时，我觉得很担心（自己的感受），下次如果你晚回来，希望你打电话给我（讲出自己希望的结果）。"如果家长这样说，估计孩子不会生气，也能体会到家长的感受，下次晚回家时更有可能打电话给家长。

但如果你说"你怎么现在才回来？电话也不接？你想干什么"，那么孩子可能会生气，与你辩论他为什么没有接电话，当然也有可能假装说"对不起"，然

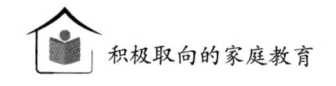

后不高兴地走开。

"我"信息也能帮助家长发现自己的感受是否真的合理。很多时候家长的一些要求其实并不是很合理，如家长对孩子不用洗面奶洗脸、洗脸时不用毛巾等也会发火。有位家长在用"我"信息时发现，其实女儿不用洗面奶洗脸，她很烦躁是没有理由的，因为不用洗面奶又怎么样？孩子想学绘画，她很生气也是没有理由的。但在没有陈述自己的理由时，她觉得自己是对的，孩子影响了她的情绪与生活。陈述"我"信息的过程就是自我审查的过程，可以帮助家长更好地理解自己的感受与想法。

二、处理冲突要果断

（一）处理冲突的四种类型

在处理冲突的过程中有四种处理风格，即攻击型、操纵型、被动型与果断型。

1. 攻击型

攻击型的人在处理冲突时不会考虑他人，通常会采用发号施令的方式表达自己的想法或要求，无视他人的感受，如"你要再敢拿钱，我就打死你"。甚至有父母确实会以打孩子的方式达到自己的目的。这样，孩子会对父母充满怨恨、愤怒与敌对，有些孩子可能会说："来呀，打我呀，你打死我呀，早死早超生。"

等到孩子长大后，父母就很难再用攻击型的方法，因为孩子有力量来反抗了。因为孩子在读小学时被同学欺负，我打电话给欺负者的家长，结果那位家长说："等他回来，我就帮你打。"我的电话还没有挂断，就听到了那边孩子的哭声和他的责骂声："你这么不争气，人家打电话告状告到家里来了。"后来，我再也不敢打电话给这个孩子的家长。到孩子上初中后，听说这个孩子休学了，因为不学习，吵架闹事。父亲再想打他时，他一下就把父亲推倒在地，完全不听父亲的话了。

父母对孩子运用攻击模式会让孩子习得这一模式，并且用这一模式去处理与其他人的冲突，在学校容易成为攻击者。那个孩子之所以一直以来难以解决攻击他人、欺负他人的问题，部分原因可能在于他父亲打他的行为让他明白暴力是一种可接受的、有效的解决方式。

有些孩子甚至会为了和父母斗争到底而做出违背自己内心的事情。有个孩子特别聪明，但就是不好好读书，他在咨询室和我说："如果我好好学习，我的父母就会很开心。他们那样对待我，我为什么还要让他们开心？"如果父母频繁、过于严苛地使用攻击型风格解决冲突，孩子可能会变得极端，如极端地逆反或极端地顺从。

2. 操纵型

操纵型的人通过让别人感到内疚或同情的方式达到目的，通过扮演受难者或受害者角色来控制他人。有些家长发现孩子吃软不吃硬，所以通过扮演弱者的角色来强迫孩子就范。有一位患有高血压的家长在和孩子发生冲突时，就说："不行了，我快要被你气死了，我血压升高了。"然后躺在床上不起来，要求孩子听话。她看到孩子因此乖乖地去做作业、去照顾她而觉得非常开心。但这样会让孩子觉得家长是一个负担，感觉自己只不过是被迫去做那些事，而不是自愿的。

有些家长会不断地强调自己为孩子做出了多少牺牲，如为了孩子放弃了自己的事业，自己的生活全部围着孩子转。有些家长更过分，他会强调自己太爱孩子，不能离开孩子，强迫孩子回到家乡工作。这样会使孩子充满罪恶感，害怕自己的失败让父母难受，因而不敢去冒险，去尝试新的挑战，去追求自己的梦想，甚至放弃适合自己的工作环境。长此以往，孩子会对父母充满怨恨、无奈。如果孩子识破了家长所谓的生病与软弱不过是装出来的，他会感觉很愤怒，并且因为家长的自私而厌恶家长，也不会再信任家长。

事实上，使用操纵策略的家长，自己也并不开心，因为他同样会觉得很委屈，为了教育孩子，自己还得装可怜。关于亲密关系的研究发现，使用操纵策略的一方对关系更不满意。

3. 被动型

被动型是指逆来顺受地处理冲突，这类人通常是没有自信的。他们经常顺从他人，从不表达自己的需求，也不让别人知道他的需求，任由他人欺负。在生活中，你会发现有些孩子简直无法无天，而父母只是无可奈何地看着自己的孩子，没有任何干涉与教育。这些孩子对父母想怎么样就怎么样，甚至都没有给过父母好脸色。

父母要尊重孩子，但这种尊重是建立在不损害父母合法权益的基础上的，不是任由孩子想做什么就做什么。有位母亲抱怨道，孩子的父亲一周才能回家一次，但是孩子住校，根本不回家，与父亲都懒得见面，打电话要钱时却又说得理直气壮，让父母赶快给钱。我问她是怎么做的，结果她说还能怎么做，只能把钱寄给孩子，否则他吃什么。

很多家长认为孩子还小，迁就一下没有关系，大了自然就能学会为人处世。

与知识的学习不同，为人处世的能力是实践性的能力，不是背诵一些文明礼仪就能学会的，需要身体力行才能习得正确的行为模式，学会尊重他人的权利与尊严。如果家长在与孩子的交往中过于被动，那么孩子就会完全无视父母，这样不尊重父母的人自然也难以学会尊重他人、融入集体。

4. 果断型

果断型的人在处理冲突时，会大胆表达自己的感受与需求，对自己不想做的事情大胆说"不"。果断型的父母会清楚、明确地告诉孩子自己的权利与想法，会坚定地维护自己的权益不受孩子的侵犯，并且拒绝受孩子的操纵和强迫。比如，孩子同样让父母给钱，果断型的父母会告诉孩子："在学校过周末的决定是你自己做的，那么我为什么要为你承担这一决定的成本？"

有一个孩子来我家后，回去对他妈妈说："刘老师其实是个笑面虎，无论我怎么样，她都不会让步，和你不一样，只要我闹一闹你就会让步。"我告诉那个孩子的妈妈："在我们家，如果孩子侵犯我的正当权益，我是绝对不会让步的；否则，孩子想让我怎么样我就怎么样，那我的生活不就全没了，孩子也不会对我有一丝的感激。"

果断型风格可以减少很多不必要的麻烦，因为孩子知道你的底线，他就不用去不断试探你的底线，从而减少了很多的家庭冲突。另外，如果孩子非常清楚，无论自己操控还是不操控父母，他所得到的结果都一样，那么，他就不会再花心思去想如何对付父母。

（二）如何让自己变得果断

果断型是处理亲子冲突最理想的一种方式，它能在尊重各方权益下达到共赢，因此它是在每个人都公开表达自己权益的基础上达成意见的处理方式，有助于建立积极的、具有建设性的关系。那么，如何让自己变得更加果断呢？

首先，要告诉孩子你拥有的权利。当孩子要求你帮他做他应该完成的家务活儿，认为他自己要做作业，而你却有时间看电视时，你当然可以拒绝他。因为看电视是你的娱乐方式，你有权利娱乐，这种权利并不能因为他要做作业就被剥夺。

其次，使用"我"信息描述你不能接受的行为、你的感受及你希望的行为，哪怕他和你持完全不同的意见或观点。只有让其他人清楚明白地理解你不能接受的行为、感受与期望，他人才可能尊重你的需求。

最后，你提要求时要果断、明了，且不要觉得抱歉。在你对孩子提出你的要求时要表现得很自信,语言一定要简短。有些妈妈在给孩子提要求时会先说一堆要他这么做的原因,让人感觉底气不足,如"我知道你很累,但你现在可不可以和妈妈一起准备晚餐,因为客人要来了"。这样的语气更容易使孩子说不,因为你连借口都帮他想好了。你可以换一种说法——"客人就要来了,请你过来帮妈妈准备晚餐",如果孩子不搭理你,或者说他要做作业,你就直接告诉他:"我先和你说好的。"另外,对孩子提要求,一次只能提一个,太多的要求谁听了都会害怕。

三、双赢或多赢的冲突解决模式

(一)单赢的冲突解决模式及后果

我国的传统文化非常强调父母的权威,认为父母如果没有权威,那么孩子就不会听话,父母就无法执行规则。

现在我们来思考这一逻辑是否正确。如果父母是这个家庭的权威,那么无论父母的意见是否一致,他们都要先达成一致,否则家庭的秩序就会混乱。姑且不论两个大人对付一个孩子是否公平,父母也需要花费不少的精力才能达成一致,甚至可能无法达成一致。如果真的能达成一致,父母是权威,孩子要服从,这样的孩子会被教育成什么样呢?他会变得服从、依赖和没有主见,因为任何自己决定的事情都有可能被父母否决,他慢慢地就会变得很无助、退缩。

这样的孩子,今后走向社会也会变得服从、依赖、没有主见,不敢表达自己的观点与利益诉求,在工作中难以保护自己的正当权益,易被他人欺负。在工作中,我们常常会发现,有些同事在面对他人侵犯自己的权益时,却只敢在背后抱怨两句,而不敢当面质疑,不敢保护自己的正当权益。

记得我在第一年参加工作时,被别人不公正地对待,我很坚定地维护了自己的利益。我在和同事说这件事时不由自主地说:"我从小到大,父亲从来没有随便指责过我,他竟然敢这样对我。"我的同事听了马上和我说:"你知道我为什么不敢像你这样公开地表达自己的诉求吗?因为从小我的父亲对我特别严厉,根本没有我说话的机会,所以现在我还是不敢去和别人争吵,去表达自己的意见。"

有些孩子与此相反,极端时,他们会选择强力地报复与攻击。由于父母总是不能满足孩子的需求,孩子经常体验到挫折,这些挫折有可能会转化为攻击行为。孩子的逻辑是你伤害了我,我要让你付出代价。他们会做很多让父母不好过的事,如沉默、不好好学习、吸烟、喝酒,他们的目的就是让父母难受。当他们长大后,他们可能会打父母,甚至可能发生孩子把父母杀死的极端事件。在社会上,他们更可能欺负弱小者。

那么,如果让孩子赢呢?一个在家庭中老是赢的孩子会忽视父母的权益,自然也容易忽视他人的权益,成为一个以自我为中心、自私的孩子。这类孩子常把自我的利益看得高于其他人的利益,在家庭中更易为所欲为,与同伴相处会很困难。因为除了父母,没有人会容忍他们的自私、纵容他们的行为。社会与学校会更突出领导与教师的权威,强调社会成员权益的平等性,那么在家庭中老是赢的孩子就会更难以适应学校,无法与教师、同学平等相处,走向社会后,他们也会四处碰壁。

有些家长认为西方个人主义社会对孩子更包容,所以选择把被自己宠坏的孩子送到西方国家去留学。事实上,重视每个人权益的西方社会通常会有更规范的社会秩序来保证个人利益不受侵犯,这些孩子可能会因为不遵守社会秩序、忽视他人的权益而受到学校的惩罚,严重的甚至被判处监禁。

父母永远要记住溺爱不是尊重,而是对孩子能力的忽视,其前提假设是"孩子现在不懂事,不要和他一样"。

(二)双赢或多赢的解决模式及作用

双赢或多赢的解决模式是指在完全平等的基础上,大家都通过"我"信息的方式表达自己的需求与感受,平等协商来解决问题。在这一框架下找到的冲突解决方案,是在大家共同探索的基础上,各方都同意的方案,这个方案照顾到了每一方的利益诉求,所以每一方都是赢家,没有输家。

与单赢模式以输赢为导向不同,多赢模式以解决问题为导向,孩子会将注意力放在如何解决问题上,而不是思考输赢上。与在父母权威下强加给孩子的决定不同,这是他亲自参与制订的方案,他更有动力去执行这一方案。在寻找解决方案的过程中,也培养了孩子关注他人需求、解决问题的能力。通过相互的沟通、协商,可以增进亲子之间的理解与包容,拉近亲子之间的关系。由于汇聚了大家的智慧,也更有可能找到更好的问题解决方案。

使用双赢或多赢解决模式需要父母承认自己的局限性。孩子在很小的时候都会认为自己的父母了不起、无所不知,父母也很享受这种感觉,或者认为自己应该达到这样的水平,从而不允许自己在孩子面前示弱。在幼儿园做讲座时,很多家长都说,孩子老问为什么,家长怎么才能知道那么多?我告诉他们,家长根本不需要知道那么多，只要如实告诉孩子自己不知道，一起去查资料就行。

有的家长可能会觉得这一模式太费时，不如命令来得简单。无可否认，通过协商制订方案比简单的命令确实会花更多的时间，但这是孩子共同参与制订的方案，所以执行起来要容易得多，而且持续的时间也要长久得多。

这一模式适合多大的孩子呢？一般来说，只要会说话，再小的孩子都可以使用这一方法。

有一次，我6岁的小外甥与2岁半的小侄子吵架，原因是在小外甥和我们出去玩的时候，他妈妈在没有经过他同意的情况下，就把他的玩具送给了小侄子，其中还有他最喜欢的游戏王卡。当小外甥与我们外出游玩回来，路过小侄子家时，小外甥发现了他的游戏王卡和很多玩具都在弟弟那里，很生气。

他对弟弟说："这是我的玩具，不能给你。"小侄子自然不同意，大声说："是姑姑送给我的。"然后三句话之后就打起来了。把他们拉开后，小外甥冷静了下来，但不服气，还是去找弟弟要玩具，他舅妈说再买给他新的他也不同意，就是要自己的。结果我只能充当他们之间的传话者。

我把小外甥的话转给小侄子："哥哥说这是他的，他没有送给你。"小侄子不愿意退还，我又把小侄子的话告诉小外甥："他说是他姑姑给他的，他没有拿你的。"小外甥当然不同意，说："但这都是我的，而且我妈妈还送了好多我的玩具给他。"我对小侄子说："哥哥还是不同意，因为他没有送给你，你还拿走了他那么多的玩具。"小侄子还是不断强调姑姑已经送给他了。没办法，小外甥后来对小侄子说："那我送了这么多玩具给你，你也要送一个给我吧。"小侄子马上跑去拿了一个自己的玩具送给哥哥，解决了这一争端。

从这个例子可知，即使只有2岁半的孩子也会表达自己的需求，并且能学会倾听他人的需求，学会妥协，从而达成协议。家庭中树立双赢或多赢的理念可以帮助大家更心平气和地解决问题，找到双方都能接受的方案。

（三）双赢或多赢解决模式的使用程序

这一解决模式的程序其实与我们日常工作中的商业谈判是一致的。

第一步是发现与定义冲突。首先要清楚地区分问题是什么。比如，父母要求孩子承担饭后洗碗的任务，而孩子不愿。在定义问题的过程中，要明确各方利益诉求，注意使用倾听与采用"我"信息的技术，从而帮助家庭成员更好地理解他人的内心感受，定义各方不可接受的行为。

第二步是寻找可能的解决方案。最好先听听孩子的解决方案，以显示出家长尊重他的权利,每个方案被提出时先不要评判,收集齐全方案之后再来一个一个地分析。切记要提前和孩子说要开这样一个家庭会议,督促、提醒孩子准备备选方案。

第三步是评估方案。分析时要评估这个方案对谁有好处,对谁不公平。在这一过程中,父母要清晰、明确地表达自己的感受,还要鼓励孩子表达他的感受,如"我觉得这个方案对我不公平"等,然后询问他怎样才可以让方案更公平一点。

第四步是选择最佳方案,直到大家都同意某个方案为止。在评估方案的过程中,最佳方案就会自动浮现,但我们仍然要考虑孩子对这一方案的满意度,可以问孩子这个方案相比于其他方案,为什么是最好的。并且要告诉孩子这个方案并不是不能修改的,如果找不到最佳方案,我们可以先试着找一个各方都比较能接受的方案,并且说先试行一段时间,到时我们再根据执行情况进行修改。

第五步是执行方案。在选择好最佳方案后,我们要把具体方案写下来,如规定谁在什么时间什么地点做什么事。确定事情做好的衡量标准,这是非常重要的事情,因为孩子对很多事情都会做得不到位,到时再提出,孩子会认为家长是在找他麻烦,也会引起其他的冲突。比如,我在与孩子的家务协定中,规定孩子的任务是洗碗,但方案中并没有规定洗碗的具体定义,如碗洗干净的标准是什么,是否包括清理干净餐桌、洗碗槽,清理灶台与清扫餐厅。结果清理干净餐桌、洗碗槽,清理灶台与清扫餐厅全变成了我的事,因为方案没有规定清楚,所以孩子拒绝执行。

第六步是对方案执行的效果进行追踪评估。有时事先设想的解决方案是很好的,但事后会发现很多新问题。另外,如果没有检查追踪,孩子也并不一定会执行。有一位家长利用孩子要买新手机的机会和孩子制订了一个新智能手机的使用方案。由于孩子买手机需要父母付出代价,而且孩子已经手机成瘾,也给家长带来了困扰,孩子同意制订方案。方案中规定在做作业、睡觉的时候要把手机放到客厅,中午1点要把手机拿出来,直到去上学时才可以拿走。但是在执行中发现,孩子要用手机来打卡背单词,这时,就需要修改手机使用方案了。

上述所说的六个环节并不是指所有的家庭冲突都需要用这六个环节,有些冲突只要用很简单的方法就能解决,如孩子很晚才回家,用一个"我"信息就可能解决孩子11点之前必须回家,晚回家要给父母打电话,并告知父母自己在哪里、和谁在一起、环境是否安全等。

另一个需要注意的事实是,正如不是所有的商业谈判都会成功一样,这一模式同样不能解决所有的亲子冲突,但这一模式至少不会损害亲子关系,它能够为后续事情的解决留下空间。在没有建立信任时，强迫沟通是无法达成合作的，因此建立亲子之间的信任是家庭教育中的首要任务。

第四节 提高沟通的有效性

一、避免交流障碍

常言道：良言一句三冬暖，恶语伤人六月寒。在与孩子的交流中需要避开这些恶语式的交流障碍。

（一）批评、辱骂与威胁

批评是家长很喜欢用的方法，从小家长就教育我们要能接受批评，因为我们要做到闻过则喜。闻过则喜当然很重要，只有知道自己的过错，人才可能去改正，但闻过并不是批评，批评通常是指对他人进行严厉、否定的评价，而不是告诉他人哪里错了。比如，"考试不及格，你干什么去了？你应该好好学习的"，这是批评；而"你这次考试不及格是什么原因呢？"则是闻过。显然，批评是指责，激发的是孩子的防卫心理，而闻过是激发孩子去思考不及格的原因及改进的办法。

有些家长为了让孩子长点记性，会选择用辱骂与贴标签的方法去激励孩子。比如，"你是一个自私的人，都不会想想父母的感受""你根本就是一个垃圾，除了制造垃圾之外没有任何作用""就你这样，将来不会有人喜欢你"等，这会给孩子带来很大的伤害。辱骂与贴标签的语言应从家庭中清除出去，因为它们除了伤害不会有任何积极的效果。

还有些父母为了达到目的，会威胁孩子，如"你如果不好好学习，别想找我要零花钱"。更好的方法是平静地与孩子交流，是什么影响了他的学习，我们可以如何调动孩子的积极性，如何鼓励孩子迈出一小步。命令比威胁对孩子的伤害要轻，但也是让人很不开心的一种方式，即使孩子做了，也会体会到与父母的等级关系，加大亲子之间的心理距离。比如，把"客人就要来了，马上给我把你弄乱的客厅收拾干净"改为"客人就要来了，请现在把你弄乱的客厅收拾干净"，就会给孩子不同的感觉，与前者相比，后者会让孩子感受到更多的尊重。

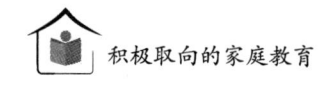

（二）建议与说教

相比于批评等语言，很多家长可能会更喜欢用建议与说教，并且认为这是一种很温和的教育方式，也应该被孩子接受。但不幸的是，这同样会让孩子拒绝，因为建议与说教都是建立在父母与孩子不平等的基础上，其理论假设是"你不行，你要听我的"。

建议通常是送给孩子一个解决方案，如"如果我是你，我就不会在这抱怨，而是努力学习"。孩子会听出你隐含的信息，即"你的方法没有用，你需要我来教你"或者"你就知道抱怨，不知道怎么学习"。这样孩子会感觉到父母对自己的轻视与控制，很可能以防卫与敌意的方式回应。

说教相对建议来说更麻烦，它是不停地重复，以告诉他人应该做什么。我在和一家人吃饭时发现，母亲让16岁的孩子吃蔬菜，说了5遍，当然孩子的反应就是一口蔬菜都不吃。如果改为"妈妈好像没看到你吃蔬菜，要不你尝一下"，或者说"这种蔬菜味道还不错，要不你尝一下"，孩子可能会觉得不好意思拒绝而象征性地吃一点，甚至感觉好吃而吃很多。当然他可能会拒绝你，但是至少不会厌烦你。如果不能达到目标，还不如少说话以节省力气。

二、通过提问推动孩子行动

有时候交流不只是为了解决亲子之间的冲突，而是通过与孩子的对话，帮助孩子改变看待问题的方法，发现自己的积极面，并且更愿意去行动。心理咨询将这一过程称为赋能。

（一）有效的赞美

我们在第一章中强调了太多的表扬的坏处，本章我们仍然认为过多的表扬，尤其是泛泛的表扬、不具体的表扬都是有害的。但以"现实为基础"的赞美是家庭教育中非常有效的教育方式，我们称之为有效的赞美。我们常常通过"你是怎么做到的""你通过什么让事情没有变得更糟糕""在这么艰难的情况下，你怎么都没有放弃"等方式提问，让孩子在回答中思考自己所拥有的优势、能力与成功的方法。

提问的情境主要是询问孩子一些很小的、被视为理所当然的行动或动力是从何而来的。通过这些提问，我们不仅可以做到和孩子共情，还可以帮助孩子，尤其是自尊低下的孩子发现自己已经拥有的能量，以及已获得的小小的成功或进步，以减少被困境击败的挫折感。

"你是怎么做到的？"这一问题可以经常用于帮助孩子思考自己的成功，找到解决问题的策略，培养孩子的自信。小外甥有一次很高兴地告诉我，他的看图说话在全校拿了第一名。如果我只是表扬他做得很棒，他会关注他所获得的成就，而不是他所拥有的能力。对能力的关注可以让孩子的自信更长久，更能去面对下次的失败。对成就的关注则不同，它只会让孩子关注结果，但结果并不一定每次都会很好，关注结果还可能会让孩子害怕失败。

我当时就问他："你真棒，你是怎么做到的？"他听到这个问题的时候，不好意思地说："还要说怎么做到的，我怎么知道我是怎么做到的。"我问他："那为什么你拿了第一，其他同学却拿不到，你写的与他们写的有什么不同吗？"他说："有些小朋友写的是春天来了，明明那画里画的是小朋友在游泳，岸上的小朋友穿的是短裤，怎么可能是春天？应该是夏天来了。"我接着说："你发现了这么多的地方可以表明是夏天，你观察得是不是很仔细？"他笑着说："是的。"我接着又说："你能够根据小朋友穿的衣服与活动推导出来是夏天，表明你的推理能力真的很棒。"他听了之后比开始更开心了，跑去跟他妈妈说他有两个优点：会观察，会推理。

有人可能会说，如果孩子老是失败，我又如何用这一方法呢？其实这与父母能否发现孩子的积极面有关。如果孩子在学校的成绩排名一直是倒数第一，老师批评，同学也告状，那么我们如何通过提问来鼓励孩子发现自己的优点，并进而将这一优点扩大，使之成为孩子向积极方面改变的原点呢？我们可以说："你的成绩不太好，你却能坚持去学校上学，你真的很棒！妈妈为你骄傲，你能告诉妈妈，你是怎么做到的吗？"孩子可能会停止抱怨，不再感到无助与伤心，而是去思考他自己所拥有的能力，觉得自己真的也有不错的地方，然后以此为原点，再帮助孩子慢慢发现他的美好，使他敢于开始追求自己的梦想。

赞美的最高境界就是让孩子自己赞美自己。比如，我们可以提问："如果你的老师知道，虽然你的成绩没有达到他的期望，但你为此付出了很大的努力，你觉得他会怎么说？"其实他所说的都是他自己对自己的认可，这对于提升孩子的自尊感、减弱孩子的挫败感会非常有帮助。

（二）引出例外情况

赋能的常用提问还有引出例外情况。有时孩子把很多事情都做得很糟糕，如每天都无法完成作业，每天被老师批评。那我们可以问孩子："你这个星期，每天没有做完的作业都是同样多吗？有没有哪一天没有完成的作业要少一点？"孩子会去思考自己是不是真的每天都有同样多的作业没有做完，还是会有一些时候作业虽然没有做完，但是没有做完的量却少了一些。如果有，我们就问："那一天，你是怎么做到多做作业的？"接下来就是帮助孩子分析他采用了哪些有效的策略，下次他还可以用哪些策略去做。家长在孩子找到这些策略时一定要给予鼓励与表扬，对于学习成绩差的孩子来说，这两样是孩子在学校环境中最稀缺的资源。

那么，如何来应用这一方法呢？

第一步，引出例外情况。我们要问孩子更好的情况是什么，有过什么例外的情况。例外情况不是指最坏的情况，而是相对要更好一些的、更积极一些的情况，将孩子从沉溺在消极的思维方式中拉向积极的一面。比如，你有没有抑郁少一些的时候？有没有在学校相对要开心一点的时候？有没有被老师批评得更少一些的一天？有没有上课更认真一些的科目？

第二步，就有关例外情况询问更多的细节与情境问题。比如，是什么让你可以比平时更开心一点？是什么让你的感觉没有平时那么糟？然后帮助孩子思考环境与自我内在的一些资源、更好的一些应对模式。比如，孩子会说语文作业能做完抄写与背诵，因为可以在做完抄写时吃点东西，再去背诵，就觉得没有那么难了。

第三步，扩展例外情况至其他情况。比如："你做语文作业时，每做完一小部分，你就奖励自己一下，所以能做完。那数学作业是不是也可以这样？"那么孩子可能就会去试试这一模式，从而以一个优点扩展到想办法解决其他的问题。当然，有孩子可能会发现数学作业做不完是因为不会做，奖励自己只是帮助自己愿意去做，那么这时我们就可以帮助他去思考遇到不会做的情况，有哪些外部的资源可以利用。

第四步，赋能。针对孩子提出的问题及所找到的应对模式，家长要对孩子表示称赞与非言语的鼓励，表达信任也是一种鼓励。如果孩子感觉到自己有让自己做得更好、生活得更开心一些的资源和策略，那么在后续的生活中就可以重复利用这一模式，甚至感觉自己有能力找到更好的模式去应对问题、解决问题。

用这一方法时，要注意孩子有可能会不断地反复，出现反复后，家长首先要明白这是正常的现象，其次要以尊重、耐心的态度帮助他，询问相关的情况，帮助孩子再次努力，直到他不再感到困扰。

（三）刻度化提问

刻度化提问是焦点治疗与教练技术中经常应用的提问方式，目的是帮助来访者从全或无的目标中找到不那么艰巨的、可以把握的步调或可以开始的前进目标。很多孩子之所以不敢前进，是因为他害怕或者完全没有目标。刻度化提问可以帮助孩子追踪自己的主观变化，也可以让亲子交流变得更顺畅。

假设孩子对自己的成绩很不满意，他总是想考第一，但是他现在的成绩离第一非常遥远，那么孩子就会因为觉得目标太远了，而无法行动。这时我们可以通过刻度化提问来帮助孩子开始行动，并追踪评估自己的行动计划的有效性。

第一步，让孩子以 0～10 分进行评估，0 分代表事情最糟糕时的感受，10 分代表事情得到最好结果时的感受。现在请考虑自己现在的感受。孩子可能会给出一个数字，如 2 或 3，这时，我们要确定他的分数是 2 还是 3。

第二步，我们要提问那多久才能达到 10 分呢？如果孩子不知道，我们可以提示说："比如说两年？或者 10 分是不是太高了？"要注意的是，当我们帮助孩子思考他的时限时，要尽可能说得稍微长一点，这样孩子没有压力，如果说得太短，他可能会觉得自己很笨，因为你说的年限其实是包括你对孩子能力的评估的。一般如果父母说的期限太长，那么孩子通常会纠正你的说法，他可能会期望你说一个更短的时间。比如，他可能会说一年太长了，一个学期就要升到第一。这时如果孩子估计的时间太短，我们需要提醒一下："学习的知识可以快速增加，名次却不一定，因为你在努力，人家也在努力，要不要先定下一学期？不行的话，我们再调整。"这时，孩子既能感受到你的尊重，又能思考自己对情况的预测是不是太乐观了。如果孩子定的目标太低，那么也应该让孩子去做，而不是去指责他，到下一个阶段，我们可以再提醒他对自己的估计是不是太低了，他会自然而然地进行调整。总之，原则是家长不能比孩子更努力，或者家长的发展步调比孩子还快。

第三步，将目标化得更小。比如，我们可以问："你怎样才会知道自己在量尺上提高了 1 分？""当你提高了 1 分时，会有什么不一样？""谁会知道你的变化？"孩子可能会告诉你，当他在量尺上提高 1 分时，他的成绩具体会提高多少分；孩子也可能会告诉你，他在学校上课更认真了，老师更喜欢他了，作业完成率也提高了；等等。

第四步，提问孩子提高 1 分时需要花多少时间，需要付出哪些努力，需不需要找一个人来监督、提醒他，多久能够达到，需要父母提供什么样的帮助。有些孩子可能会说父母能不能在家里辅导一下功课，或者帮他找一个家教。

第五步，在孩子预订的检查提高 1 分的期限到来时，再帮助孩子检查是否达到了目标，哪些线索显示他达到了，他的情绪怎么样，要不要再提高 1 分，再重复第三、第四步，直到孩子达到他满意的 10 分为止。当然也可能孩子最终达不到 10 分，那么我们可以问他达到多少分就满意了。

值得注意的是，我们在用刻度化提问时，一定只能关注"将会……"，而不能说"如果当初……"。"将会"是指向未来的，是思考自己的方向，提高对未来的预测效果；"如果当初"是指向过去，是后悔，是责备，对解决问题没有任何意义，反而会激发孩子的防卫心理，阻碍孩子的成长。

第六章 生命教育

人类是自然界进化得最高等的生物，但自然界中有千千万万的生命与人类共生，能否与自然界的生命和谐相处是人类能否延续的重要条件。人类个体是由肉体与心灵共同组成的有机体，我们如何看待心灵与肉体的关系是完善自我、平衡肉欲与心灵的重要条件。因此，生命教育是家庭教育中最重要、最先决的内容。

第一节　家庭生命教育的概念与意义

一、生命的内涵

什么是生命？生命的意义是什么？这是进行生命教育的首要问题，只有回答了这些问题，我们才能建构生命教育的内容与方法。

（一）生命是自己的生命

我们在教育中会告诉孩子注意安全，关注自己的生命，但仍然会有很多孩子不在乎自己的生命。由于没有准确的学生自杀率的数据，我们只能从各地新闻报道中来进行推测。从各地报道的数据来看，每年自杀身亡的中小学生虽然很少，但也不是没有。

如果说自杀发生的概率毕竟很小，那么自伤事件的发生率却很高。我在多年的咨询经历中发现，很多孩子有自伤的经历，如用圆珠笔头划伤自己的皮肤、用刀片割伤自己的身体，甚至有人用钉子钉自己的肚子。还有些人会故意参加一些

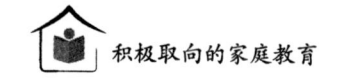

危险的活动，如故意吸烟、喝酒，甚至吸毒。

随着家庭规模的缩小，社会以核心家庭为主，孩子在小家庭中被过度保护，传统大家庭中已有的生命教育的内容则越来越被忽视，家庭传统节日文化缺失，基于血缘建立起来的家庭情感关系日益淡漠，孩子生活自理能力低下、急救能力缺失、自我生命保存能力下降。

我们需要让孩子知道生命是属于自己的，自己要对自己的生命负责任，而不是其他人。在他人诱惑、强迫我们去做一些危险行为，或者他人对我们的生命有威胁时，我们需要抵制诱惑，寻求帮助。

（二）生命是所有人的生命

生命不只是自己的生命，也是所有人的生命，生命伦理更是生命教育的重中之重。地球上不只生活着我自己，还有很多的人类。轻视他人的生命，只注重自我生命的保存是极端自私的表现。范美忠在地震中逃跑，随后他还在公众中一再宣扬自己行为的正确性，认为生命保存天经地义。但作为教师，他却忽视了学生的生命保存同样重要，而他本应对此负有不可推卸的责任。

范美忠在保存自己的生命时，选择忽视掉自己对他人生命的保护职责。另一些人则更为可恨，他们为了自己的利益而侵害他人的生命。2015年12月4日，湖南邵东一名18岁的学生在教师办公室当着自己母亲的面杀死了自己的班主任，只是因为觉得班主任妨碍了他看小说、睡懒觉。在他母亲哭着对他大喊"你把我捅死吧"时，他竟然回答："要不是刀被抢了，我就把你捅死。"他回答记者为什么要杀死老师的问题时说："我从没把他的命放在心上。"（袁汝婷，谢樱，2015）事实上，这种不把他人生命放在心上的人又有多少？每年有多少人被无辜地杀死？

中国的学校教育，甚至整个社会都过于强调竞争而忽视合作。有的学校的高考标语竟然是"提高一分，干掉千人"，一个"干"字除了体现出血腥的竞争外，何尝有一丝对同学的尊重与爱护？为了不被其他同学竞争下去，同学们有了新的学习资料、学习方法都会隐藏起来；父母为了不影响孩子高考，甚至隐瞒亲人的死讯。这些行为均传达出为了目标的正义，他人生命的尊严与我没有关系。

反观当今社会的食品安全问题，又何尝不是对他人生命的漠视造成的？有种观点认为，当今社会已进入了一种"互害"模式。种菜的人不吃自己种的用来卖的菜，单独种点菜给自己吃；养猪的人不吃自己喂的猪的肉；做日用品的人也不好好做。

(三）生命是所有物种的生命

生命也并不特指人的生命，而是一切生物界的生命，包括人的生命与一切动植物的生命。天人合一是我国古代哲学的基本精神，也是中国哲学异于西方哲学的最显著特征。季羡林先生认为：天，就是大自然；人，就是人类；合，就是互相理解，结成友谊。天人合一就是人类与大自然要友好相处，古代的很多思想与规定都体现了天人合一的思想，中医学中的很多治疗理念也是在这一思想的指导下进行辩证治疗的。

随着西方工业文明与科技文明在中国的传播，人类逐渐变得狂妄，认为人定胜天，人类是自然界、宇宙的主宰。人类贪婪地向自然界索取，为了自身的利益肆意破坏自然环境、残杀各种动物，造成很多物种灭绝，生物多样性受到严重威胁。几十年下来，人类赖以生存的环境日趋恶化，全球气候变暖，自然灾难频发，雾霾在中国许多城市阴魂不散。

二、家庭生命教育的定义与意义

（一）家庭生命教育的定义

现在学校开展的心理健康教育、安全教育、品德教育与生物学科的教育都可以说是生命教育中的一部分。但是这些教育内容的简单组合并不一定就是生命教育，也可能只是一种知识的学习。生命教育是对生命意义的教育，重点是要建立在敬畏一切生命的基础之上的对所有生命及对人与自然关系的尊重。只关心人的生命价值，终不能解决人与自然的问题，无法化解人与自然的矛盾。事实上，只关心人的价值的教育是缺乏真正的爱与善的教育，试想，一个忽视自然界、肆意捕杀和虐待动物的人怎么会有呵护他人生命与尊严的可能？

家庭生命教育是特指在家庭中进行的生命教育，其教育方式和教育内容与学校生命教育可能存在一定的差异，并且更强调自然的熏陶与实践能力的培养。家庭生命教育的目的在于通过日常生活、偶发事件来帮助孩子探索与认识生命的意义，理解生命的有限性、脆弱性与不可逆性，尊重与珍惜生命的价值，将自己的生命与周围的环境建立起和谐的共生关系。其目的在于帮助孩子找到生活的意义，学会关爱自然、建立与他人的联结及完善自我，成就孩子幸福的人生。

（二）家庭开展生命教育的重要性

1. 生命教育是一切教育的起点

人生的一切意义、价值、精神与信仰均要以人的物质存在为前提，而生命教育的价值首先就在于教育孩子保存自己的生命，以承托现在与未来的发展。有时，我们教给了孩子太多的知识，培养了他很多的能力，结果就因为他觉得生命没有意义而选择结束自己的生命，一切的努力终究归结于零。

在家庭教育目标中，我们阐述过人生幸福的条件是要找到生命的意义，要有积极的人际关系，而这也要以生命教育为基础。只有理解自己生命的有限性，我们才会珍惜当下，才会去探索自己的兴趣与价值观，寻找属于自己的目标与意义。只有尊重他人的生命，理解他人生命的脆弱性，我们才会与他人建立积极的关系。

校园暴力事件层出不穷，未成年人滥用酒精与烟草、未成年少女怀孕等事件的发生率也呈现出增长的趋势，很大一部分的原因在于我们缺乏高质量的生命教育，没有让孩子学会珍惜自己与他人的生命，缺乏对他人痛苦的关注与同情。任何教育，如果缺乏了生命教育的基础，就难以达到育人的目的，而只是流于知识的学习。比如，学校开展的道德教育，如果不建立在对他人生命价值尊重的基础上，就无法内化于心，外化于行，最终不过是沦为应试的科目而已。心理健康教育也需要以对生命的珍惜为依托，否则，孩子会觉得这不过是一门学科而已。

科技越来越发达，人类影响自然的能力越来越强。如果人类不规范地使用科技，那么后果将会非常可怕，灾难片中的场景将可能成为现实。解决这一问题，同样需要以尊重生命为基础，以敬畏自然为前提。

2. 家庭是进行生命教育的天然场所

生命教育在学校已经推行了十多年，但效果一直不佳，原因多种多样，如缺乏师资，没有开设专门的课程。其中最重要的问题可能在于学校生命教育更侧重于生命知识的教育，而易于忽视对生命情感与价值观的教育。

家庭是孕育生命的地方，也是孩子所处时间最多的地方，所以家庭是进行生命教育的天然场所。孩子在3岁以前会对自己来自哪里感兴趣，也会对宇宙万物感兴趣，如果家长能利用这一机会提前进行生命启蒙教育，会对孩子产生重要的影响。

相比于知识，对生命的体验更易于帮助孩子理解生命的价值。家庭成员的相互关心和尊重是孩子学会与他人建立联结、体验人际亲密度的重要方式。家庭中的传统节日文化，以及家庭中亲人生病与去世等事件是帮助孩子理解与体验生命有限性及尊重他人生命价值的重要机会。让孩子参加家庭中植物种植与养护、参与家庭活动、与父母在大自然中亲密相处也是进行生命教育的方式，所以，生命教育是家庭教育的重要内容，同样，家庭是进行生命教育的得天独厚的教育场所。

第二节 生命教育的内容

生命的基础在于其有限性，即从出生到死亡的过程是有限的，这也是生命教育的首要内容。同样的生命长度，但生活的意义与价值却不一样，原因在于个体的身心健康程度，即个体生存能力的强度，以及个体与他人、与自然万物交往的程度是不一样的。个体生存能力越强，生命得以延续的可能性越大；个体与他人、与自然万物的交往越开放、越和谐，则个体的身心会越健康。因此，生命教育的内容包括生命有限性的教育、生存教育及与环境和谐相处的教育。

一、生命有限性的教育

生命教育的第一个维度是生命有限性的教育。生与死之间的长度是有限的，所以生命有限性的教育其实是生命孕育教育与死亡教育。

（一）生命孕育教育

生命孕育教育是指人如何出生的教育。孩子早在两三岁的时候就对自己是如何来的感兴趣，这是对儿童进行生命教育最好的机会，也是最重要的时期。不幸的是，很多家长却不知道怎么教育或者觉得不好意思。当孩子问这些问题时，他们通常选择胡乱告诉孩子他是从哪里来的，如从树上捡来的、从石头缝里蹦出来的、从腋窝下生出来的等啼笑皆非的答案。

当儿子问我这个问题的时候，恰好我在医院做护士，所以对儿子解释得很清楚，特地找了一本解剖学的书来进行专业的讲解。我告诉他，他的生命是如何通过爸爸妈妈的精子与卵子的结合，然后在宝宝宫殿里长大。后来，宝宝长得很大，宝宝宫殿太小，他想出来见妈妈了，所以从宫殿的通道中辛苦地挤出来。

我特地告诉他，在他出生的过程中，我和他是如何辛苦，父母又对他充满了什么期待，医生与护士是多么认真地准备接生，以及他的出生给我们带来了怎样的幸福。当然，我用了很大的力气去强调他的诞生是由一个精子在与数亿精子中竞争而得以与卵子结合从而形成受精卵，获得出生机会，目的是想告诉他生命的可贵与意义。虽然两岁的孩子并不完全理解我告诉他的意义，但至少他对自己的出生是比较满意的，他也能理解他的生命对于我们及他人来说是有意义的、有价值的，是被呵护的。

现实生活中处处有优待孕妇的教育，这也是进行生命孕育教育最好的方式。孩子了解了一个生命的孕育过程及母亲孕育与生育他的辛苦，感恩的种子自然就在孩子的心里早早埋下了，孩子对自己与他人生命的来之不易也有了更深的体验。

（二）死亡教育

对于孕育生命的教育，家长可能会觉得能够理解，而且现在很多人也能做得很好，毕竟生命教育已经在幼儿园、中小学开展了这么多年。对于死亡教育，大家就会有些疑惑：为什么生命教育中包含死亡教育？孩子真的能理解死亡的含义吗？理解死亡的含义有意义吗？

如果没有死亡，生命就是无限的，那么生命的存在又有何意义？只有理解了死亡，才能理解生命的有限性，才能有对当下的珍重及向死而生的坦然。孩子在最先对生命的孕育感兴趣后，就会对死亡充满好奇与疑问。

记得在孩子3岁的时候，我工作的医院有职工自杀死亡。因为葬礼在医院大院内举行，时有哭声、哀乐传进我的家里。孩子问我："妈妈，为什么生孩子时人们就会笑，还有红蛋吃，有人死了就要哭？"当时我告诉他："生孩子是有一个新的人出现，而死亡却是有一个人离开这里了，再也不回来了。她妈妈再也看不到她了，她的孩子再也没有妈妈抱了，他们当然会很伤心。"孩子似懂非懂地点了点头，并对我说："妈妈不要死，宝宝要妈妈抱。"我赶紧安慰他："妈妈现在不会死的，宝宝还没长大呢，妈妈会好好珍惜自己的生命的。"当时我很担心这样的解释给孩子带来恐惧与压抑，但后来的观察却发现没有什么大的问题。当然，让这么小的孩子去参加葬礼还是要小心，尤其是不能让孩子看到棺木、尸体等，因为这些对孩子的冲击太大。

7~9岁的孩子基本上能够理解"死亡"这一概念，对生命的有限性也有了更深入的理解。在孩子八九岁的时候，有一天，他突然问我："妈妈，如果人会长生不老，你愿意吗？"我听到时愣住了，因为我从没有思考过这一问题，更没有想到他那么小会问这一问题。我想了想说："我不想长生不老，不知道为什么，就是不想。"结果儿子告诉我："我也不想长生不老，如果能长生不老，想想所有的事情都可以留着明天去做，还有什么意思。就因为知道不会长生不老，我才知道现在要好好努力。"我听后感觉很震惊，因为我在他那么大的时候，总是想着要怎么样才能才生不老，非常害怕死亡，却不知道死亡竟然会有这么重要的意义。

到了高中时，他告诉我，他的很多同学都说他们看了很多书，但很少有同学看的书和他一样，如村上春树的书。我惊讶地问他："你现在就看了村上春树的书？"因为村上春树的书里有很多关于性的描写，所以在他上初中时，我就明确告诉他中学不可以看这些书。因为害怕，我赶紧问他看了哪些书，结果他告诉我看了很多书，而且他觉得很多作家都达不到村上春树对死亡的理解的高度，书中那种向死而生的理念让他很尊重这位作家。

死亡教育除了帮助孩子理解生命的有限性与不可逆性外，对死亡的了解、认识与接纳也是非常重要的。通过讨论家族中老人的去世、电视上那些因为人太老而去世的新闻、名人传记中的死亡事件等，可以帮助孩子了解死亡是一种自然现象，去世的人并没有完全消失，他仍然活在我们的心里，我们仍然可以与去世的人保持情感的联系。这样可以帮助孩子深入理解臧克家为纪念鲁迅而作的诗《有的人》中的"有的人活着，他已经死了；有的人死了，他还活着"的意义与价值，从而树立正确的生死观。

二、生存教育

生存是生命得以延续的前提，但生命是脆弱的、不可预测的，有时一个小小的失误就可能导致生命不复存在。孩子必须学会生存的技能，看好莱坞的灾难片时，我们常常会对电影中那些人的求生能力与救助能力感到惊叹，原因在于他们有非常好的生存技能教育。再反观我们的教育，有很多孩子可能连基本的生活技能都不具备。很多家长以孩子在他那一年龄段应该具备的能力而自豪，这恰好说明了现在孩子生存能力的脆弱。

（一）日常生活能力

日常生活能力原本不需要放在生存能力中来强调，但由于父母过分注重学习成绩，而忽视生活能力的培养，再加上在生活中又过度保护或轻视孩子自身的能力，今天的孩子日常生活能力极度欠缺。

在孩子会用"我"时，他的自主性就会发展，这时他要求所有的事情都要自己来做，这是培养孩子自主生活能力最好的时机。如果他们能在大人的帮助下或者独立完成一件事情,就会觉得非常快乐与骄傲,自信也得以发展。由于这时候的孩子生活能力弱,帮助孩子去做一件事情比父母自己来做要费事好多倍,有些家长认为还不如自己做,还有些家长认为这时孩子太小,做不好,从而禁止孩子去做事,或者把孩子做过的事,自己又重新做一遍。这样会严重损害孩子做事的积极性,让孩子觉得自己一无是处。当孩子长大后,父母想让孩子自己做事时,由于自主性发展的关键期已过,孩子变得不愿意做,生活能力自然难以培养。

另外,孩子生活能力差的原因部分在于家长的过度保护。有一年,我受邀给一所中学培训教师。在回来的路上,我与其中一名教师闲聊自己的孩子。当时她的女儿已经读初中了,她跟我说要打电话让女儿先做饭,回去做菜就轻松了。我说:"那让她连菜一起做了不更好?这么晚回去你就可以直接吃了,孩子在家玩也是玩。"她很坚决地告诉我不行,开液化气是很危险的事,怎么可能让孩子自己在家做菜。她说孩子的爸爸是学化学的,告诉她绝对不要让孩子接触液化气。当时我在想,那什么时候接触液化气不危险,这好像与年龄无关,而是与如何正确使用液化气有关吧。在孩子读小学的时候,我就在家教他如何正确使用液化气,在他8岁时,通过玩角色扮演的游戏,孩子就已经能独立用液化气做饭菜了。

每个年龄段的孩子都应该注意培养与其身心发展相应的生活能力。因为我国并没有提供孩子年龄与家务活的参考意见表,所以我们只能自己观察孩子的表现,看他先表现出对什么感兴趣,我们就让他先做什么。在孩子3岁的时候,他个子矮,我们家的消毒柜恰好放在地上,利用他个子矮的优势,每次我洗干净碗后,他就用干抹布擦干放到消毒柜中。每次做完这些时,他都很骄傲。随着年龄的增长,他感兴趣的范围越来越广,能做的事情也越来越多,如自己去上学、自己做饭、自己洗衣、外出旅游时自己整理行李,13岁时就能独立照顾家中的老人外出旅游。

(二)安全教育

很多家庭非常关注孩子的安全,校园安全又是学校管理的底线,所以无论学校还是家庭,都对孩子的安全教育非常重视。学校与电视广告都会告诉孩子不要玩火,不能去河里、海里、水塘里游泳,不能独自去游泳,初中生不要骑电动车上学,等等。家庭教育同样如此,如大部分家长会把刀具藏好,把药品放在孩子接触不到的地方,带孩子去玩的地方尽可能保证安全。

但是,有些发生率小的安全问题可能会被学校与家庭忽视。比如,2~3岁的孩子对生殖器感兴趣,这时孩子已经能独立走动了,如果没有教育好,则可能发生危险。在孩子1岁多时,我们就要经常告诉孩子保护自己的生殖器,任何人都不能去触碰这一器官。这里要强调的是男童也一样要重视,我在泌尿外科工作的时候,就有好几例男童因生殖器被其他小朋友套上铁丝做成的圈来外科急诊手术的,也见过男童生殖器被其他小朋友侵犯得红肿的病例。

  对于青春期的孩子来说,更多的危险来自电动车的不规范使用。很多孩子在使用电动车时不注意遵守交通规则,甚至故意做出各种危险的动作,尤其是男孩。在初中生放学时,我们常常可以看到一辆电动车上坐着两三个孩子,并且故意在车道上摆来摆去,真的不明白父母为什么在孩子未成年或者没有树立严格的交通安全意识之前给孩子买电动车。父母在答应孩子买电动车之前一定要先和孩子签订电动车的使用规则,让孩子学习交通规则,了解汽车盲区及大货车的内外轮差的问题,坚决不能搭载他人,一旦违反规则,父母就要收回电动车一段时间内的使用权,甚至没收。

  大部分商家不会拒绝未成年人购买烟草与含酒精产品,有些不法商家也会允许未成年人进入KTV等娱乐场所。当孩子进入中学后,他们就有可能接触烟草、酒精,进入娱乐场所。因此,家长应在孩子上小学时就有意识地进行这方面的教育,讨论上述物品与娱乐场所可能存在的危险,再讨论其他国家是如何立法的。很多孩子会认为我国对他们过于苛刻,管理严格,而美国等西方国家会放松,其实美国等西方国家比我国对未成年人的规定要严格得多。我们可以通过影视作品或其他方式帮助孩子了解美国是如何做的,知道在其他国家有哪些保护未成年人的规定,为什么要有这样的规定,使孩子认同这些规则,并自觉去遵守。

  除了常规的安全教育之外,我们还需要告诉孩子一些必要的防身技能,因为即使社会治安再好,危险也是有可能发生的。我们要告诉孩子万一遇到危险,如抢劫、斗殴等,在不能确信能胜过歹徒时,要优先保命。为了提高孩子应对这些危险的能力,可以多让孩子去锻炼身体,练习散打、举哑铃、格斗擒拿等必要的防身术。

  随着信息技术的发展和移动网络的广泛应用,网络安全教育也成为安全教育中的重要内容。要帮助孩子了解网络信息的各种来源及其真实性的验证方法,注意网络交友的危险性和上传网络信息的安全问题,学习保护个人在线信息的方法,遇到网络欺负问题时要及时告诉父母或老师,确定是否要报警。不要随便乱传视频与转发他人信息,不要侵犯他人的权益。当然,由于孩子的信息技术水平一般是优于家长的,我们可以反过来向孩子学习。

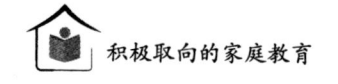

（三）面对灾难的能力

与国外注重培养孩子应对灾难的教育思维不同，我国主要是告诉孩子如何逃避灾难。逃避的思维自然是对的，逃避灾难远比去面对灾难付出的代价要少得多，危险也会更少。但有时灾难是无法预知的，当然也无法逃避，只能去面对，这时逃生能力与应对能力就变得非常重要了。

教会孩子有效识别安全防护标志，这样在危险发生时，他能知道从哪里逃生，也知道哪里不能进入。教会孩子游泳，教会孩子有效逃离火灾、地震、海啸、泥石流等自然灾害的技巧。初中生最好能学习人工呼吸、心肺复苏、伤口包扎、伤员搬运等急救技术。家中要准备灭火器，并教会孩子正确使用灭火器等急救工具，提高孩子的自救能力。

生命教育的重点在于能力的培养而不是简单的知识教育，所以家长在教育中要确认你的孩子是否真的会做了，有些最好是让孩子亲自演示与实践，如让孩子真正操作灭火器、正确使用液化气。

三、与环境和谐相处的教育

生命有限性的教育让孩子感恩生命的美好，了解生命的脆弱性。个体如何在生活中践行对生命的敬畏则需要在与环境和谐相处中得到体现。这一环境包括个体所生活的自然环境、个体所存在的社会环境及个体所来源于的历史文化环境，即处理个体与自然环境、与他人及与人类文化传承的关系。关于个体与他人的关系，在第二章"家庭教育的目标"中已经讲述了积极人际关系的重要性，这里我们只讲人与自然环境、与文化传承的关系。

（一）与自然环境和谐相处的教育

与自然环境和谐相处是人类得以延续、个体得以保存的最重要条件之一。与自然作对，必然受到自然界的无情报复。关于自然知识的教育，学校会开设专门的课程，家庭要做的是与学校形成互补，增强自然教育的有趣性与体验性，并且思考自然与个人行为之间的关系。

首先，要培养孩子对自然的敬畏。生活在城市的父母一般也会带孩子外出亲近自然，但这种自然一般是人造的自然，如公园、娱乐场所等。人造的自然是为了满足人的需要而对自然进行改造，不是对自然的尊重，这不仅难以培养孩子对自然的敬畏，反而让孩子认为自然应以人为中心。我们需要让孩子认识真正的自然，理解人与生物圈的关系，知道如果不遵照自然的模式就会给人类带来灾难。

其次，要培养孩子对自然的热爱。通过实践活动，让孩子能欣赏自然的美，对自然环境充满热爱。我们可以让孩子亲自参与植树、种植花草、观赏动物，有条件的家庭可以让孩子饲养小动物，让孩子在与自然亲密交往的过程中体验与自然和谐相处的积极情感。

最后，要培养孩子对自然的责任心。在培养了孩子对自然的敬畏与热爱之后，一般孩子也能意识到自己的行为与环境的关系，但这并不意味着孩子会主动地约束自己的行为，以使其不破坏环境。每次的集会或者大量旅游者涌入后，就会有大量随意丢弃的垃圾，这些显然不是对自然负责任的行为。有一次，我们全家去欣赏木棉花开的景致，途中就看见很多人一边感叹自然风景的优美，一边将未掐灭的烟蒂随意丢弃，根本没有考虑到在初春还很干燥的环境下会不会引起山火。所以，从小培养孩子对自然的责任心并自觉约束自己的行为是家庭教育中非常重要的内容。

（二）人类文化传承的教育

中华文明源远流长，继承与发展中华文明、传承中华优秀文化是我们建立民族自尊、自信的重要途径。关于如何对待我国的传统文化，一直存在两种相互对立的观点。

一种观点认为中华文化是世界上最优秀的文化。中国在清朝时期盲目地认为自己是世界的中心，自认为中华文化比其他任何文化都要优秀。今天，随着中国国力的快速提升，这一观点又开始出现，而且得到了很多家长与国学专家的推崇，最明显的表现是很多电视台播放的国学节目收视率连创新高，很多城市开设国学馆，小学低年级学生被要求诵读国学经典类的图书，哪怕这些孩子根本不知道所读为何物。

另一种观点就是全盘否认，认为中国传统文化一无是处，是束缚国人思想的重要罪人。这一思想在第二次世界大战后开始萌芽，随着中国实行改革开放，西方资本主义国家的科技发展水平让国人惊讶，国外科技成果深入人们的生活，国外的商业精神也不断渗透，再加上商家的炒作，部分人，尤其是青少年认为月亮都是国外的圆，对传统文化的认同度越来越低，丧失了民族自尊心与自信心。这一观点的典型行为表现就是很多孩子对西方节日更青睐，商家在圣诞节、万圣节纷纷造势，幼儿园、中小学甚至大学的学生热热闹闹地过外国节日却不过中国节日；年轻人在圣诞节与西方的情人节中尽享欢乐，当然这些庆祝的人中可能也没多少人真正知道这些节日背后所传递的文化意义。

对中华传统文化的传承，重要的是家长首先要辩证地看待中国传统文化，理解

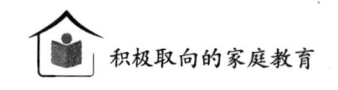

中国传统文化的根基所在，而不是跟着潮流走。我在飞机上遇到一位商人，他对我说："现代学校教育真的很令人失望，我不想让我读一年级的孩子再去学校上学了，打听到有一所国学馆，我想把孩子送到那里去学习，但我妻子不同意。"我问他："现代学校教育到底哪些地方让你失望了？在你孩子身上的具体表现是什么？国学教育又好在哪里？"他一个问题也回答不出来，他说他是看到现在有关国学教育的新闻好多，很多都说国学教育很好，才想让自己的孩子去学国学。这是对孩子极不负责任的行为，试想，如果没有科学，中国近几年的生产力能发展到今天这个水平吗？让孩子在很小的时候接受正规的现代教育是振兴中华的重要条件与保证。科学知识的学习不是西方文化的学习，只是人们认识世界、改善世界的手段。

那么，孩子到底要不要学习中华传统文化呢？这是肯定的，但最好是孩子能理解所学的国学思想，并且具有批判意识时再去学习。中华文明经过几千年的积累与发展当然有其重要性与独特性，但几千年来，其中有些东西也确实在一定程度上束缚了国人的思想。比如，国学中有些对孝的定义，就过分强调长幼等级，缺乏对个体生命应有的尊重。有些甚至是在倡导一种过分的愚孝，如卧冰求鲤；有些明显不符合现代社会发展情况，如"父母在，不远游"。

在小学时，就让孩子开开心心地学习现代教育知识，领略中国诗词歌赋的美，到了初中后，在孩子具备了一定的古文水平与批判精神时再让他们学习国学中做人做事的道理，培养他们爱国爱家的情怀，提醒自己注重自我修养，培养勤劳节俭、坚忍不拔的优秀品质。

当然，我们在讲中华传统文化的传承时也并不是教育孩子排斥其他国家的文化。任何国家的文化都是人们在长期的生活过程中积淀下来的文化，都有值得尊重与学习的地方。比如，西方文化对个人权利的尊重就是值得我们学习的地方，也是我们要传递给孩子的。

第三节　生命教育的途径

一、利用节庆文化与仪式进行生命教育

（一）充分利用传统节庆文化与仪式

生命教育不是一个新的问题，在各种节庆文化与仪式中一直渗透着生命教育

的思想。这些节庆有些是贯穿人从出生到死亡不同关键时期的相应成长仪式，如出生时会有诞生礼，周岁时会有抓周礼，在男子 20 岁时举行加冠礼和在女子 15 岁时举行及笄礼，结婚的婚礼，去世的葬礼和祭拜去世亲人的清明节，等等。这些节日通过仪式来表达人们对不同生命阶段的期待与看法，表达对生命的敬畏与尊重。还有些节日包含着团圆的思想，强调人与人和睦相处及仁爱的重要性，如中秋节的月圆人团圆，重阳节的敬老爱老，春节的全家团圆，还有强调夫妻团圆的七夕节。

随着生活节奏的加快，家庭对节庆仪式的忽视使孩子们失去了通过传统仪式具象化地去理解生命的唯一性、不可逆性，以及生命本身的价值，生命之于个体、家庭与社会的意义的机会。还有些节日虽然得以保持，但节日文化却被异化，很多传统仪式简化为吃文化，过中秋吃月饼，过年还是各种吃。除夕的时候，长辈给晚辈压岁钱是表示对晚辈的关爱，而晚辈给长辈守岁是表示对长辈的尊重，但现在却异化成"恭喜发财，红包拿来"的粗俗文化，孩子年后不是记录下来长辈给他们的压岁钱以表示对长辈关怀的感恩，而是直接比较谁给的压岁钱多，甚至有些孩子直接把这些钱挥霍掉，或者有些家长直接把孩子的钱拿走。这是对孩子进行感恩教育、培养健康的金钱观的好机会，却被我们浪费了。

为了孩子，我们最好去了解中国的节庆文化，好好利用各种节庆文化与仪式，让孩子参与其中，通过这种快乐的、有形的方式去教育孩子珍爱生命，体验到自己和他人的生命的联结，也感恩给自己生命、陪伴自己长大的父母与亲人，习得在不同生命周期的发展任务。

（二）关键阶段巧妙设计仪式

仪式具有将个人心理具象化的作用。在孩子发展的一些关键阶段巧妙设计一些仪式可以很好地进行生命教育。在孩子升入初中时，一开学，我就郑重地送了一个箱子给他，认真地对他说："现在你是初中生了，你自己决定把让你觉得骄傲的东西放到箱子里保存起来，可以是你参加各种活动的纪念品或证书，当然也可以是让你觉得骄傲的作品，等等，只要是让你自己觉得骄傲、自豪的一切东西，你都可以放在箱子里。当然你自己的重要证书也要放在箱子里，不能再让妈妈来帮你保管了，因为你长大了！"

应用这一仪式的目的在于激发孩子的成长感与自主性，强调初中生与小学生的差别。我发现这一仪式很重要，孩子在整个初中阶段想做的事就是如何让自己觉得骄傲的事情更多一些，整个成长过程都比较顺利。上高中后，他偶然和我提到他所读的那所初中其实也有很多负面的东西，如打架、吸烟等，但他说不知道为什么，他天生就很反感那些东西，觉得是在浪费生命。

现在我们对青春期的教育也起到了一个仪式的作用，只是这一作用是负面的，它催化或者强化了青少年的逆反心理。我们现有的青春期教育与媒体过度强调青少年的逆反心理，以致家长与老师遇到初中逆反的孩子就会理所当然地认为这是正常现象。青春期孩子的逆反不过是想表达"我长大了，社会又不给我这一自由，所以我要通过逆反来表达我的心理需求"。在那些从小就让孩子参与到大人生活中，与大人合作处理问题的文化环境中根本没有青春期逆反这一现象。

儿子上初中大约两周时，有天回来对我很凶，我问他为什么突然对妈妈这么不友好，结果他理直气壮地对我说："我现在是青春期了。"我告诉他："青春期只是表示你比以前发育得更快了呀，比小学长得更大了，能做更多的事情了，难道对妈妈凶就是你长大了的表现吗？"孩子听后若有所思。

接下来，我给他解释了什么是青春期，在什么样的文化环境中没有青春期叛逆的现象，不需要通过向大人表示叛逆来展示自己长大了，只要去做让自己觉得骄傲、真正体现长大了的事情就可以了。最后，我再次强调送他箱子就是表示他长大了，对自己的行为所负的责任也更大了。后来孩子再也没有表现过这种无谓的叛逆，并且在学校也能自觉抵制打架、吸烟、故意与老师对着干等反对正统教育的行为。

二、利用生活事件进行生命教育

（一）利用生活中的偶发事件进行生命教育

生与死是生命的一体两面，生命教育并无特定时间、空间与顺序的要求，重要的是充分利用儿童对生与死的好奇，顺应儿童的心理发展，抓住偶发事件来及时引导。在与孩子一起看电影中有关生命的场景时，或收看各类有关死亡（难产、自杀与他杀、战争）的新闻时，我们都可以通过与孩子讨论这些事件或场景去帮助孩子理解生与死的意义，理解生命存在的价值。

孩子所在学校的人或者孩子熟悉的人自杀，会对孩子产生很大的影响，事实上，电视等媒体对自杀事件的报道也有增加人们自杀的风险。在我进行自杀者同伴危机干预时就发现这样的一个案例。

自杀者是一名重点中学的高中生，当他自杀后，所有人都表示不可思议。因为这名学生平时表现出来是一个乐观的孩子，学习成绩也不错，还积极参加学校的社团活动。自杀者的母亲后来说,三年前她的一个朋友的女儿自杀,他的孩子(自杀者)与这个朋友的女儿也是好朋友,在知道自己的好朋友自杀之后,他经常和父母讨论人为什么要活着,生命有什么意义,以及自杀的话题。父母一听到这些就很害怕自己的孩子会自杀,所以每次都转移话题,不愿意和孩子谈论这一话题,甚至有时会阻止孩子说这些内容。自杀者的同学也说自杀者经常看哲学方面的书,经常和同学讨论人活着到底有什么意义。在自杀之前,他还询问了其他同学关于生命的意义,他觉得生命是没有什么意义的,但是其他同学也没有把他的话当回事,直到他从教室走出去,然后选择了跳楼。

与孩子讨论他人自杀的新闻或身边的人自杀的事件其实是进行生命教育的一种有效途径。如果他的父母不回避朋友女儿自杀这一话题,能与孩子开诚布公地讨论女儿的死对父母的影响,以及给父母带来的伤痛,告诉孩子他的生命之于父母的意义,孩子可能会因为考虑父母的感受而好好珍惜自己的生命。我们也可以和孩子讨论,除了自杀之外还有哪些更好的解决问题的方法,我们甚至可以帮助孩子查找自杀率、自杀的原因与机制相关资料,探讨不同的生死观,探讨如何帮助那些想自杀的人坚强地活下去等。那么,这个孩子可能不会选择死亡,而是可能成为这方面的专家,找到自己生命的意义。

生活中,我们也可以利用电视上的一些有关生育的新闻进行生命教育。记得以前有一个新闻是家属不同意进行剖宫产手术,但是母子生命都存在严重威胁,医生没有办法,选择了在没人签字的情况下进行手术。我和孩子一起看这个新闻的时候,孩子问我:"妈妈,生孩子也会这么危险吗?"我和他就孩子分娩的过程及每一过程可能存在的风险进行了讨论,并且与孩子分享了他出生的过程,以及父母和长辈当时的心情、想法与行为。其实读小学的孩子可能理解不了什么是羊水栓塞,但是他能理解母亲生育他的辛苦与危险,这比鸡汤文式的让孩子感恩父母的教育要深刻得多。

任何事件,无论是好的还是坏的,只要你善于分析与挖掘,都是教育孩子的机会。所以,请抓住偶发事件对孩子进行生命教育,而不要因为自己不懂就回避。我们不懂的话,可以和孩子一起找资料,一起来解决这一问题,我们要记住的是父母不是百科全书,不过是与孩子共同解决问题的团队成员而已。

(二)充分利用生活细节进行生命教育

生命技能的培养与情感体验是生命教育的重点,而这些其实来源于生活,只有让孩子参与家庭生活,他才能学习与体验到生命的情感。

一方面，让孩子分担一些家务劳动，在劳动中体验生命的意义与学习生存的技能。在孩子两三岁时，可以让他帮助家长刷碗、择菜；大一点的孩子可以让其整理自己的物品，收拾自己的书包与外出的行李；读小学的孩子可以倒垃圾、做饭；到小学三四年级时，可以教孩子洗菜、做菜。通过这些劳动，不仅可以培养孩子的生活能力，更重要的是培养孩子的安全意识，如刀具的使用安全，液化气的使用安全，外出要注意防止蚊虫叮咬，防火等技能与安全意识。

另一方面，和孩子一起种植花草，为花草浇水、整枝等，当然也可以利用修剪花草的枝叶、花瓣等来制作植物标本、做树叶画等，以此来培养孩子对植物的情感。养些小动物也可以，不过一定要谨慎的是，你的孩子是否会真的去照顾小动物，否则，最终可能会全变成你的事情，毕竟照顾小动物的工作量可没有收拾花草那么简单。如果有条件，我们可以让孩子去农村真实地体验农作物的生长，或者饲养小动物，这有利于孩子对自然有更深入的理解。

三、巧妙利用他人与环境进行生命教育

（一）通过家庭成员的交流进行生命教育

很多家庭教育的书籍或者社会媒体所发表的文章都强调隔代教育存在的问题，受此影响，很多年轻的父母选择尽量不让爷爷奶奶或者外公外婆参与到儿童的教育中来。不可否认，隔代教育确实会有一些问题，祖辈会比父辈更容易溺爱孩子，并且常常偷偷地帮助孩子逃避父母的处罚。但这种影响真的大到值得我们把祖辈从孩子的教育中剔除掉？在过去那种"父要子亡，子不得不亡"的棍棒教育下，祖辈的溺爱反而起到了一定的保护与缓冲作用。直至现在，回忆我们的祖母在母亲打骂我们时，不顾一切地保护我们的行为都觉得充满了温暖，而且祖母的行为似乎也没有把我们宠坏。

家庭伦理教育在主干家庭会比在核心家庭的教育效果好得多。在我的孩子读小学时，我们与父母同住。爷爷奶奶生病时，孩子会主动去给老人量体温、倒水、喂药，最重要的是他会看到父母是如何照顾老人的。有一次他爷爷生病住院，我中午上完课之后要赶快做饭送到医院，周末的时候才能带着孩子去医院看爷爷，等爷爷输完液之后再带他们去公园玩。那一段时间我觉得很累，回家后，我和他爸爸说："父母生次病，我们累得要死。等我们老了，我们就去疗养院，否则，只有一个孩子，怎么照顾四个老人？"儿子听到后，马上就哭着说："爸爸妈妈

老了不要去疗养院，我再累也会照顾你们的。"

主干家庭的矛盾通常会比核心家庭多得多，如何协调家庭成员的不同利益与生活习惯非常考验父母的智慧。父母在处理这些家庭矛盾的过程中就体现了人与人之间相处的原则与技巧，孩子通过观察甚至是参与其中可以习得这些理念与技能。有些家长可能会担心自己处理矛盾的能力不强，害怕这给孩子带来不利的影响。这种担心不是一点道理也没有，但也不用太担心，因为孩子是一个有着判断能力的人，他可以通过观察、思考来判断哪些技能可能是好的，哪些是不好的。到孩子长大一点的时候，他甚至可以主动来分辨是非，提醒大人要如何处理。

但是，需要注意的一点是，孩子的教育不能全部丢给老人，尤其是在孩子小的时候。对孩子负有直接教育责任的人是父母，家庭教育中的底线是无论如何要坚持的，祖父母与父母对家庭教育的底线要有一致的意见。如果祖父母对孩子无原则地溺爱，父母一定不能退却，而是要勇敢地坚持到底。

（二）利用全家出游进行生命教育

假期的全家旅游也是对孩子进行生命伦理教育的最好机会。有一次，孩子的爸爸去开会了，只有我和孩子一起带着四个老人去旅游。在北京天安门游玩时，他奶奶走丢了，我们吓得到处去找。找到后我们才明白，手机对于老人来说其实作用不大，因为他们根本不会意识到自己走丢了，在人多的地方也不可能听得到电话的声音。老人在农村住久了，没有防走丢的意识。所以在后续的所有旅途中，孩子会非常细致地注意老人的动向，上下车时会帮我清点人数，在人多的地方他会随时帮我查看老人有没有跟上。

外出旅游本身也可以锻炼孩子的生存能力。孩子10岁时，在我们带他去上海世界博览会游玩的途中，都是他去找地铁、找公交车，制定出游路线。最后我们总结出，只要跟着孩子走基本不会迷路。孩子告诉我，只要注意交通标志，查找线路图就行。他爸爸的同学当时在上海读博士后，他从学校跑到我们住宿的地方来玩时，刚坐下就抱怨城市不是让生活更美好，而是更糟糕，出个地铁都找不到地方。孩子听到后笑着说："叔叔，如果抬头找不到标志，就要看脚下，一般标志都在脚下，这样方便大家查找。"到孩子13岁时，因为能够灵活应用网络，所以很多的旅游线路设计、寻找宾馆的事情都交给了他去做。

旅游地点可以选择名山大川，也可以选择城市的科普馆、博物馆、名人故居及大学等。通过对名山大川的观光，可以培养孩子对自然的热爱与对祖国的认同。现代的科普馆，除了普及基本的科学知识之外，还有很多关于环境科学的介绍，如生态圈、低碳生活体验等，有利于培养孩子的生态理念。参观博物馆、名人故居可以培养孩子对传统文化的热爱及他人生命价值的认同。

现在，父母都很重视旅游对孩子的影响，认同"读万卷书，行万里路"的理念，但是在旅游中仍然存在一些误区。有些家长过分强调旅游的作用，要求孩子观察他们认为对孩子有意义的所有东西，这样不仅达不到目的，还会让孩子反感。有一位母亲说："在孩子小的时候我带他去过很多地方旅游，但每次去，孩子都不好好看，而是看些根本不重要的东西。比如说，参观名人故居，他根本不看有关名人事迹的介绍，就是到处乱看，我每次都要把他抓回来看，让他受点教育。后来他干脆不愿意去旅游了。"旅游是一种体验，每一个人所关注的东西都不同，没有必要强迫孩子学习哪些东西，毕竟这不是学校教育的简单延伸。

家长的第二个误区就是忘记了是"行万里路"而不是"飞万里路"或"车轮滚万里路"。行万里路的目的在于通过行走、观察去体验外面的世界，扩展自己的视野，通过处理外界的种种问题来习得处理问题的能力。随着人们生活越来越富裕，交通工具越来越发达，旅游成了没有脚的位移。乘坐高铁或飞机到达目的地城市，然后自驾到旅游的地方。孩子只是看到了自然界与一些物品，旅游目的地的人被完全隔离，与他相处的依然只是家庭成员或其他已经熟悉的那几个人。

出行最好选择乘坐公共交通工具，虽然乘坐公共交通工具会让人感觉很疲惫，但是孩子所接触的人更多，理解的人情世故也会更丰富。用餐尽量不要选择旅游景点内的地方或者专门提供给游客的食物，最好选择当地市民用餐的地方，选择当地的食物。这样孩子才能了解到更多的人情世故与当地的文化传统。由于与当地人有更多的交流互动，我们也就更容易消除对某些地方人的刻板印象与地域歧视。

在海南，很多人对东北人有偏见，但是，我在东北旅游期间选择坐普通火车，当时火车上很拥挤，人们却很热情友好，有个大妈还硬是要我吃她带来的自家地里种的黄瓜，告诉我东北的黄瓜比南方的黄瓜好吃很多倍。回来后，我总是对那些对东北人有偏见的人解释，其实很多东北人都不是这样的，而是很友好、很善良的。帮助孩子形成开放的心态，破除地域刻板印象是尊重他人、建立积极人际关系的重要前提。

（三）利用文学作品对孩子进行生命教育

"开卷有益""读万卷书"一直深入人心，阅读也受到了家庭的重视。广泛的阅读并不只是提升孩子的语言素养与写作能力，更重要的是文学作品所体现的文化与人文关怀对人的情操的陶冶。

相比于阅读,家长可能更在乎孩子的学业成绩,认为孩子看杂书浪费时间。有些学校给孩子布置的作业非常多,孩子通常没有时间阅读。然而,缺乏阅读对孩子的发展极为不利。考虑到学业负担的增长规律,孩子从幼儿园到初二这段时间是阅读的关键时间,而幼儿园与小学低年级是培养儿童阅读兴趣的关键时期,过了这段时间,再培养阅读兴趣就有一定的困难。

很小的孩子会对绘本感兴趣,虽然他听不懂、看不懂,但是他会用手去抓、用嘴去咬,因为他对绘本上的图画很感兴趣。再大一点,他就喜欢一边看着图册一边听父母讲故事。到他能认识拼音时,孩子的阅读兴趣就被大大地激发了,这时我们要提供非常丰富的阅读材料给孩子选择,但阅读与否的决定权应该在孩子,父母不要强迫孩子去看某一类阅读材料,因为每个孩子的兴趣是不同的。

有些家长甚至会把应试教育的思维放到阅读上来,他们会选择一些有阅读作业的书目给孩子看,看完还要求孩子把课后作业做出来。这样,阅读还没开始,孩子的阅读兴趣已经被父母破坏得干干净净了。事实上,除了文学评论需要细致地去理解文章的所谓中心思想与段落大意,某个词汇所表达的特殊含义外,我们普通人只需要感受作品的美好就行了。有些家长会说,不做阅读题,那语文要考阅读怎么办?在高中以前,广泛阅读的孩子的成绩可能确实会低于那些一直以应试为目的培养的孩子,但到了高中,随着阅读的文学作品越来越多,孩子的语文素养会越来越好,那么他们的成绩就会高于那些应试教育培养的孩子,毕竟高中的教育更侧重于语文素养的考查。

另外,孩子有时只会选择某位作家的书,这也不利于孩子的成长。因为每位作家的作品都只会体现作家本人对生命、对生活的理解与感悟,体现他所受的教育及他的价值观,充其量体现他所在的亚文化圈中的思想。记得孩子在读小学三年级时,特别迷恋郑渊洁的皮皮鲁系列的书。我没有不让他看,但是我告诉他:"每个作家都会在作品中体现他的思想,如果你只看一个作家的书,那么你的思想就等于让一个人给影响了。你愿意被他影响吗?"孩子当然不愿意被人控制自己的思想,更何况那时他已经8岁了,自我意识比较强。他让我介绍一些作品给他,我趁机给他介绍了各个国家的儿童文学作品与经典著作,让他自由选择阅读。到了后来,孩子每次放假时都会让我帮他推荐书目。在他读小学时,每个暑假至少会阅读20本书,每年会阅读不少于60本书。作品的作者国籍涉及西方发达国家,也包括非洲与南美洲等地区的欠发达国家,阅读类型包括小说、诗歌与散文。另外,我还推荐孩子阅读我国的传统文化经典。

还有些家长，甚至有些教育者也认为孩子只能阅读经典图书，这是一个非常错误的观点。经典图书固然很好，是经过大浪淘沙淘出来的，但这并不是说非经典的书就不是好书。比如，我国曹文轩先生的儿童文学作品就非常好，非常适合小学到初中的孩子阅读，但你不能说它是经典。即便阅读一些不好的书又能怎么样？重要的是你要和孩子讨论这些书不好的地方在哪里、为什么不好。

第七章 生涯教育

第一节 生涯教育的重要性

每年高考成绩出来的那几天,都是我最忙的时候。我忙着接一个又一个电话,基本都是孩子的高考分数出来了,让我帮着分析报考什么样的大学、什么样的专业更好。打电话的基本是孩子的父母而不是孩子本人,这些父母中很多都是高学历者。这些父母花十多年关注孩子的学业成绩,却只愿意花那么几天去帮助孩子选择志愿。很多孩子十二年寒窗苦读,却没有想过自己要填什么样的志愿。因此,生涯教育理应是家庭教育的重要组成部分。

一、生涯的概念与生涯发展彩虹图

(一)生涯与生涯规划的概念

生涯是指人一生的职业与生活角色的综合,是个人独特的自我发展状态。它包括个体所涉及的各种角色(如学习者、休闲者、工作者与家庭角色等)、所处的环境(如家庭、学校、社区与工作场所)、一生中所发生的各种有计划或非计划的事件(如升学、开始工作、结婚、生子、辞职和最后的退休)。

孔子所说的"吾十有五而志于学,三十而立,四十而不惑,五十而知天命,六十而耳顺,七十而从心所欲,不逾矩"就是一种终生生涯发展观。终生生涯发展是指个体一生中的各种环境、各种角色与各种事件相互作用,同时又受性别、国家政策的影响而致最终形成个体的生活风格。

生涯规划就是要对人生的角色与成长路径进行预测与计划。它与我们所说的理想是不同的,所谓理想其实就是我们问孩子长大了要做什么,成为什么样的人,这只是生涯规划中的人生目标。生涯规划还包括分析理想是否可达成,是否能适应社会,以及如何去达成。

(二)生涯发展规划的彩虹图

舒伯把生命角色和生活阶段的概念融进一个相互影响的系统中,创造性地提出用"生涯彩虹图"来描绘个体多重角色生涯发展的时空关系,图 7-1 就是一张典型的生涯彩虹图。

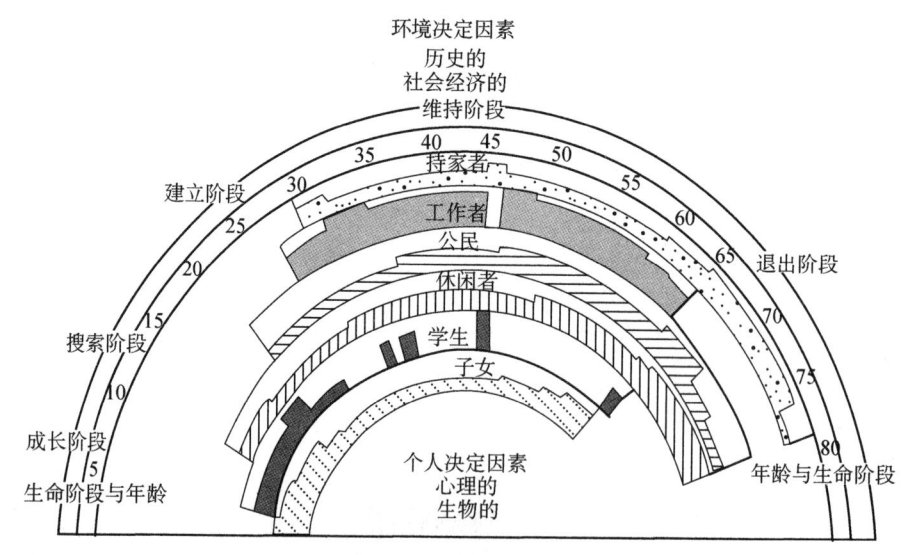

图 7-1 生涯彩虹图

舒伯把与年龄有关的五个阶段放在彩虹的边缘,每个阶段都有相应的发展任务,具体见表 7-1。

表 7-1 生涯发展阶段表

阶段	年龄	发展任务
成长阶段	出生至 14 岁	发展非常迅速,初步发展自我概念,并且以各种不同的方式来表达自己的需要,通过对现实世界的不断探索来修饰自己的角色,形成对外界的正确看法,形成基本的生活与学习能力

续表

阶段	年龄	发展任务
探索阶段	15~24岁	通过学校的活动、休闲及社会见习与实习，对自我的能力、角色等做一些探索，建立个人生活方式，树立人生理想与目标，选择自己生存发展的职业
建立阶段	25~44岁	完成个人职业与生活目标，承担自己的责任与义务
维持阶段	45岁至退休前	维持现有的生活与工作，培养自己新的兴趣爱好，为适应退休生活做准备
退出阶段	退休后	注意休息与营养，继续发挥余热，幸福安度晚年

每个人并不一定以相同的路径或在相同的年龄经历这些阶段，但是每个阶段都必须完成这一阶段的任务才能顺利进入下一个阶段。个体在退休后也可以再从第一个阶段开始循环，进入人生的第二次职业生涯。舒伯提出了生涯成熟的概念，所谓生涯成熟就是从事自己认为的与自己年龄和发展水平相适宜的发展任务的准备状态，这一概念主要用于未成年人，成年人一般用生涯适应更恰当。

生涯成熟这一概念对于未成年人来说具有非常重要的意义，个体在每个阶段都会有特定的发展任务。就拿升学来说，孩子在小学的主要任务就是培养良好的学习习惯，为升入初中开始自主学习做准备。到了初中之后，培养自主学习的能力、掌握高级的学习策略是个体发展的主要任务，只有掌握了高级学习策略的孩子才能胜任高中的学习。而以学业成绩为目标及评价标准的孩子就会出现一种现象，即小学成绩很好，初中成绩一般，而到了高中就落后了，成绩只是衡量孩子过去学习的情况，并不能为未来的发展提供基础，只有学习能力、学习习惯与学习兴趣才是未来发展的基础。

生涯彩虹图的第二个维度是纵向的，即生活角色。它被放在了生命阶段的各个空间和时间上。舒伯指出了个体在生命全程中需要承担的六种角色，即子女、学生、休闲者、工作者、持家者与公民。这些角色通过不同的颜色来表示，颜色的种类表示个体想在一生中承担的角色类型的多少，角色的起止点表示个体想在什么时候开始这一角色，预计在什么时候结束这一角色，所以也称之为生涯的广度。舒伯还用弧形的长度表示这一角色的时长，越长表示承担或预计承担这一角色的时间越长；用弧形的宽度表示深度，越宽表示个体在这一角色上所花的或愿意花的时间与精力越多。

通过对生涯彩虹图的分析，我们很容易发现个体的生涯是不断发展的，在人生的每一个阶段都需要完成该阶段特定的发展任务，否则就会影响到他下一个阶段的发展。个体在一生中需要承担不同的角色，这些角色会相互影响。由于社会在不断发展，个体在整个生命过程中均需要不断地做出决策、调整与适应。这也告诉我们不能只关注孩子的学业成绩，而是要有更广泛的教育视野，这样才能帮助孩子适应生涯的发展。

二、生涯教育的意义

（一）家庭中为什么要开展生涯教育

对儿童进行生涯教育的主要目的在于激发孩子的生涯意识。生涯意识是指用终生生涯发展作为参照去思考个体所处的环境、教育条件、情绪与价值体系，从而预测与计划终生生涯发展的能力。Markus 和 Nurius（1986）提出了可能自我的概念，可能自我是指"对个体可能成为什么，希望成为什么，以及害怕成为什么的看法"。可能自我是未来行为的诱因，即采取趋向或者回避的行为，也是个体对现在自我进行评价与解释的依据。

在家庭教育目标中，我们讲到的幸福要素中有意义的人生即是生涯目标的确定。有人会认为，我们那时候在农村，家长根本没有管我们的学习，只是到期末考试后，如果成绩不好就把我们打骂一顿，成绩好就表扬几句，我们不也通过好好学习走出来了吗？

那时候的教育确实要简单很多，因为家庭条件不好，每个孩子在放学后都要承担家务劳动甚至是生产劳动。孩子在这些劳动中不只是简单地付出劳力，他们会思考自己将来是否还要过这样的生活，他们也能理解父母的辛苦，并且知道改变命运的主要途径就是好好学习。因为需要认真学习才能改变命运是孩子自己认同的理念，父母即使完全不管，或者考不好就打一顿，也能让孩子好好学习。如果孩子学习成绩不好，他在劳动中会思考自己需要学习哪些技能才能让未来生活得更好一些。从小参与劳动的孩子，其吃苦的能力更强，这也能解释为什么第一代打工者无法理解自己子辈的行为，明明工作与生活条件比他们那时候好很多，但子辈的问题反而更多，甚至还有些孩子选择自杀。

现在，即使在农村，人们也能满足温饱需求，不再担心挨饿，孩子们也能通过电视、手机与网络等方式娱乐。随着生产生活条件的改善，很多农村父母也不需要孩子与他们一样从事生产劳动，甚至连家务劳动都不让孩子做。城市的孩子生活条件更好，很多孩子在父母的呵护下长大，根本不需要理解生活的艰辛。这时，孩子考大学不再是为了改变命运，满足生活所需，因为他们觉得自己已经生活得很不错了。如果他们没有找到适合自己的、具有挑战性的目标，就难以维持他们的学习动机，重要的是，我们过去在劳动中习得的技能、培养的优良品质也是现在的孩子所不具备的。

在这样的教育背景下，通过生涯教育，激发孩子的生涯意识，思索外界的要求与自己所应承担的责任，树立自己的人生目标，制订切实可行的行动计划就变得更重要了。

（二）快速变化中是否需要规划

有很多家长可能会说，自己能走到今天这一步，很多东西都不是规划出来的，而是因为一些偶然事件的影响。更何况现在社会发展节奏这么快，甚至可以用突飞猛进来形容，没有人能准确预测到未来发展的情况，那么规划又有什么意义？

有这一疑问的不只是家长，甚至很多心理咨询的专家也对此存在很多疑问。网上流传着很多说法，认为未来30年绝对不再是今天的样子，未来世界需要的是从理性到感性、从规划到创造转变的人，需要拥有幸福能力的人。事实上，无论理性还是感性，无论规划还是创造，拥有幸福的能力都是需要进行规划才能获得的。

在100多年前，世界变化非常慢，我们不做规划，只需要走和父辈相同的路，或者复制我们认为可行的成功之路就可以了，规划不规划其实没有太多的区别。现在很多家长所说的"在我们小时候根本没有规划一说，只要努力学习，考上了好的大学，国家把你分配到一个单位，好好工作就行"就是这一现实的体现。在他们成长的那种环境中，个体没有太多选择的机会，一切都是国家说了算，分配你去哪里你就去哪里，你的规划没有什么意义。

现在不一样，孩子考上大学并不一定能够改变命运，甚至不一定有一个好的工作。同时，现在的孩子进行职业选择的自主权显著加大，工作地点的选择范围也在增加。在这样的情况下，如果孩子不做规划，他就有可能无法获得任何工作机会，所以对于某些大学生来说，毕业意味着失业。在这个快速变化的社会中，学习能力、适应环境的能力、自我管理的能力、优良的品德与识别并抓住机遇的能力是最重要的。这些能力与品德需要我们有计划地培养与发展，否则个体很容易被淘汰。

另一个重要的问题也是我们常常忽略的问题，即偶然事件在生涯发展中的重要作用。现有偶然事件对生涯影响的相关研究还比较欠缺，但是，每一个成功者或者普通人在讲述自己的生涯发展过程时，都会提到他所遇到的偶然事件，即我

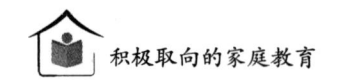

们所说的运气问题。他们常常会说："其实我起初也没有想到要走到今天这一步，有机会就走到现在这样了。"

学习辨认和使用这些偶然事件，使之成为机会，是个体生涯发展非常重要的能力，这种能力包括五种基本的品质：好奇、坚持不懈、善于变通、乐观和敢于冒险。偶然事件对生涯发展的影响给了我们一些启示，即对孩子的成长应该持开放性的态度，对孩子无损于健康的冒险行为应该持支持的态度，而不要认为是不务正业，因为这些冒险行为也许就是孩子生涯发展的一个机会。另外，孩子在成长过程中遭遇的挫折也许是孩子发展的机会，以开放的心态迎接所有计划外的偶然，并将其纳入到生涯发展中是孩子需要具备的态度与能力。

第二节 生涯教育的时机与内容

国外非常重视学生的生涯教育，但我国直到 2003 年，教育部在推动就业指导工作的过程中，要求各高校将生涯教育课程纳入到教学中，各大学才开始逐步推进生涯教育工作。中小学开展生涯教育的时间更短，直至今天，开展生涯教育的中小学校还非常少。学校开展生涯教育的主要问题在于缺乏专职教师与本土生涯发展理论，中小学还缺乏学生与家长的支持。那么，在家庭教育中补上学校教育的这一短板就显得非常重要。

一、生涯教育的时机

生涯教育应该从什么时候开始，小学、初中还是高中？以职业教育著称的德国对孩子的职业意识教育始于幼儿园，一些职业人士会被请进幼儿园示范与讲解他们的职业特点，教师也常带孩子们去参观不同的单位。

率先推出职业生涯教育的美国制定了《国家生涯发展指导方针（1989）》（*The National Career Development Guidelines of 1989*），规定从 6 岁就开始进行规范的生涯发展教育，并分设小学、初中、高中与成人四个阶段进行生涯教育，每个阶段都分为自我认识、探索教育与职业的关系、职业生涯规划三大环节的指导。在小学阶段，美国推出了职业介绍日、职业影子日、带孩子上班日与童子军活动；在中学阶段，美国推出了职业介绍日、职业模拟、志愿服务、兼职打工与社会实习活动。

带孩子上班日是美国的一个全国性活动，很多的企事业单位都会参加这个活动，并且会安排特别的场地与体验项目，号召员工与子女一起来上班，帮助孩子了解自己父母所从事的工作与职业信息，理解劳动的价值与意义，当然也可以增进亲子关系。职业介绍日是让孩子们自由选择自己初步想从事的职业，然后让相应的职业人士来学校进行讲解。职业影子日是让学生去职业机构中，成为机构中的影子员工，体验职业环境。

综上可知，只要孩子能独立去探索外界时，就可以开展生涯教育了。只是在不同的年龄阶段我们需要关注不同的内容，采用不同的教育方法。

二、生涯教育的内容

生涯规划包括了生命教育的内容，但因生命教育非常重要，已单独作为一章进行阐述。本章以职业生涯教育为主，目标在于帮助孩子逐步形成自我认知，帮助孩子理解职业与教育的关系和掌握职业生涯规划的相关知识与技能。

（一）小学二年级以前的生涯教育内容

小学二年级以前，孩子的主要发展任务在于培养良好的个人生活习惯与生存能力。孩子1岁以后就希望什么事情都自己来、自己做，因此这是我们培养孩子生活能力最关键的阶段，可以通过提供恰当的帮助让孩子逐步掌握一些基本的生活技能，树立自信心。家长在放手的同时，还需要对孩子进行适度的控制。教会孩子认识钟表、使用闹钟，培养孩子良好的时间观念。鼓励孩子学会与他人交往，做到谦和有礼、团结互助。

家长在此期间需要提供开放的环境以供孩子自由探索，观察孩子对日常游戏、活动、兴趣班的选择，初步观察孩子的兴趣，及时培养孩子成熟的爱好。父母可以为孩子选择一些兴趣班，然后让孩子去上1~2次课，如果孩子喜欢就让他坚持下去，如果孩子不喜欢就选择放弃。通过活动、游戏与兴趣班的学习，不仅可以探索孩子的兴趣、爱好，还可以帮助孩子发现自己的优点与特长。

在发现孩子的优点与特长时，不要与其他孩子进行比较，多听听专业教师的评价。如果从小让孩子通过与他人比较来获得优越感，则必然会给孩子带来压力，因为下次可能会有人做得比他更好。

这一时期有关职业生涯教育的内容很少，只要初步唤起孩子的职业意识，在活动与生活中，有意识地帮助孩子观察不同的职业人群，如外出就餐时可以有意识地引导孩子关注饭店中的不同职业、不同岗位人员的差异,树立不同工作都值得尊敬的意识。家长在与不同职业的人交往时,要做到文明有礼,以帮助孩子消除职业歧视,学会尊敬他人。

(二)小学中高年级的生涯教育内容

小学中高年级孩子的心理发展任务是获得勤奋感,克服自卑感。这一阶段的生涯教育在于培养孩子的兴趣与能力,了解工作对于个体与社会的意义,激发孩子对职业世界的好奇心,初步学习自己做决定。

学习是这一阶段的主要任务,家长要培养孩子勤奋学习的习惯,激发学习兴趣,使孩子掌握基本的学习技巧。如果孩子的智商位于低分端或者孩子的气质类型不适合学校教育情境,再加上学习任务开始增加,学习问题会开始显现。如果家长在这一时期对孩子的学业成绩进行指责,则孩子可能会觉得自己是个没用的人,甚至会觉得自己是个多余的人。

家长这时需要帮助孩子掌握并学会应用相应的学习策略去改进学习,提升孩子的学业成绩,增强孩子的学业自信。能力与气质或许难以改变,但是找到适合不同能力水平与气质类型孩子的学习策略是可行的,而且学习策略确实可以提升孩子的学业成绩。

记得我的孩子读小学三年级时,背书是他最痛苦的事,总是读了好多遍,却依然不能流利地背诵。我当时就告诉他,在他来我这儿背诵的时间里我已经能背诵了,并且背诵给他听。引起他的好奇心之后就教给他情景记忆策略,即如何利用想象,将课文的语言描述想象成一种情景,然后将自己置身于这一情境中来体会作者的情感与思想,孩子掌握这种策略后每次都能轻松地背诵。那段时间,孩子回来后会很自豪地说:"妈妈,你教的方法太棒了,我每次都是班上第一个背完课文的。"

学业成绩可以改善,但如果采用相对评价,孩子仍然会受到威胁。相对评价就是将孩子的成绩与其他孩子进行比较,如班内排名。无论个体如何努力,成绩好的永远只有那么几位同学,其他同学的成绩都会被比下去,这样的教育就不再是激发孩子的潜能,促进孩子的成长,而是在制造失败者、厌学者。我们在某高中对"父母最让你失去学习动力的话"的调查发现,损害孩子学习兴趣、削弱其学习动力的话是"你看人家某某,成绩有多好,也不知道和人家学学"。能激发孩子学习动机的语言是父母表示理解与肯定的语言,如"学习累了就休息会儿""不会做也没有关系"。为了保护孩子的学习动力,使孩子享受学习的乐趣,请帮助孩子学会与自己的过去进行比较，从而培养学习的自信，使孩子体验进步的快乐。

培养自我管理能力也是这一时期的关键任务，家长需要在这一时期有意识地培养孩子的计划能力、时间管理策略，以及自己做决定并为之负责任的能力。详见第九章自我管理能力教育的相关内容。

除了学习之外，这一时期还需要培养孩子成熟的爱好。通过幼儿园到小学低年级的不断探索，孩子们已经初步了解了自己的兴趣，这时需要选择孩子最想发展的兴趣，将其培养为成熟的爱好。详见第八章中兴趣的相关内容。

由于孩子已经具备了一定的社会生活能力，我们可以通过电视、旅游、社会实践帮助孩子了解不同类型的工作岗位及其所需要承担的任务，简单来说就是知道不同的工作是干什么的。长期以来，我们对职业的教育还停留在抽象化的阶段，如认为消防员就是救火的、护士就是打针的等，其实这些岗位的工作内容要丰富得多。

有条件的家长应将孩子带到工作单位去，介绍单位的各个部门与岗位，鼓励孩子与他感兴趣的岗位的人讨论工作内容，以及工作对学历、能力、工作态度的要求，理解教育与职业的关系。主动与孩子讨论工作中的事情，以及家庭中的经济状况与生活决策，帮助其理解工作对家庭、对个人的意义。另外，如果没有特别不方便的地方，尽量带孩子参加父母的社交活动，让孩子看到父母作为社会人的一面，孩子可以通过这些活动学习社交礼仪、提升沟通技能、丰富职业信息。

（三）中学阶段的生涯教育内容

中学阶段的孩子年龄一般在 12~18 岁，恰好是艾里克森所说的同一性对角色混乱阶段。所谓自我同一性是指自我身份的确定，如回答"我是谁""我要去哪里"等问题，这也是生涯发展的探索阶段。在小学阶段，家长通过表扬、鼓励等方式就可以激发孩子的学习兴趣，而到了中学阶段，单凭这一方法就很难奏效了。中学生的学习动力更大一部分来自对可能自我的认识、对未来目标的追求。

通过小学与幼儿园阶段的教育，孩子们对职业世界有了一定的了解，对个体能力与兴趣也有了一定的认识，但是如何将职业与自己相联系则是一个专业的问题。孩子需要系统地探索自我的兴趣、性格、能力与价值观，也需要探索与体验外在的职业世界，思考教育在达成自己未来目标中的作用，以及家庭文化背景、未来社会发展对自己职业生涯发展的影响等。

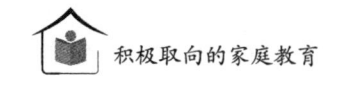

现在，国内有些中学已经开始开展这些内容的教育，但生涯发展规划教育主要应以体验与自己动手操作为主，知识本身并不能解决问题。家庭教育在其中可以起到重要作用。

首先，家长将自己作为一面镜子，将自己在孩子身上所观察到的现象客观地反馈给孩子，帮助孩子更全面地了解自己。比如，家长根据孩子在中学以前喜欢上的兴趣班、喜欢参加的活动、喜欢阅读的书目及喜欢的旅游景点等分析孩子的兴趣之所在。我记得在孩子小的时候，无论去哪里旅游，他最喜欢的就是去博物馆参观，到了中学之后他真的就迷上了历史。我们也可以告诉孩子他小时候参加的活动或劳动等，从中发现孩子的能力与优秀品质。比如，我们可以帮助孩子回忆他在社团中承担的工作，他做得怎么样，从中可以发现他有哪些能力等。

其次，家长可以为孩子提供职业信息，如可以让自己的朋友接受孩子有关职业生涯方面的访谈，请家人或朋友为孩子提供见习或实习的机会，陪伴孩子逛人才市场或高校的专场招聘会，与企业的人力资源经理洽谈等，以帮助孩子了解职业世界及岗位要求。家长还可以通过查阅相关文献与科学发展新闻，帮助孩子分析未来职业世界的发展变化。

最后，家长最常忽视的一点是要积极协助孩子所在学校开展生涯发展教育。每一位家长所从事的职业或所在的岗位是不同的，而孩子并不一定对父母所从事的职业感兴趣，可能会对其他家长的职业感兴趣。家长作为课程资源，可以协助学校开展职业介绍日活动或职场讲座等活动。

另外，中学阶段的孩子要面对高考志愿的填报，这是生涯教育的重要内容。虽然本科教育主要以通识教育和基础教育为主，专业并没有那么重要，但是如果专业与孩子的兴趣、能力等相距甚远，孩子可能无法完成学业。各个大学的校园文化、专业设置与优劣势、专业所对应的求职去向等也是家长需要提前帮助孩子了解的重要内容。这样，一方面可以对孩子有一定的激励作用，另一方面孩子也不需要老盯着清华大学、北京大学，或者几所"985"高校，从而减轻学习压力，增加选择空间。

当然，在孩子确定目标之后，还需要帮助孩子进一步完善学习计划，做好时间管理，学会自我激励。

（四）大学阶段的生涯教育

大学阶段，孩子一般已经远离了父母，家长也以为自己的任务完成了，一切只要等到孩子大学毕业，找个好工作或者考研究生。如果你在中小学与幼儿园阶段就对孩子进行了系列的生涯教育,那么等孩子到了大学,你确实可以减少对孩子学习与生涯发展的关注,但如果你的孩子缺位于上述教育,而且孩子所读的中小学也没有开展生涯教育,那么此时你就要非常关注生涯教育问题,甚至需要主动联系学校辅导员,了解孩子的在校情况,因为有很多孩子都是报喜不报忧的。

由于中小学校生涯教育缺位,对学业成绩过度关注,又过度重视应试教育,很多考上大学,尤其是名校的孩子在高中是尖子生,除了学习之外没有多少其他特长是超过他人的,也没有除成绩以外的获得自我认同的途径。他们唯一比其他同学强的地方就是学习成绩好,到了大学后,所有人都是高中时代的佼佼者,有些人就会发现自己唯一的优点也没有了,从而出现压抑、抑郁甚至行为问题,最后可能导致无法毕业或休学、退学。有一个名校大学生在网络上留言:"做学渣不可怕。可怕的是,你发现自己没有任何出众的地方,而且连唯一的优势——学习好,也没有了。"这一留言获得了大量的关注与转载。还有一位来自北京大学的同学说:"北大的价值导向永远是丰富的,我们是学渣,但我们并没有懒惰或者放纵,而是不知道什么值得干、什么值得学。当然,我们的确没有非常努力地去探索。"(徐晶晶,2016)这在某种程度上反映了生涯教育的必要性。

大学阶段生涯教育的主要任务在于帮助学生进一步认清自己的优势、劣势、兴趣与性格特点,寻找目标职业,并为此做好准备。家长需要帮助孩子利用自己的朋友与家人,为孩子提供更详细的职业信息,鼓励孩子多参加社会实践活动,让孩子在假期从事兼职或实习工作。通过这些活动,一是可以帮助孩子探索到自己除学习以外的优势,提升孩子的自信;二是有意识地在这些活动中发展孩子的工作技能;三是可以帮助孩子找到未来发展的职业目标,体验自己与职业或岗位是否匹配。

我通过在高校进行生涯发展规划教育与咨询的经历发现,对于大学生来说,家长要做的最重要的一点是要求孩子对自己的生活与选择负责任。父母对孩子最好的生涯教育就是让孩子自己承担部分大学的学习费用,要求孩子承担相应的家庭责任。在大学,经常会有孩子为了兼职那点微薄的薪水而逃课,或者干脆就在宿舍玩游戏,如果这些费用需要孩子自己来承担,他们可能会更珍惜学习的机会。另外,随着毕业旅游的兴起,很多孩子根本不着急找工作,准备好好地先旅游一段时间再说,甚至有大学生根本不工作,而追求所谓的岁月静好,不屑于与人竞争。毕业旅游固然重要,毕竟今后很难有这么长的假期,追求岁月静好也没有问题,但旅游与岁月静好的成本应该由孩子自己承担。

如果家长认为自己的家庭反正不缺钱,就是要为孩子把什么都准备好,那么孩子也就没有努力的意愿，他们应对挫折的能力可能就会减弱。一位家长告诉我，他对孩子没有什么要求，只要努力学习就可以了，今后的家产都是他的。我想，既然你们家这么有钱，几代都花不完，那孩子为什么还要努力学习？考不上重点中学，家庭不是可以帮他解决吗？

家长一切为了孩子的做法其实培养不了孩子对父母的亲情，有时反而是有害的。我的一个同事和我说了他孩子同桌的故事。老师批评同事的孩子不努力学习，结果他孩子的同桌说："你不努力没有关系，反正你们家就一个孩子，没有人和你争财产。我还有一个弟弟，如果不好好学习，父母就会把财产都给弟弟了。"如果你是这个孩子的家长，不知道你听了有何感想。为了孩子的健康成长，让他在相应的年龄承担相应的责任是有好处的，这样他才有思考自己的责任与目标的动力。

第三节　生涯教育的方法与注意事项

一、生涯教育的方法

（一）利用生涯彩虹图帮助孩子思考自己的生活角色

生涯彩虹图包括生活长度与生活空间两个维度，可以帮助孩子在思考未来时有一个更平衡的看法，而不至于专注于发展某一任务而忘记了其他任务，也可以使孩子获得的自我概念的信息来源更丰富。

我在给大学生上职业生涯规划课或做生涯咨询时，都会让学生自己去画生涯彩虹图。学生在画的过程中会不断地和我分享："老师，如果我不好好当一个学生，可能我就没办法完成工作者的角色。"有男生说："老师，如果我不好好当一个学生，可能连持家者的角色也做不了，因为没有女生愿意和一个没有学问、没有工作的人结婚吧。"当然也有女生会说："我要好好想想如果25岁要成为一个持家者，那我的考研要怎么安排呢？"还有人说画了生涯彩虹图之后，自己每三天就给父母打个电话，因为领悟到做子女的时间其实也没有想象中的那么长。当然也有些学生只能画到他自己现在的年龄，他告诉我，未来还没有发生，自己怎么知道要承担哪些角色？到时再说吧。

通过画生涯彩虹图，学生会更深刻地领悟到当前生活对未来生活的影响，关注自己的生涯发展与他人的关系，思考自己的生涯发展对他人、对社会的责任。

（二）为孩子提供社会实践的机会

孩子所在的学校会给孩子提供一些社会实践的机会，但有些并不是孩子真正想参与的，尤其是中小学校能提供的社会实践资源更少。这时家长可以提供一些相应的资源给孩子，帮助孩子去自己想去的单位进行社会实践。

很多家长可能会选择那些社会比较认可的职业让孩子去实习、见习，或者选择大的公司与机关让孩子去实习。中小学的社会实践重点在于认识与理解职业世界分类、职业的环境要求与职业对工作者的要求等。相对于大的、成熟的单位来说，小公司更强调独立作业，需要能独当一面的人，所以每个岗位的工作人员要处理的事情多，孩子能够了解的信息更多。

儿子在高一暑假的时候去了公安厅见习，一周后回来时，他对我说："我今后去实习要选择基层单位，这样我可以学的东西会更多一点。"毕竟公安厅有很多部门，每个部门处理的事情种类少，每天处理的事情基本差不多，而基层派出所要以很少的部门去承接大量的工作，对孩子的帮助会更多一些。

孩子还对我说，其实参加社团活动也是如此。以前他一直认为自己做社团的领导能够学会更多的东西，现在通过比较他自己在社团底层与领导层的经历发现，在底层学习到的东西、锻炼到的能力反而要比在领导层多得多。更重要的是，每个人初到社会，都要从基层做起，相比于如何领导一个团队，如何学会做一个好的团队成员、一个好的下属与同事可能更为重要。

（三）帮助孩子开展对职场人物的生涯访谈

一般开展生涯教育的学校也会开展职场人物的生涯访谈，但是由于孩子的经验与学术能力有限，家长最好能帮助孩子拟定访谈提纲，以提升孩子的访谈能力与访谈的有效性。

每一个接受访谈的人都付出了时间成本，进行有效的访谈既能帮助孩子，又是对接受访谈者的尊重。可以在访谈前指导孩子查阅相关的职业网站与信息，条件具备的话，还可以让孩子学习访谈法的知识，确定好访谈提纲。一般来说，生涯访谈除了提供一般的职业发展前景、职业报酬与对工作的要求外，个人所报告的影响其职业发展与职业满足感的关键事件可能对孩子的影响与帮助更大，也是分析这个职业的核心能力要求的重要资料。

有一次，我们带孩子请他父亲已毕业的学生吃饭，孩子在饭桌上问了那位学生一些问题。那个学生都很耐心地回答，并且就某些他自己也不知道的技术问题，还特地帮孩子联系了他们公司的几个清华大学毕业的博士，让他和这些博士直接联系。孩子回家之后对我说："妈妈，我终于明白为什么人们愿意花那么多钱去买与巴菲特共进一顿饭的时间了。"后来，我想带他去和不同的人吃饭时，他不再因为觉得耽误时间而拒绝了，每次他都很积极地与一起吃饭的人讨论有关生涯或职业发展的问题，每次他都觉得很有收获。有一次和一群从事农业养殖的朋友一起吃饭，他也觉得受益匪浅，哪怕他没有想过从事农业工作。

访谈完成后，我们还需要帮助孩子分析访谈资料。对访谈资料的分析是孩子有效利用信息非常重要的途径。通过对他人提供的影响生涯发展的信息进行分析，并将这些信息与现有网站资源的信息进行比较，考证不同职业所需要的能力、性格要求，分析职业能否满足个人的价值观，以及未来职业发展的前景如何。当然，最重要的是帮助孩子思考现有的学习、生活经历能培养哪些职业能力，在情绪管理与性格方面还需要进行哪些改进。

（四）恰当应用媒体拓宽孩子生涯信息的来源

随着信息技术的发展，互联网提供了大量的信息。国内的职业生涯类网站虽然还不是很丰富，但也能够提供很多的信息。比如，仔细分析招聘网站，就能发现很多职业要求与职业发展前景信息。

各个大学的网站会提供很多有关学校文化、专业设置、师资状况、学术活动，以及毕业生去向的信息，这些信息对孩子填报高考志愿有很大的帮助。孩子在高一时受他就读外交学院的校友的影响，回来后跟我说他也想上外交学院。他觉得自己对与人打交道最感兴趣，也有这方面的特长，希望将来从事与外交相关的工作。我建议他去查查外交学院的网站，以及进入外交部工作的那些人所毕业的学校、所学的专业。通过查找外交学院所设的专业与系别，他发现与自己兴趣相符的专业很少，学院毕业生的去向及杰出校友的经历也让他觉得与自己的理想并不相符。

对于中学生来说，大学的网站可以提供非常有实用价值的信息，通过分析各个学院的新闻、师资情况与学术活动信息可以了解这个学校的校园文化与实力，必要时再查询该校历年的高招录取分数线，可以为孩子努力学习提供动力。当然，如果能去心仪的大学校园看看，在校园中主动寻找一些大学生进行访谈，对孩子的生涯发展是非常有帮助的。现在还有一些大学会面向青少年开展开放校园与实验室的活动。如果家与大学离得很近，还可以带孩子选择性地去听听大学举办的各类讲座。

（五）拓宽孩子的阅读面

很多家庭很重视阅读，问题是他们把阅读等同于阅读文学经典，或者与学科有关的一些所谓的课外书。这些只应该是孩子阅读书目中的一部分而已，阅读的书目最好能够涵盖不同学科。

第一，名人传记是孩子必读的系列书籍，并且最好是把各个领域内的名人传记都推荐给孩子看看，如科学家、文学家、管理学家、政治家、军事家与艺术家等的传记。通过观察孩子喜欢哪些领域的名人传记，可以初步探索孩子的职业兴趣。通过分析这些名人的成长经历，可以帮助孩子分析出伟大的人物之所以伟大，可能更多地在于他们所拥有的个人特质，这会激励孩子有意识地在生活中培养自己的这些特质。通过看名人传记也可以了解在不同的领域中，需要面对哪些职业问题，有哪些可以利用的资源及解决问题的办法。

名人传记对孩子起到的是一个潜移默化的作用，所以最好在孩子很小的时候就让他开始阅读这类书籍。在孩子不会识字时，家长可以讲一些名人的故事给孩子听，到孩子上小学学会拼音之后就可以给孩子买相关的书籍了。这样，在小学毕业时，孩子基本上已经对各个领域的名人传记都有所涉猎了。有人会问，孩子会对名人传记感兴趣吗？这需要父母精心选择版本，我比较懒，直接把阅读名人传记的作用和孩子说了，然后把他拉到书店，让他自己挑选不同的人物、不同的版本。在小学毕业时，他基本上已经阅读了各个领域有代表性的名人传记，如马丁·路德·金、牛顿、居里夫人、爱因斯坦、富兰克林、华盛顿、毛泽东、拿破仑、曾国藩、巴金、贝多芬等的传记。

名人传记的作用其实还不只是有助于孩子生涯教育那么简单，它还可以鼓励孩子面对困难，培养孩子的坚韧性，这是家庭教育的重要内容。记得在我很小的时候，父亲只要不出差就会给我讲故事，我对他给我讲的红军的故事和居里夫人的故事印象特别深刻。在生活中遇到困难时，我总是很自然地告诉自己："我一定能挺过去，居里夫人在那么艰难的条件下都能努力去做她想做的事，她都挺过来了，我一定能挺过去。"或者说："红军两万五千里长征都过去了，我这点事根本不算事。"

第二，不同学科的科普类书籍对孩子也会有很大的帮助，中小学的学科教育知识是比较少的，之所以难是出的题目太难。这样，孩子在学校教育中通常难以领略到学科知识本身的美，也不知道学科知识在未来生活中的作用及对世界发展

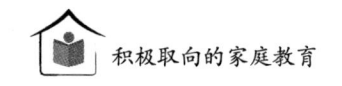

的推动作用。通过阅读一些前沿而又通俗易懂的科学读物是培养孩子科学素养非常重要的途径，也是探索自我兴趣的重要途径，如《时间简史》等。

第三，与生涯发展有关的书籍对孩子也有帮助。比如，《你的降落伞是什么颜色》就适合大学生来看，中学生看也可以受到一定的启发。还有一些书值得一读，如《赢在决策力》《把握你的职业生涯发展方向》等。

除了书籍之外，我们还可以通过观看一些电影来学习，如《当幸福来敲门》《肖申克的救赎》《美丽心灵》《天使艾米丽》等。其中我觉得拍得最好的是美国电影《当幸福来敲门》，这部电影里不只有主人公的坚忍与希望，还有他作为父亲的慈爱与担当，凸显了一个人在无人喝彩的境况下为自己的成功鼓掌的精彩。

二、生涯教育的注意事项

（一）生涯教育中的文化冲突

生涯教育的相关理论来源于西方个人主义文化，其基本原则是强调个体的重要性，认为从家庭中分离或者个体化是个人发展的重要任务，体现在生涯教育中，即过分强调职业与个人兴趣、价值观与能力的匹配，强调个体怎样才能达到自我实现，忽视或弱化群体对个体的意义。中国文化是集体主义文化，家庭、所属群体对个体来说具有重要的意义，如何与群体保持良好的关系，并且获得群体的身份认同是个人重要的发展任务。

由于缺乏本土生涯发展理论，学校教育基本遵循西方的生涯发展理论来指导孩子，这会产生文化冲突。对于中学生来说，他们已经内化了集体主义的文化要求，在做决策时一定会去问父母或者与父母商量，而且父母对他们的影响也不会小。几乎没有孩子在高中文理分科时不与父母商量。父母受集体主义文化的影响，必然会认为孩子的事就是自己的事，不是先听孩子的想法，而是自然而然地先告诉孩子父母的决定与理由。有时孩子在听从父母的建议时会忘记自己的优势与兴趣，过多考虑现实问题与父母的建议。

记得孩子回来告诉我他要学文科时，我脱口而出："学文科还是男人吗？"孩子说："爸爸不也是学文科的，不也是男人？"我才意识到那其实只是我的性别刻板印象，但我已经影响了孩子的决定，他犹豫了很久才做出学习文科的决定。事实上，在跟我说之前，他已经考虑得很清楚了，我的语言增加了孩子花在决策上的时间与精力，当然也给他带来了苦恼。遇到这类问题时，我们最好先听孩子怎么说，然后再独自思考，发现有问题时再和孩子商量，表达自己的观点，当然还需要强调这些问题父母并不是很清楚，你对自己的了解最清楚，以自己的意见为准。

除了父母会影响孩子的生涯决策外，孩子所处的环境也会影响孩子的生涯决策。比如，在高中普遍流行一种专业刻板印象，即学习文科的学生一般是理科学不好才去学文科的。之所以会存在这一刻板印象，原因在于确实有很多文科生是数理化学不好才去学文科的。但这会对孩子的专业选择带来影响，有些孩子为了不让人家说他学不好理科，即使不喜欢理科也会选择理科。这会严重影响孩子的生涯发展与生活质量。

另外，有些孩子过分独立，在做生涯决策时完全忽视家庭。来自集体主义文化的家长绝不可能完全放手让孩子自己做决策，并且还会有被抛弃感，从而影响亲子关系。家长不需要去改变自己而适应孩子，而是让孩子理解他这种态度对父母造成的影响。如果他是正确的，至少应该告诉父母他的想法或者来说服父母。否则，这样的孩子走向社会时，他做决策时也不会考虑自己所在的组织，从而难以被社会接纳。

记得有一次孩子对我说，他将来准备去国外工作一段时间。这个决定显然影响到了我的生活，毕竟我希望能每年至少见到自己的孩子一次。所以我很明白地告诉他能不能去英语国家，这样父母过去的话也能适应一点，今后他工作忙的时候我们可以过去看他，有一些语言基础适应起来毕竟也容易些。孩子认真地考虑了我所说的话，而且说他会考虑并尽量满足父母的要求。后来他做很多其他的决策时，也都会考虑我们的感受，当牵涉家族中其他成员时，他还会主动和所牵涉的人商量，树立了集体很重要的思想。

（二）克服刻板印象的影响

刻板印象是指个人由于受社会影响，对某些人或事持稳定不变的看法。刻板印象的积极性在于它可以对有许多共同之处的某一类人在一定范围内进行判断，不用探索信息而直接按照已形成的固定看法即可得出结论。比如，你准备请一个四川人吃饭，你会觉得选择麻辣火锅比较合适，这样决定的正确性会比较高，而且节省了大量的时间和精力。但正如很多四川人也不爱吃麻辣火锅一样，这种忽视个体差异得出的普遍性结论有时是会出现错误的，这会妨碍对他人做出正确的评价。

刻板印象是一种非理性的存在，它在影响个体行为时是以一种无意识的方式

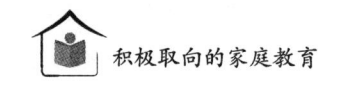

进行的，因此我们在养育孩子与指导孩子的生涯发展过程中，要不断检查自己是否受到了刻板印象的影响。对生涯发展产生影响的主要有两种刻板印象，即职业刻板印象与性别刻板印象。

1. 职业刻板印象

虽然我国自古就有"三百六十行，行行出状元"的思想，但事实上，很多父母在教育子女时并不认同这一思想，而是更认可"万般皆下品，唯有读书高"的观念。在帮助孩子选择职业时，父母不是先考虑孩子的兴趣、能力、性格与职业的匹配及职业未来的发展趋势，而是更多地考虑职业收入与职业声望。

不可否认，不同职业在职业声望上确实存在差异，人们对白领和蓝领的态度就不一样，即使收入更少一些，人们也更愿意选择当白领，这也是我国一直投入大量的财力、人力去发展职业教育但仍无法让大家接受职业教育的原因之一。大量学习成绩不好的学生、不认真学习且家庭条件不好的学生被分流去读职业学校，而不是根据孩子的职业兴趣与智能类型差异进行分流。

如果一个社会的职业刻板印象过于一致或趋同，就会出现结构性就业难的问题。大学生就业难的问题一直困扰着我国政府、家庭及学生，但并不是大学生真的找不到工作，其原因在于大家都盯着那些热门行业，如考公务员、进金融、电信等行业。事实上，随着社会的发展，有些热门行业将来可能会被淘汰，而冷门行业可能会变得热门。过去冷门的职业现在可能会是非常热门的职业。比如，公务员与教师职业在 20 世纪 80 年代是比较冷门的职业，现在则是比较热门的职业。

职业收入与行业有关，但也与你在行业中所处的位置有关，如果你能在一个行业内走到金字塔的顶端，则你的职业收入一定不会很低。随着社会的发展，行业之间的收入差距必然会慢慢减小。如何才能做到最好？那就要做你自己想做的、擅长做的工作。什么样的工作能带给你幸福，就做什么工作。因为当收入能满足基本的生活所需时，它对幸福的影响就很小了，影响职业满意度最重要的因素是你的兴趣与职业是否匹配。不过，在生涯教育中，我们也不能过分强调兴趣对个人职业的影响，毕竟兴趣不是能力，有兴趣却没有能力做好的工作也不是好的选择，职业兴趣可以在工作中培养。

2. 性别刻板印象

随着独生子女家庭越来越多，性别之间的差异其实一直在缩小。我们的一些调查研究结果也显示，过去存在性别差异的变量，现在却没有差异了，如担任班干部的性别差异，积极心理品质的性别差异。相比于以前女生成绩差于男生，现在反而是女生在学校有更好的学业成就表现,各省高考状元中很多都是女生,甚至一直认为是男生强项的理科状元中也有很多是女生。这些均表明有些性别差异并不是由先天的性别因素造成的,而是受到后天文化与养育方式的影响。

值得关注的是,在学校表现非常优秀的女性在工作之后依然表现非常优秀的比例却没有超过男性,甚至没有达到男性的水平。为什么会这样?除了女性婚后确实因为养育孩子与照顾老人比男性花费了更多的精力外,社会及职场文化中的性别刻板印象及性别歧视现象仍然是重要的影响因素。

家长与孩子自身的性别刻板印象一直在影响着人们的职业选择与职业发展。我们认为女性更适合服务、理解、关注他人的工作,更适合学习文科;男性更适合管理、发明与工科类工作,最好学习理科。我想如果我的孩子是女孩,我就不会对孩子选择文科表示惊讶了,这其实就是性别刻板印象在影响着我们的职业选择。所以很多想学文科的男生比女生要付出更多的努力去说服父母,甚至直接放弃文科,还有很多的男生因为自身的刻板印象放弃学习文科。

另外,性别刻板印象对女性的职业发展极为不利。我们的性别刻板印象会本能地认为男性工作能力更强,更少受家庭的影响,当然,这种观点有一定的真实性,毕竟女性要面临怀孕、生育与养育孩子的问题。但是家长及女性自己的性别刻板印象对自身职业生涯的发展影响会更大。

在我读小学的时候,我的母亲总是告诉我:"小学时女孩成绩是会好些,到了初中就会变差。"我到初中之后就有点紧张,但事实上根本没有发生这样的事情。性别刻板印象就以这样的方式影响女性对自己能力、兴趣的评价,由于低估了自己的能力,有天赋的女性也会无意识地调整自己的兴趣、抱负与目标,以一种缓慢的螺旋式下降来适应自己的低预期,从而限制了自己的生涯发展。

(三)生涯规划要注意结合自己的家庭实力

西方生涯规划理论的中心原则之一是富裕原则,即个体有能力在经济上承担自己的选择,生涯规划的作用就是帮助个体评估自己的兴趣、技能和价值观,并帮助个体与恰当的职业选择进行匹配。进行职业培训、培养相关兴趣爱好、继续教育及积累相关的工作经验都是需要花费一定的经费与时间成本的。

家庭能否承担这些花费需要家长与孩子共同考虑,父母通常以孩子为中心,认为砸锅卖铁也要让孩子读书。这样的心理不是不好,但是对于家庭教育来说是不合理的。家庭中其他成员的生活与梦想也很重要,因为某个人而使其他人放弃自己的梦想对他人来说也不公平。如果用上全家之力去成全孩子的梦想,孩子可能就会时刻考虑如果失败了该怎么办，这会增加他的焦虑，使他更加害怕失败，也难以坦然面对失败。父母甚至整个家庭也都很难面对失败。

我在大学除教学外还要当班主任，我的一些学生是贫困生，学费都靠生源地贷款，生活费也需要自己努力去打工赚来，家中还有弟弟妹妹要读书。但是要毕业时，他们也不一定会认真考虑自己的家庭与自己能否承担自己追求梦想可能付出的成本。

有一位贫困生，在大三的时候跑来向我咨询，她是考研还是找工作，因为现在进高校一般都需要有博士学位。我问她："如果你去读研，你能支付研究生的学费与生活费吗？你的弟弟妹妹会不会因为你的选择受到影响？"她思考了一会儿，表示学费与生活费到时再想办法，弟弟妹妹肯定会受影响，毕竟家庭资源是有限的。接着我又问，当大学老师是不是非得现在去读研，是不是可以先工作两三年，有了一定的经济实力后，再看看考研是不是真的是自己的目标。她说回去考虑一下，两个星期之后她回来跟我说，她决定先不考研了，先工作一段时间给家庭减轻经济压力再去读研。三年后，她返校时跟我说："老师，谢谢你。其实我在社会上才发现我只是想当老师，对在高校做老师也喜欢，但我其实并不想做科研。我现在在中学做老师也做得很好，现在生活得很幸福，还能够帮助家里照顾弟弟妹妹，其实挺好的。"

有些家长可能会认为孩子本科毕业后应该直接去读研，读到博士毕业最好。现在很多高校的大三第二学期沦为第二高考准备期。如果不是要在高校或科研院所做研究，考研并不是必须的，如果不是家庭条件许可，且孩子对未来的研究方向很清晰，就没有必要直接考研，工作一段时间之后再去考研可能比本科直接考研更有助于明晰自己的研究方向、珍惜自己的学习机会。

（四）生涯教育要有心怀天下的大气

在我国，有些家长非常鼓励孩子要心怀天下、放眼世界，但有些家长却鼓励孩子回到父母身边，强调"父母在，不远游"的思想。这样禁锢孩子的思想，将理想局限于要考什么样的大学、将来要过什么样的生活、要找什么样的工作。这些只是生涯规划教育中的帮助理想落地的环节，而生涯规划教育的目标是帮助孩子寻找更有价值、更有意义的事情，也就是我们在教育目标中谈到的幸福的含义，让孩子们追求对于他来说、对于国家来说更有价值的生活。

心怀天下不只是让孩子能选择去自己喜欢的任何地方工作与生活，还包括在树立生涯目标、对人生进行规划时要有关注天下苍生、心系社会的胸怀。在新中国成立之后，国家虽然非常贫穷，却有一大批的科学家历经千辛万苦回国建设自己的国家，就因为他们心系祖国。在新中国成立前那么落后的条件下，我们仍然可以培养出那么多优秀的人才，因为那时的教育强调的不是考什么大学，而是告诉学生要关心民族与国家的利益。

现在很多家长过于现实，过于短视，为孩子择校时不是看学校适不适合孩子，而是看这所学校是否有助于升学，甚至有些家长认为给孩子的教育是一种投资，投资关心的当然是回报，而不是孩子的幸福。学校教育也过于功利，中小学关心升学率，大学关心考研率与就业率，却没有人关心孩子在未来世界中幸福地生活与工作的能力，以及为国家、为家庭做出贡献的能力。

正如钱理群（2012）所言，我们的大学正在培养"绝对的、精致的利己主义者"。钱教授解释："所谓'绝对'，是指一己利益成为他们言行的唯一的绝对的直接驱动力，为他人做事，全部是一种投资。所谓'精致'是指什么呢？他们有很高的智商，很高的教养，所做的一切都合理合法无可挑剔，他们惊人地世故、老到、老成，故意做出忠诚姿态，很懂得配合、表演，很懂得利用体制的力量来达成自己的目的。"这种观点有失偏颇，但这确实已经成为一种值得关注的现象。甚至很多中小学与很多家庭也在培养这样的"绝对的、精致的利己主义者"。

个人如果不把自己的发展放在国家、民族的大背景下去思考，通常难以获得幸福的生活。现在出现的很多社会问题，如食品安全问题，原因在于社会中的人过于重视自我的利益而忽视了民族的利益，这样社会中的每一个个体的利益都无法得到保障。

我们的孩子需要关注世界的变化，需要树立自己是一名中国人的国家认同，并愿意为了自己的国家去做些什么，这样的使命感是保护孩子在各种诱惑面前不至于迷失方向的灯塔，也是孩子未来行事、做人的内在准则，是孩子顺利、快乐、幸福生活的护身符。

一个不关心世界发展的人也必然被社会所淘汰。现代社会变化很快，今天重要的领域明天可能会变得不重要，今天觉得了不起的专业明天可能会被淘汰。如果孩子只根据自己的现实条件与兴趣选择了一条路，却不关注未来世界的发展，对周围世界的变化漠不关心，那么当他学成之后走向社会时，可能所学的知识已经被淘汰了。很多大学生抱怨大学所学知识在生活中无用就是这一教育模式的反映，只关心自己所学领域内的知识，而不在学习这些知识的同时培养学习的能力。现代社会的工作不可能只专注于某一个领域的知识，还需要有人文素养、公民素养与系统思维。

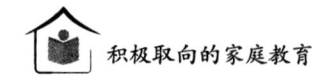

(五)帮助孩子认识到人生没有弯路

在生涯教育中,我们总是希望孩子走的路都是正确的,不希望孩子走弯路,认为生涯教育的目的就是帮助孩子少走弯路,让孩子能顺顺利利地过完自己的一生。这也是生涯教育的目的,那么,什么样的路才是正确的路?

只有适合孩子的路才是正确的路,而不是我们看似适合孩子的路。这需要进行不断的探索,从小学开始,孩子就会思考我长大了要成为什么样的人,我要做什么。很多家长这时候会告诉孩子,你要考什么样的中学、什么样的大学,找什么样的工作。很多孩子会听父母的话,因为他们觉得父母不会害自己,也有些孩子纯粹是因为让父母做决策可以减少自己很多麻烦,父母选错了还可以怪父母。

这样孩子看似顺利地上了大学,也顺利地找到了令人羡慕的工作,但是孩子是否真的开心呢?这真的是最适合孩子的吗?我记得在我读初中的时候,母亲让我考中专,因为这样会更轻松一点,万一考不上大学就麻烦了。她也一定要让我学财会专业,她觉得去当会计或进银行工作是很好的选择,而且工资高。但是她却没有考虑一个考试时经常粗心、阅读时跳行跳格的人是否适合做财会工作。为了不去读中专,我干脆在填报志愿的时候逃课出去玩了,以为不填写志愿就不用考中专了。结果呢,老师自作主张地认为女孩子学习护理,可以分配在县城的医院工作,这挺好的,直接给我填报了卫生学校。当然,我后来就去了医院,直到我考上研究生。如果没有考研究生,这看起来是一段直路,因为当时在医院也生活得挺好,而选择其他专业的很多同学都不好找工作。

从我转行学习心理学的角度来看,卫生学校学习的经历与在医院工作的经历又像走了很长一段弯路。我曾经认为这是很长一段弯路,现在当我再反思过去时,我觉得我并没有走错任何一段路,每一段路都是让我成为现在的自己的重要过程。在学习护理的过程中,我培养了严谨的思维习惯,在医院工作的过程中,我深刻地理解了生命的意义与价值,学会了对他人的体谅与理解,也明白了我更适合做什么样的工作。

所以,人生没有弯路,看似最正确的路其实恰好可能是最大的弯路。

我国生涯教育中最重视"一年之计在于春,一日之计在于晨",人们生怕孩子会输在起跑线上,所以就会出现比较奇怪的现象,即需要长身体,需要保证足够的休息、娱乐、运动的青少年却天天在读书、做题。在成年之后,个体身体条件具备了,却不再学习,甚至有些人也不努力工作,如果没有考上好大学,个体也不再去做出更多的努力以实现自己的梦想。到了50岁之后,人的心智更加成熟，也更有条件去追求自己的梦想，开始新的人生之旅，但有些人却说太晚了，没有必要去努力了。

当个体认识到人生没有弯路，他就能更平静地接受生活中的挫折，会觉得自己的每一个昨天都弥足珍贵，认为昨天是发现自我、认识自我、成就现在的自我的必经环节，从而没有抱怨，只有感激。

比如，我们都知道孩子高考志愿要填写好的、适合自己的专业，但我们也知道大学录取时，可能出现专业调剂，这样很多孩子就可能会被调剂到自己并不想学的专业。如果认为这是弯路，孩子就没有勇气去克服自己对这个专业的厌恶（当然有些并不是真的厌恶，而是对被调剂不服气）。如果孩子相信人生没有弯路，他就会开始思考，他在这个专业中能学到什么，这个专业能为他未来的工作与生活提供什么样的知识，培养什么样的能力与心理特质，那么他就可以在新专业中学得更好，把大学生活过得更愉快，当然也不会忘记自己的初心，而是同样勇敢地追求自己的梦想，只是走的路稍微有点不一样，走向梦想的途中所看的风景不一样而已。

同样，因为相信人生没有弯路，个体无论年龄多大，都会努力、勇敢地追寻自己的梦想。他知道人生在任何情况下开始都是好的，没有太晚的开始。这样的人更能把握住每一个偶然，使之成为自己人生的机会，引领自己走向新的、未知的领域。日本的日野原重明先生就是一个最好的例子，他每年要做超过100场演讲，频繁地出国工作，103岁时还依旧每周一天去给病人看病，只要他出的书，往往都能成为畅销书。

相信人生没有弯路的人到老年时也会更健康，因为他们花费更少的时间去哀悼自己逝去的青春，后悔自己年轻时走错的路，而后悔自己的人生是老年人心理问题的主要原因之一。

第八章　兴趣、动机与性格

本书中人格的定义不是我们通常所说的、具有道德评判意义的人格含义，而是心理学意义上的人格定义，即由个体先天生理素质与生活环境共同影响的，表现在个体身上的稳定的行为方式与内部过程。人格的重要特征在于其稳定性，如一个喜欢竞争的孩子，他在学习上喜欢竞争，在与他人玩游戏的过程中也会倾向于竞争，这种稳定性是维持个体身心健康的重要基础。另外，内部过程是指人内心发生的一种影响我们去接收信息、解释信息、怎样行动、怎样去利用我们已有的资源的过程。人格教育是家庭教育中不可缺少的重要内容。

人格是一个非常复杂的结构，人格理论也非常多，心理学界通常将其分为六大流派，每个流派均能解释部分内容，各有侧重，这也可见人格的重要性。本章主要阐述人格内容中的兴趣、动机、性格三个方面。

第一节　兴趣的探索与培养

兴趣是指无论我们能力高低，也无论外界评价如何，我们依然乐此不疲的事情，兴趣是最好的老师，是个体采取行动的快乐之源与内在动力。兴趣包括休闲兴趣、学业兴趣与职业兴趣。

一、休闲兴趣

有家长可能会好奇地问为什么休闲兴趣这么重要，竟然放在第一个来讲。孩子们就是休闲娱乐太多了,所以他们不学习,难道家庭教育还要教孩子休闲?

休闲很重要,现有研究成果表明,休闲是每个人的需要,完全的工作狂是很少见的。人们在休闲娱乐上花费的时间是预测人们生活满意度最强的指标,而不是金钱等我们平时以为自己会在乎的东西。人们在休闲娱乐上花费的时间越多,对生活越满意。

现今,低头族无处不在,手机已经让我们沉溺其中难以自拔,甚至有人说,手机是中国人的新型毒品,以前我们躺在床上吸鸦片,现在我们躺在床上玩手机。导致这一现象的最主要原因就在于休闲方式单一,没有培养休闲能力。如果一个孩子每天都有很多的休闲活动,如打篮球、看电影、与同学一起策划活动等,那他还会有时间躺在床上玩手机吗?

为什么休闲活动可以增强我们的幸福感?首先,体力活动,如跑步、游泳等能增加个体的积极体验。篮球、足球为什么会吸引那么多人参与其中?原因在于其既是体力活动又是团体活动,广场舞蹈的长盛不衰也验证了这一观点。我的学生对大学生进行的调查研究也发现,那些每周都坚持运动 2~3 次的大学生主观幸福感最强,这种主观幸福感的增强与运动的强度和种类无关。在咨询过程中,我们会建议有抑郁症状的来访者每天坚持一定量的有氧运动,并且将平时走路的速度提高 20%~30%,通常经过 2~3 周的运动,来访者会报告他们的抑郁情绪有所减轻。

休闲活动还可以使我们与其他人进行接触,这有利于满足个体的社会需要,发展友谊,尤其对男孩更具有重要的意义,因为男孩之间的友谊更多是在共同的活动中发展起来的。

休闲活动对于成绩不好的青少年来说还具有重要的标签作用。青少年时期是形成自我概念最重要的时期,国内学校普遍以学习成绩来评价孩子,成绩不好的孩子就会产生消极的自我认同。这时,如果他能选择在课余或校外进行某些休闲活动,他就会比没有进行这些活动的孩子更认同自己,如自己是足球后卫、短跑运动员或校园十大歌手之一等,这种身份认同可以减少自我同一性混乱,增加积极的情绪体验。

二、学业兴趣

孩子进入小学后,学习就是他们的主要任务,培养孩子的学业兴趣是帮助孩子顺利成长、适应学习生活非常重要的途径。反观现在的家庭教育,父母对孩子

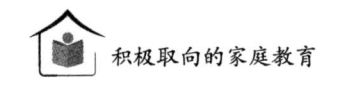

的成绩最敏感,让他们焦虑的不是孩子没有学习兴趣,而是孩子的学业成绩下滑。

学习兴趣是出于内在动机,而不是基于某种外在的有形报酬去学习。出于兴趣而学习会让孩子体验到更多的投入、更小的精神压力。如果兴趣得以保持,个体今后在专业领域内可以获得更多的成就,并且多动脑及较小的精神压力还有利于心理健康,有利于防止晚年的认知失调。

对于小学三年级以前的学校教育来说,应该减少对儿童学业成绩的评价,取消排名,因为这时的教育目的主要在于培养孩子对学习的基本兴趣,基本兴趣形成之后,孩子可以在兴趣的引导下进行更深入的学习。现在的问题是,有些儿童在幼儿园就存在厌学的情况,原因倒不一定是幼儿园教育的小学化,而是无处不在的排名与奖励的滥用。

我一个朋友的孩子在幼儿园学习,有一次,教师让孩子在家里制作一个作品来体现海洋的主题。孩子回家后,自己很用心地画了一幅有鱼有水的海洋画,朋友也觉得孩子很用心,第二天开开心心地送孩子去上幼儿园。结果孩子回来后告诉她只得了三等奖,还说人家得一等奖的孩子买了好多海洋生物,比他画得好很多。朋友非常生气,为什么连幼儿园孩子做的作品还要被排名,而且即使排名,用心画的作品不是比买的要用心得多吗?这样的奖励其实与惩罚无异,都是基于结果的排名,这只会扼杀孩子的兴趣而不是激发孩子的兴趣。如果评价的导向不正确,如买的比自己制作的作品还得到更高的分数,那么对孩子的学习与是非观念的培养也不利。

另一个影响学生学业兴趣的因素是学习的功利性,即学习不再是为了修身养性,而是为了改变命运。在宋代,为了鼓励人们读书,宋真宗赵恒亲作《励学篇》劝学,其中的"书中自有千钟粟""书中自有颜如玉""书中自有黄金屋"的思想一直流传至今,影响着每个家庭的学习观念。当学习只是达到某一目的的中介时,个体是不可能对学习产生兴趣的,高考后各地涌现出学生扔书本、撕书本的新闻,学生哪里还有一点儿对学习的兴趣?

有一天,我问儿子:"你这么努力学习,你学习得开心吗?"没有想到,他很坚定地对我说:"不,我不开心,一点儿也不开心。"我很惊诧于他在说话时的那份坚定,也惊诧于他不开心却还如此用心地学习。他告诉我,这一切都是为了能上他理想中的大学。

我意识到了问题的严重性,很坚定地对他说:"你可以考不上理想中的大学,但不能牺牲学习的乐趣。在你搭建知识的学科结构时,你是能感受到学科本身的美的;在你攻克一道难题时,你是能体验到那种成就感及欣喜若狂的感觉的。你之所以不快乐，是因为你只想到你要完成多少作业、做多少题才能拿多少分，你并没有去建构自己的知识结构，也没有心思去欣赏学科之间的结构。"

家庭中培养孩子学习兴趣最好的方法就是父母要读书。父母先不要管孩子读不读书，只要自己每天都能保证一定的读书时间，孩子自然会慢慢地对学习感兴趣。父母还可以在用餐时、休闲时相互讨论自己所看书的内容，孩子对阅读会更感兴趣。

对于中小学生来说，父母有意识地培养孩子成熟的爱好也显得非常重要。成熟的爱好是指对某些科目有更深层次的智力和情感投入。拥有成熟的个人爱好，个人更容易对这一领域内的新鲜事物感兴趣，更愿意进一步去学习和了解。比如，有些孩子喜欢数学，有些孩子喜欢英语等，父母可以鼓励孩子对自己喜欢的科目学习得更深入一些，由于孩子在这些科目上有了内在动机，他们更容易在这一领域坚持与努力，长此以往，易于在这一领域内成为成功者。

三、职业兴趣

工作者的角色虽然不是我们承担时间最长的，却是我们花费精力最多的一个角色，也是提供给我们经济回报的重要角色，这当然也是成年人生活满意度的一个重要影响因素。

当我们的兴趣与职业环境相匹配时，我们就会体验到更多的职业满意度与成就感。试想，一个充满艺术幻想的人要去做公务员，一个成天想着与人交往的人却要待在实验室，那会是一种怎样的灾难？高校每年都会有大量的学生不喜欢自己的专业，甚至无法读下去。在这些不喜欢自己专业的学生中，有一部分是因为服从专业调剂而被调到不同的专业的，另一部分是听从父母或社会的评价而选择的专业，这部分学生只考虑到了专业本身的作用，却没有考虑自己的兴趣。

探索自己的职业兴趣是中学职业生涯教育中的重要内容，如果我们从小对孩子进行生涯教育，到了高中阶段后，孩子就会对自己的职业兴趣有初步的了解。我们也可以用职业兴趣测评来探索孩子的职业兴趣，网络上有免费的版本，付费用的测试也非常便宜，5~10元一次。

霍兰德职业兴趣量表是现有职业兴趣量表中相对比较好的量表，因为它很好地克服了其他量表无法测量人们对新兴职业兴趣的缺陷。霍兰德首先对职业进行测量，观察人们每周超过40小时，每年超过50周，18~65岁做得最多的事情是什么，他认为这些事情反映了人们的人格特点。根据这些特点，可以将人分为六

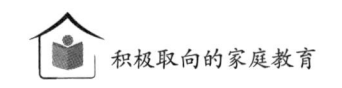

种类型，相应地，他发现职业环境也可以分为这六种类型，人与职业环境的类型匹配是形成职业满意度、成就感的基础。

实用型的人喜欢具体的任务，在生活中喜欢使用工具、喜欢做体力工作，更喜欢与物品打交道，相应的职业有工程师、木匠与外科医生等。

研究型的人喜欢探索和理解事物，探索物理、生物与天文现象，相应的职业有实验室研究员、科学家与记者等。

艺术型的人喜欢自我表达，追求美、自由、变化，喜欢多样性，相应的职业有艺术家与作家等。

社会型的人对人感兴趣，喜欢合作，喜欢服务他人、帮助别人解决问题，相应的职业有教师与社会工作者等。

企业型的人喜欢向人推销自己的产品或观点，追寻领导力与社会影响，勇于承担压力。相应的职业有销售员、管理人员、政治家等。

事务型的人喜欢有条理、程序化的工作，忠诚，乐于执行与服务，有组织、有计划，细致、准确。相应的职业有会计、文秘、档案管理员、信息整理员等。

在孩子使用职业兴趣测试时，要让孩子明白测试本身是有误差的，也就是说，测试的结果只能用作参考。另外，这个测试结果是来自孩子自身内部的比较，即对六个维度的得分进行比较，得分最高的前三个就是孩子的兴趣编码。这会带来一个问题，也许孩子在任何领域上的兴趣均比其他人高，或均比其他人低，之所以说他是某种类型，不过是在六个维度上，相对自己来说，某一个领域的得分最高而已。

孩子的兴趣可能是多样的，也可能是单一的。兴趣单一的孩子在选择职业时相对比较简单，但选择范围狭窄；而兴趣多样的孩子适用的范围比较宽，但选择时会有一定的困难。对于中小学的孩子来说，尽可能发展更多的兴趣是有必要的，因为未来的工作，尤其是高级岗位通常会要求有更广泛的能力。

第二节　动机的激发

加拿大的特里·福克斯在 1977 年因罹患癌症而被迫截去右腿。出院后，他发起了特里·福克斯义跑，目的是号召每人为癌症研究捐赠一元钱，他用近 5 个月的时间横穿加拿大，共计 3339 英里[①]，成为"希望马拉松"的奠基者。那么，

---

① 1 英里≈1.61 千米。

是什么在推动他不辞辛苦，一路前行？这就是我们所说的动机的作用。

一、什么是动机

动机是指激发、指导与维持行为的过程。被动机激发的行为是有目的的，并且持续的行为。特里·福克斯之所以一路前行，是因为他因癌症住院时，获知政府缺乏癌症研究资金，他当时想如果大难不死，自己要为癌症研究筹集资金，通过帮助其他癌症患者而让自己短暂的生命富有意义。

截去右腿的特里·福克斯因为有了强大的动机，所以能够克服常人难以想象的困难。1980年4月12日，21岁的他戴上右腿的假肢，穿上跑鞋，开始了横穿加拿大的"希望马拉松"，每天，他会跑步穿越加拿大的城市与乡镇，为人们讲述他的故事和癌症病人的境遇。

在长跑途中，他遇到了难以想象的困难，强烈的逆风、倾盆大雨与鹅毛大雪，出发一个月内，他平均每天只能跑8英里，远远低于计划的每天跑28英里，并且也没有太多人关注他。但他没有放弃，而是坚持跑下去。在第二个月，他加快了速度，最后他赶上了计划的进程并向着目标挺进。

直到1980年9月1日，由于癌细胞已快速地蔓延到他的肺部，他不得不停下了脚步。特里·福克斯一共跑了143天，其间只休息了一天，行程3339英里，更换了9条假肢，募得了2400万加元的巨额款项。他的故事被拍成了《目标的力量》，激励了无数的人。

孩子在生活与学习中的动机涉及他们为什么会有这样的行为，以及父母或社会希望的行为如何被激发。有位家长问，为什么孩子的英语从小学到初中都请老师补课，但学习成绩就是不好。其他科目如果不懂，孩子会自己想办法弄清楚，如主动求助于老师、上网查找资料，但就是无论如何也不愿意去学英语。其实，这就是孩子没有英语学习动机的表现。

二、外部动机与内部动机

（一）外部动机

根据激发动机因素的来源，可以把动机分为内部动机与外部动机。外部动机通常是为了达到某些外部目的而做一些事情。行动者关心的不是事情本身，而是做这些事情能达到什么目的。比如，有些孩子努力学习的目的就是为了能有一个

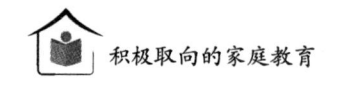

好成绩、考上一所好学校，这就是外部动机。

当孩子对某件事或某门功课没有兴趣、没有动机时，我们就需要从外部来推动孩子，即激发孩子的外部动机。比如，在完成任务后给予正面反馈，允许他做一些自己想做的事情。这种激励通常需要具备几个条件。

第一，所给予的奖励是孩子想要的。家长认为很好的东西对于孩子来说可能并没有什么意义，那么这样的奖励就无法刺激孩子。家长平时不要满足孩子所有的欲望，只保证基本的生活和学习所需，其他的东西要求孩子自己付出劳动来交换。否则，孩子什么都不缺，就没有什么东西能够激励他。

第二，目标是稍作努力就能达到的。如果孩子根本不需要任何努力就能达到目标，那么孩子就很难体验到进步的喜悦，也无法激发其内部动机。那位因孩子英语学习而求助的家长说，她也和孩子制订了英语学习的激励计划，每天让孩子记3个单词，但是孩子记了几天之后就不再坚持下去了。对于一个初二的孩子来说，每天3个单词的量太少，完成了也体验不到任何快乐。假设他能坚持1个月，那也只能增加约90个词汇，这无论是对于他能力的提升，还是学业成绩的提升来说都是远远不够的。那么他就纯粹只是为了奖品而努力，单纯为了奖励而行动是很不快乐的，自然也难以坚持。当然，奖励也不能太难得到，有些家长为孩子制订了很高远的计划，如每天背1篇英语课文。对于一个词汇量不够、语法也不是很清楚的孩子来说，背诵课文实在太难了。如果我们把它改为每天默写10个单词，或者抄写几个句子，或者默写一小段课文，孩子可能会愿意一试，并且更可能坚持下去。毕竟这样的任务不是太难，而且如果能坚持1个月，他会感受到自己有很大的进步。

第三，奖励要及时兑现。很多家长说他们和孩子其实是有奖励计划的。比如，考试提高多少分，就奖励一件他想要的东西。这也就意味着孩子需要经过较长一段时间坚持不懈的努力，并且还要依靠运气，如此次考试的题目不能太难，他才有可能获得奖励。这样的奖励对于成绩很差的孩子来说自然没有吸引力，尤其是年龄越小的孩子，所能忍受的时间就会越短。如果我们改为对每次单元测试、作业进行奖励就会有很大的不同。比如，每天的作业做完、做对各有什么样的奖励，连续一个星期上课都很认真会有什么样的奖励等。孩子知道，只要他努力就能得到他想要的奖励。

（二）内部动机

内部动机是指为了某事本身而做某事。比如，孩子喜欢学习只是因为他喜欢这门课程，考试只不过是检验他的学习成果的一种手段。

内部动机的激发与个体能否自己决定及选择有关。孩子越能够自己选择学习任务、学习时间，并且对自己的行为承担个人责任，他们的兴趣就越高，内在动机就越强。我们不难发现，大部分孩子都喜欢幼儿园，因为在幼儿园，大部分活动与玩具都是孩子可以自由选择的。到了小学阶段，孩子对自主性的要求不是太高，这时家长不给孩子自由，孩子也可以忍受，不至于出现太多问题。到了中学阶段，学校给予孩子自我选择的范围越来越小，家长对孩子的要求也越来越高，但是中学生正处于青春期，自我意识发展最强烈，此时，师生冲突、亲子冲突就会变得空前激烈起来。所以，很多来咨询的家长都会问一个共同的问题："为什么我的孩子在小学那么听话，成绩也很好，到了中学之后出现这么多问题，不听话、不愿意学习，而且不管你怎么说，他们都不肯听？"

那么，如何来化解这一矛盾呢？

首先，我们要向孩子解释，学习为什么很重要，学校为什么要这么要求。如果时间允许，我们可以与孩子讨论如果他是校长、老师或者家长，会如何看待学习任务。很多家长一方面告诉孩子学校学习的知识在生活中没有什么用，另一方面又强迫孩子拼命地学习，这显然会导致孩子的逆反。事实上，我们在学校学习的知识在生活中是有用的，只是没有学好，不会应用而已。如果有可能，我们要和孩子讨论，我们应用中小学学习的知识与理论解决了生活中哪些具体的问题。

其次，我们要关心孩子的感受，观察孩子在做他自己不想做又不得不做的事情时的情绪，与他讨论如何让自己更开心一点。记得孩子在高一时很不喜欢学习英语，我问他："你从小的梦想不是去英国留学吗？你不学英语会怎么样？"他听后有点不高兴，我也不敢再说话，一边待着去了。然后在他不开心地学习时，我又问他："你可以想想怎么样才可以让自己变得更开心一些。"后来他自己找到了很多方法，如选择去有外教的补习学校，邀请朋友一起背单词，到百词斩上打卡，在朋友圈中记录自己每天的成绩。我要做的就是每隔一段时间在他的朋友圈中点赞，告诉他我为他的坚持与努力骄傲。他的英语老师用了四个字来形容他半年来的学习情况：进步神速。

内部动机还与能否在学习中感受到幸福、体验到心流有关。家长有时过分关注学业成绩，忽视了学习本身的乐趣与幸福，甚至有家长告诉孩子："学海无涯苦作舟。"这种没有乐趣的学习是不可持续的，这也可以解释为什么学生高考完之后发泄的方式是撕书。那么，心流产生的条件是什么呢？

首先，任务要具有一定的挑战性，但又是可以达成的。如果任务太容易，孩子不可能产生心流。任务也不能太难，如果无论如何努力都难以达成，那么孩子也体验不到快乐,而只是充满挫败感。有一个朋友的孩子,上初中时根本不学习,到了高中后,他QQ上的签名为:"再上网剁手,再玩剁手,三年后复旦大学见。"我们看了都很感动,觉得这个孩子一下子转变这么大。但是半年之后,孩子又回到了原来的状况。原因在于他定的目标达成的时间是三年之后,没有近期目标来支撑,而且目标太高了,对于目前阶段的他来说可能根本无法达成。

其次,孩子要知觉到自己有一定的能力。如果孩子知道自己有较高的完成任务的技能,任务又具有一定的挑战性,那么孩子就能很容易地体验到幸福感,心流就容易产生,他会觉得很幸福,时间过得很快。觉得自己能力高的孩子,在面对简单任务时就会非常厌烦,所以他们在学习与考试时会出现简单的题目容易做错,甚至不做,而难题却做得很好的现象。如果孩子觉得自己能力较低,而任务又具有挑战性,孩子就会非常焦虑。如果任务简单,觉得自己能力低的孩子也不会有幸福感,他会觉得自己会做的大家都会做,从而没有什么兴趣去做,这也就解释了为什么有些成绩不好的孩子,连抄写与背诵的作业都不愿意做。

那么,家长如何帮助孩子体验到这种幸福感呢?一方面,家长要对自己的工作表现出高度的热情,将自己打造成所在领域的专家,并与孩子分享自己工作中的乐趣,从而为孩子树立一个富有内部动机的榜样。这样孩子就会领悟到,除了享乐能获得幸福感外,努力工作、面对挑战也是重要的获得幸福感的方法。另一方面,家长要帮助孩子将每天的任务与自己的技能尽可能相匹配,并且任务要具有一定的挑战性,详见第九章的自我管理能力教育的内容。

(三)内外动机的相互转化

当孩子没有内部动机时,家长可以先用良好的外部奖励激发孩子的外部动机,如前面所讲的抄写一段课文就给予奖励。很多家长担心,这样奖励,何时才是个头儿?原因就在于他们不知道外部动机在一定的条件下是可以转化为内部动机的。那么,转化的条件是什么呢?

首先,在奖励时要告诉孩子,并不是他的学习本身值得父母奖励,而是他现在没有体验到学习的乐趣,奖励的目的是希望他能通过获得外部奖励让学习过程变得更有趣一点。这给孩子传递了一个信息,学习是可以很快乐的,他在学习过程中要有意识地去体验学习的乐趣。如果孩子从来没有体验过学习的乐趣,家长还需要与他讨论,他在做什么事情时是很快乐的,快乐的原因与影响因素是什么等。这样孩子可以将这些经验迁移到学习过程中去。

其次,外部的奖励要侧重于过程而不是结果。也就是说,我们给予孩子的奖励是对他的学习行为与努力的奖励。孩子知道学习与努力是被肯定的行为，而不是分数，这会降低他对学习结果的担忧，减轻学习焦虑，增加学习乐趣。如果孩子一直没体验到学习的乐趣，那么奖励可以激励他坚持下去，直到他感受到自己的进步，体验到成就感。

最后，外部奖励要侧重于进步。当奖励传递的是进步信息时，孩子的自我效能感就会增强。比如，家长奖励孩子抄写课文或者默写单词，随着孩子拿到的奖励越来越多，他知道自己掌握的英语单词越来越多，会写的句子越来越多，对英语的掌握感同时得以增加，孩子体验到的成就感也随之增加。在这样的基础上，他的内部动机自然会被激发。

如果外部动机转化成了内部动机，孩子一般不会再来找父母要外部奖励。我和孩子制订的所有外部激励计划，需要持续给予奖励的时间一般不超过两个月。这表明两个月左右时孩子的外部动机已经转变为内部动机，孩子也变得越来越快乐，学习兴趣越来越浓。但是如果孩子已经有了内部动机，却仍然找父母要外部奖励，父母要和孩子说清楚停止外部的奖励是因为他已经做得很好，外部奖励的存在反而会减少他在学习中所体验的乐趣，然后再慢慢地停止。

内部动机同样可以转化为外部动机，转化为外部动机后，外界的刺激物一旦被撤销，那么孩子的动机也随之消失。因此，如果孩子有了内部动机，外部的奖励与表扬的使用就要非常谨慎，甚至不要使用。

孩子小的时候不愿意吃泥鳅，他爸爸看我用奖励的方法推动了孩子的英语学习，他也想用奖励的方法鼓励孩子吃泥鳅，承诺孩子吃一条泥鳅奖励5元钱。孩子一下就吃了8条，每条泥鳅吃两口就吐了。由于没有讲清楚规则，他爸爸也没有办法，只能当场给孩子40元钱。结果，第二天孩子不愿意吃鸡腿，我问他为什么不吃，他明确地告诉我他不喜欢吃，其实鸡腿是他平时喜欢吃的食物，他在等着他爸爸奖励他。我坚决不允许他爸爸再奖励，当然孩子那天也没有吃鸡腿，过了一周才恢复正常的饮食习惯。

另外，要引导孩子形成掌握取向而不是绩效取向。绩效取向只关心结果而不关心过程，只在乎分数与名次，而不在乎分数与名次获得的途径。对于绩效取向的孩子而言，获胜高于一切，而且获胜是他幸福的源泉。他们在与他人比较时，关注的也是他人的结果，而忽视他人为此付出的努力。有一次，我表扬孩子说，虽然你的名次没有上升，但是你努力了，所学的知识也更多了。结果他说："那又有什么意义？"这就是典型的绩效取向。

掌握取向的孩子也会关注结果，但相较于关注结果，他们更关注自己能力的提升。他们在学习时，会全神贯注于任务，并把注意力集中在能力的培养上，他们并不关心自己的表现是否超过其他人。由于掌握取向的孩子关注的是能力的提升，在学习过程中他们的能力总会有所提升，经验也会增加，那么他们其实没有什么真正意义上的失败。

绩效取向的孩子过分关注分数与外部的比较，虽然在学习过程中他们的能力也有所提升，但是只要没有达到自己的目标就意味着失败。与他人比较时，会有一个更麻烦的问题，名次通常不是自己努力就行的，还取决于比较的对象的努力程度与能力水平，当然还有运气。我的孩子在暑假时长高了很多，他很高兴，但是开学后他很不开心地对我说："我在长高，我的同学也在长高，他们长得比我还快。"

对成功没有信心的绩效取向的孩子，当目标没有达成时，很容易把失败归结为自己能力低下，那么久而久之他会放弃努力，我们称之为习得性无助。这种认为自己能力低下的信念通常会让青春期的孩子非常难受，为了让自己更好过一点，他们会找到一个更容易接受的理由来解释自己的失败。比如，他们可能会不做任何努力，这样他至少可以解释为："不是我能力低下，我不过是不努力而已。"如果家长经常说自己的孩子聪明，只是不努力，那么孩子就更可能使用这一方法。还有些孩子可能会找借口、制定谁都不能完成的目标，这样也可以减少他们失败时的心理压力。

父母不仅不可以表扬孩子聪明，而且在表扬孩子的努力时也要适度，因为过分表扬孩子的努力会让孩子觉得自己的能力太差，自己太笨。我们可以通过表扬孩子在学习过程中能力得到提升，来引导孩子转向掌握取向。比如，我们不说"你的英语成绩提高得很快，你的排名提前了好多"，而是改为"你真的很棒，知道利用闲暇时间来记单词"，或者"你做得真好，你每天这么努力学习，英语词汇量增加得很快"。

第三节　积极性格特征的培养

人们常说：性格决定命运。可见性格对于人生非常重要。性格自然是家庭教育中非常重要的内容。我们在这里要讲的性格特征并不是通常所说的内向与外向，事实上，内向与外向并没有什么好坏之分。我们要讲的性格特征，是指可以通过后天的培养来提升的、个体适应社会所需要的重要特征。

一、积极的性格特征

我国的孟万金等在国外积极心理学研究的基础上,根据大样本的测试结果,采用因素分析方法,抽取了中小学生所共同具有的六类积极性格特征(孟万金等,2014)。我对海南与贵州两省的中学生进行的调查也验证了这一结构。

(一)智慧与知识特征

智慧与知识特征是指个体通过获取与适应信息,以追求美好生活的特质,主要包括求知力、创造性、洞察力与思想的开放性。这些特质更多地与我们的认知活动有关。

求知力是指孩子热爱学习、有好奇心,求知力强的孩子遇到问题时喜欢思考与探索,自己寻求答案,它并不是指学习努力。

创造性是指学生能够思考出新奇和有效的方式去做事情。创造性高的孩子遇到问题时会思考多种解决方法,不愿意做与他人相同或相似的事情,而是追求新异性与原创性的解决方式。

洞察力是指能够为别人提供明智的参考意见,能够以多种方式看世界、认识自己和他人。

思想的开放性是指能够全面透彻地思考问题,从各个方面检查问题,不急于得出结论,还能够根据事实调整自己的思想,不会盲目地固执己见。一般来说,人的洞察力与思想的开放性是随着生活的阅历与后天的培养逐步发展起来的。

(二)人道主义特征

人们常说,与有些人谈话会觉得如沐春风,他们待人细致周到,说话和气友好;有些人则只要一开口说话就能伤人。这就是个人在人道主义特征上的差异,它是性格中的情感维度,包括爱、善良与社会智慧三种特质。

爱的力量是指爱人与被爱的力量,尤其是指重视与他人之间的亲密关系,能爱他人,能与他人分享并关照他人,能够亲近他人的力量。具有爱的力量的人,在与人相处时,更愿意理解他人的想法,接纳他人的情绪,并且能享受与他人亲密相处的感觉。

善良是指能够主动帮助他人,能够因为帮助他人而感到非常快乐。

社会智慧是指能够感受到他人的意图与感受,对周围的人际氛围非常敏感,能在不同的场合做出相应的言行举止,能敏锐地知道什么话能说,什么话不能说,什么时候要保持沉默,知道什么行为会让他人不开心,什么行为可以让人感觉更好。社会智慧与我们所说的情商具有一定的相似性,但情商的概念更广泛,包括对自己情绪的管理、对他人情绪的理解及关系的管理。

(三)意志力

生活中有些人会随波逐流,而有些人会坚持己见。有些人遇到困难就会放弃,而有些人会直面困难,坚信自己会成功。这就是我们所说的意志维度,意志力是帮助人们去处理来自自身内部的阻碍因素、抵御外界的诱惑与压力的重要因素。意志力包括诚实与执着两个特质。

诚实是指无论会受到什么影响,个体都会以诚恳的方式说出事实,不加任何掩饰与伪装,能够对自己的决定与行为负责任。《皇帝的新装》里的小男孩的表现并不是我们所说的诚实,因为这个孩子并不知道自己说出真话所需要承担的责任,只是童言无忌而已。如果这个孩子是一个成熟的大人,他明知自己说真话所要付出的代价,却仍然选择说出真相,那么他才称得上是诚实。

执着是指无论遇到什么威胁、挑战、困难与痛苦,都能坚持自己的言行,敢于追求自己的梦想,坚持自己的意见,努力去克服所有的困难。虽然不同领域需要不同的能力,但那些在自己的领域内做得非常优秀的人,如毛泽东、邓小平、居里夫人等,都有共同的特点:执着、不怕失败、越挫越勇、坚持到底。

(四)公正的力量

公正的力量是指个体与集体、与社会之间的一种理想互动,它与人道主义的力量具有相似的意义,只是公正强调的是个人与集体的关系,而人道主义强调的是人与人之间的关系。公正的力量包括领导力、团队精神与公平。

领导力是指具有组织集体活动的能力。具有领导力的人,能够鼓励团体中的所有成员朝着共同的目标努力,提升团队的凝聚力,高效完成团体任务。领导力还包括更愿意承担责任,哪怕这些问题并不是由他个人而是由团队成员或团体造成的,有领导力的人更愿意与他人一起或独自承担责任。

团队精神是指做好一名团队成员,做好自己的工作,并忠实于自己的团队,能与团队成员彼此关心与分享。有团队精神的人,在团队中会更多地考虑团队的利益,珍惜团队的荣誉,也更愿意为了团队做出牺牲。

公平是指承认每个人都有公平的机会,平等地对待每一个人,不让个人的利益与情感影响对别人所做出的决定。公平并不只是平均,它更多考虑的是每个人都有平等的机会，考虑到先天与后天条件差异的补偿机制。

（五）节制的力量

我们常说：过犹不及，做任何事情都不要做得太过头了。这就是节制的力量，是防止我们过度的性格特征，主要包括谦虚、宽容与持重。

谦虚是中国文化中非常重视的一种品质，在《尚书·大禹谟》中就有"满招损，谦受益，时乃天道"之说。谦虚是指不自满，不自以为是，能清醒地认识到自己身上的不足，但也不自贬。谦虚的人不会自我夸奖，而是选择让事实说话，不会认为自己比别人都强，也更愿意欣赏他人的优点。

宽容是指我们愿意原谅那些做了错事的人或对不起我们的人，我们会重新给予他们一次机会，放弃报复的权力。虽然是放弃报复他人的权力，但这一特质是让我们放弃仇恨、保持内心平静非常重要的特征。宽容并不是要一味地忍让与退缩，只是不愿意让自己纠结于他人的错误给自己带来的影响。

持重是指谨慎与自制。持重的人能控制自己的欲望和情绪，不会因为欲望和情绪而做出让自己将来后悔的事情。他们在做出选择时会尽可能考虑到情境与多种可能，慎重地做出选择，不做无谓的冒险，不做将来可能会后悔的事。在与他人交往的过程中，他们不会为了一吐为快，而说出将来自己可能会后悔的话。

（六）精神信念的力量

精神信念不是指针对个人，而是针对整个社会的一种信念与投入，致力于创造、发现一种理想的有着整个社会共同意义的美好的生活。其主要包括心灵触动、幽默感、希望与灵性。

心灵触动是指人能够发现与欣赏生活中的美好、自己的美好和他人的美好。有心灵触动特征的人易于欣赏自然界中的美，能感受音乐、艺术所表达的美，能感悟到科学、真理中的美及日常生活中的感人细节。他们更能享受生活，享受与他人的交往，能够感激生活中发生的每一件事情，能对他人表达自己的感激之情。

幽默感是指个体能够用轻松、诙谐的语言带给别人快乐，能够积极地去看待事情与生活中的小挫折，能够在团体中制造轻松的氛围、说一些笑话，或者拥有其他引人发笑的小技巧。（C. R. 斯奈德，沙恩·洛佩斯，2013）

希望与灵性其实是两个方面的内容，只是两者关系太紧密，我们便放在一起来描述。希望是指个体总是能够期待未来会有美好的事情发生，并且为之努力。充满希望的人在困境中也仍然对未来充满期待，相信困难只是暂时的，未来一定会更美好。灵性是指对人生价值的信念，并以此来规划自己的行为，能够感受生命中的愉悦。

二、积极性格特征的作用

（一）积极性格特征会影响孩子的心理健康水平

积极性格特征会影响人们的心理健康水平，各种积极性格特征的提升都有助于个体心理健康水平的提升。我们对初一与高一学生的调查结果表明，各种积极心理特征都与个体的心理问题发生率呈负相关。

心灵触动、社会智慧对人的心理健康的保护作用最大，两者共同解释中学生恐怖倾向、孤独倾向、冲动倾向28%～30%的变异，即中学生恐怖倾向、孤独倾向、冲动倾向之所以不同，其中28%～30%的原因在于他们心灵触动与社会智慧的水平不同，心灵触动与社会智慧的水平越高，他们有恐怖倾向与孤独倾向的可能性会越低。原因在于心灵触动越高，个体越能体验到环境、他人与自我生活的美好，而社会智慧有助于减少个体与他人的冲突，这样他们会有更好的人际关系，感觉孤独与恐怖的可能性自然会大幅度减小。

心灵触动还能单独解释10.7%的过敏倾向的变异，有心灵触动特征的人对他人更容易形成正性的认知，更倾向于发现与关注他人美好的一面，对他人产生敌意或警戒心的可能性自然会降低，对外界环境的刺激也会更平和，不易小题大做，生活得更健康。

其他积极性格特征对心理健康水平的解释力相对较弱，但也有一定影响，如求知力越强的孩子越不容易有孤独感，恐怖倾向也会减弱。执着会减少中学生与人交往的焦虑水平、孤独倾向与恐怖倾向。宽容、幽默感与团队精神会减少中学生的孤独倾向与恐怖倾向。希望与灵性、谦虚会减少中学生的敏感倾向。

持重、幽默感、善良、洞察力、求知力可以降低初中生网络成瘾的可能性，共解释初中生网络成瘾14.2%的变异，其中持重可以单独解释网络成瘾3.1%的变异，这表明对网络成瘾危害性的教育可能对能控制自己欲望和情绪的人效果更好，因为他们更容易克制自己，不会因网络带给自己的一时之快而失控。

(二)积极性格特征可以让孩子更幸福

团队精神可以单独解释初中生每天体验到的积极情绪的13.7%的变异,对自己满意度的7.5%的变异,团队精神与爱还可以解释初中生对自己家庭生活的评分,但解释量较低,仅为6.7%。这说明有团队精神、能关心团队与团队成员、能与团队成员分享的中学生会更快乐,体验到的积极情绪会更多。拥有团队精神和爱他人、爱自己的性格特点的个体对自己更满意,对自己的家庭生活也更满意。这也验证了艾里希·弗洛姆(2008)所说的"自私和自爱是不同一的,它们实际上是对立的。自私的人,爱自己不是太多,事实上他是仇视自己"。

领导力、社会智慧也可以解释少量的积极情绪与对自己的满意度。有领导力、愿意承担责任,并且能理解他人的意图与情感,能在不同的场合做出相应的行为反应的个体,通常也会体验到更多的积极情绪,对自己也会更满意。让自己体验到幸福的其他积极性格特征还有幽默感、善良、心灵触动、爱与求知力,它们均可以提升个体的积极情绪得分。

值得注意的是,积极性格特征与个体的消极情绪无关,积极性格特征并不能减少个体所体验到的消极情绪,即积极性格特征只会让我们更幸福,体验到更快乐的感受,但并不能减少我们体验到的不幸福感。

(三)积极性格特征会让孩子获得更多的成就

对中学生的调查数据表明,智慧与知识特征可以影响学生的学业成绩。我们的调查结果表明,重点班的学生的求知力高于其他班级,而其他的性格特征却没有表现出这一差异,由此可以推断,求知力可能是影响孩子学业成绩非常重要的性格因素。

其他因素对学业成绩的作用暂时没有得到太多数据的支持,但是"性格决定命运"这句话却得到了很多人的认同。随着科技的发展,人与人之间的联结越来越紧密,几乎没有一项成果不是人类共同智慧的结晶,人的成功也离不开良好的团队。只有拥有团队精神与社会智慧的人,才能更好地融入团队或带领团队,最终取得成功。

完成任何一件事情,都会经历兴奋期、疲劳期、寂寞期与收获期,没有谁的成功不需要经历这四个阶段,也没有谁的成功不经历无数次的失败。积极心理学发现,要想在某一领域内成为专家,至少要努力坚持练习1万小时。马云说,"今天很残酷,明天更残酷,后天很美好,但绝大多数人死在了明天晚上,见不着后天的太阳。所以，没有失败，只有放弃"(《赢在中国》项目组，2007)。能帮助我们看到"后天的太阳"的重要品质就是希望与执着，希望帮助我们在明天晚上的时候坚信后天会有美好的太阳出现，执着帮助我们在走向后天的路途中坚持自己的梦想，勇敢面对所有的威胁、挑战、困难与痛苦，面对他人的嘲笑与不解。

三、积极性格特征的培养

（一）父母的陪伴是培养孩子积极性格特征的关键

孩子在家庭中成长，父母是孩子的首任老师，自然也是培养孩子良好性格的关键因素。我们在贵州省某市的市级中学和农村中学对初一学生进行的调查发现，虽然两校学生的求知力没有差异，但在其他所有积极性格特征上均存在差异，农村孩子都比城市孩子低，在海南与贵州两省抽取的所有市级不同水平学校的学生的积极性格特征却并没有明显的差异。原因在于农村中学的孩子很多是留守儿童，缺乏父母的指导与陪伴；而城市孩子一般较少来自留守家庭，父母一直陪伴在孩子的身边。

笔者在海南与贵州两省对初一与高一学生的调查数据显示，男生在求知力、洞察力、执着、谦虚、持重方面的得分稍高于女生，而女生在爱、善良、心灵触动方面的得分要高于男生。这些差异有可能是由性别的先天差异造成的，但更可能是因为受到家庭教育中性别刻板印象的影响。在现代社会，我们总是认为女性更适合与人相处，家长也会在爱、善良、心灵触动方面对女孩有更多的要求，而对于男孩的期待却是生存与养家能力，所以对男孩的求知力、洞察力、执着、持重等方面的要求会更高。这也可以部分解释为什么女生在学习时并不比男生差，甚至比男生成绩更好，但工作后的成就反而更低，这种现象有可能部分是由性格方面的差异造成的，如求知力的差异。

独生子女除了在宽容上与非独生子女没有差异之外，其他积极性格特征均比非独生子女要好。原因可能在于独生子女往往来自父母单位稳定、文化程度相对较高的家庭，这样的家庭对孩子的教育更好，陪伴也更多。在非独生子女家庭中，排行老大者在善良、团队精神、公平、心灵触动上比家庭中其他孩子都要高，在领导力、谦虚、爱、社会智慧上均比排行中间者要高，但与最小者没有差异。为什么排行中间的孩子最差？这可能与中国家庭教育易于忽视中间者有关，作家三毛因为觉得在中间会被父母忽视，将原本应该是二毛的名字改为三毛，只为了获得父母更多一点的关注,这种对关注的渴求也不断地在她的作品中被表达出来。

父母职业是管理人员的孩子,除宽容外,在其他各种积极性格特征上的得分都高于职业是雇主、普通员工与农民的孩子;在社会智慧、领导力、团队精神、谦虚上高于职业是专业技术人员的孩子,但在宽容上低于专业技术人员的孩子。不同职业对人的性格要求是不同的,这种不同的性格特征也会影响父母对子女的教育。另外,父母的良好性格特征本身对孩子会起到榜样示范作用。

很多家庭都担心父母离婚可能会对孩子产生很大的影响,调查发现,父母单纯离婚,如果有一方能带孩子,对孩子的良好性格养成其实并没有太大的影响,父母离婚后与父母一方生活的孩子只在诚实的得分上低于完整家庭的孩子。这表明只要有父母一方能负起责任,好好地陪伴孩子,仍然可以让孩子生活得很好。但是父母离婚后,由祖父母或其他人抚养的孩子,在各种积极性格特征上均低于能与父母同住的孩子,因此,家长的陪伴本身就能对孩子良好性格的形成起到重要的作用。

(二)鼓励孩子担任学生或社团干部

对中学生的调查研究表明,在学校社团或班级中担任学生干部的孩子,除在宽容上不存在差异外,在其他积极性格特征上均比没有当过班干部或社团干部的孩子要好。当然不能说担任学生干部就会培养良好的性格,也有可能是因为有良好性格的孩子才有机会担任学生干部。

无论积极性格特征与担任学生干部之间是什么样的关系,但是担任学生干部就意味着要承担更多的责任,要与更多人交往,要处理更多的事情,这样孩子得到锻炼的机会就会增加。如果孩子的性格特点还不足以担任学生干部,家长要有意识地在旁边为孩子提供帮助,倾听孩子遇到的问题,鼓励孩子寻找解决问题的办法,必要时为孩子提供相应的支持。其实,即使是担任小组长也有助于孩子责任心与领导力的培养。家长可以建议老师让班级里的同学轮流当班干部,或者将班级事务有意识地分配给不同的孩子来承担。

记得孩子在读高中时加入了模拟联合国的社团活动,高一第一学期就遇到他所在的学校要承办全国中学生模拟联合国大会。他是公关部唯一的男生,同时又要到宣传部制作视频。他3天只睡了不到8小时,回家时人已经累得不成样子了,但孩子的进步很大,能更好地与人合作,宽容他人所犯错误,与家人沟通也变得更和气。因此,让孩子多参加社团活动、承担责任是培养良好性格的重要途径。

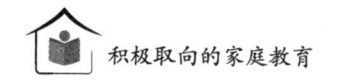

（三）有针对性地培养孩子的积极性格特征

如果孩子缺乏某些非常重要的积极性格特征，那么，我们就要进行有针对性的培养。

1. 智慧与知识特征的培养

我们可以鼓励孩子尝试新事物，如用新的方法去解决老问题，用多种方法去做作业；带孩子去一个全新的地方旅游，去探索该地的交通、文化与历史；鼓励孩子自己制作玩具，进行一些小的发明；除学校要求的名著外，推荐一些其他的书目给孩子阅读，带孩子去图书馆并让他自己选择书籍；鼓励孩子看一些科幻类书籍、探索类的纪录片，以培养孩子的好奇心，激发孩子的求知欲，扩大孩子的视野。

与孩子一起讨论他喜欢的偶像、名人的性格特点。让孩子分析哪些人物是他觉得最有智慧的人，并且想象成那个人来生活一天，像那个人一样去思考。要求孩子学会在说出自己的观点之前思考得比平时更久一点，尽量思考自己的观点是否考虑周全，以培养孩子的洞察力。

在家中，可以和孩子玩自我反驳的游戏。比如，看电视时，就某一事件说出自己的观点，然后反驳自己的观点，考虑自己的一些观点是否错误。还可以陪伴孩子收听新闻、阅读评论，让孩子理解事件不只有一面是正确的。处于青春期的孩子往往易于过度情绪化，通过这样的训练，可以培养孩子思维的开放性，促进孩子的理性思维。

2. 人道主义特征的培养

人道主义是个人与他人相处时表现出来的积极性格特征，自然也需要在与他人相处中进行培养。比如，鼓励孩子和同伴一起去做他最喜欢的事情，学会真诚地回应他人对自己的赞美，学会给好朋友或亲人用心地准备生日礼物等，以培养孩子爱与被爱的能力。

很多家庭不愿意与老人一起生活，尤其是媳妇不愿意与公婆一起住，认为与老人一起住会因为生活习惯不同而不好相处，进而影响家庭和睦与夫妻关系，育儿理念的差异也不利于孩子的教育。这些有一定的道理，但是培养孩子人道主义的机会也会因此减少。与老人一起住，孩子就能亲眼看见父母孝顺长辈、解决家庭矛盾、调停各方利益，尤其是在育儿理念不一致时，祖孙三代如何去处理这些差异更是考验母亲的社会智慧，当然也是培养孩子社会智慧非常重要的途径。

与老人一起住的时候，我们可以有意识地让孩子帮助家庭处理矛盾，如充当婆媳之间的小小调停人，让孩子去哄生气的老人。和孩子说说公婆的哪些行为让你很不开心，你又是如何设身处地去理解公婆的那些行为，从而让自己好受一些，并且不会以同样的方式对待老人。和孩子讨论怎样才能让全家人生活得更好一点，让老人在家庭中生活得更舒服一些。这些都是培养孩子善良的特性、发展孩子社会智慧的重要方法。

中国传统的几代同堂的家庭是培养孩子的伦理道德、满足孩子的归属感的非常重要的方式。尽管这种几代同堂的生活模式会让我们牺牲一些个人的自由，需要彼此谦让，但它是我们满足归属感、减弱孤独感、维护心理健康非常重要的支持系统。

3. 意志力的培养

在家庭中，我们需要鼓励孩子表达自己的真实想法，无论这种想法能否得到父母的赞同。要告诉孩子，如果自己认定是正确的观点，无论是否会被孤立均应该坚持，而不是因畏惧权威或者害怕受到惩罚而放弃。在受到误解或伤害时，要勇于表达自己真实的感受。

鼓励孩子去追求自己认定的梦想，即便在他人看来这个梦想不可能实现。记得我在县级医院做护士时，准备考研。由于当时医院的工作很累，时间比较紧，加上我在中专毕业后就没有接受过正规的学校教育，底子比较薄弱，很多人都说我考不上。最终我还是鼓起勇气去考了，并且考上了。我发现考研并没有想象的那么难，当然更没有其他人所说的那么难。世界上很多事情都是凭着执着去完成的，努力加执着可以帮我们做成很多看似不可能的事情。

如果孩子天生就胆子小，不敢追求自己的梦想，或者容易受他人影响，轻易放弃自己的梦想，那么，我们就要鼓励孩子行动而不是放弃。在我快要放弃时，我常常会问自己："如果我努力追求，但没有成功，会给我现在的生活带来多大的灾难？"如果回答是"没有影响"或者"影响不大"，我就会更有信心去做。在我决定考研时，我给自己的回答是"没有任何不利影响，多少还会让我自己在英语水平及专业知识方面有更大的提高"。这样，我就可以没有任何压力地去学习。帮助你的孩子学会问自己这些问题，他会变得更勇敢、更有意志力，而且不至于蛮干。

如果孩子的坚持性不好，做什么事情都三分钟热度，那么，我们要培养孩子的执着品质。比如，让孩子每天列出一张要做事情的任务表，并且每天对照任务表检查自己的完成情况。任务表的制作可以参照本书第九章的相关内容。根据孩子的年龄，让孩子练习连续不断地工作一段时间不被打断，包括中途不看电视、不看手机、不接电话，强迫自己在固定的时间做固定的事情等。

对他人诚实是勇敢者才能真正做到的，因为诚实包括你可能会为此付出代价。我们要鼓励孩子避免说谎，即使是所谓善意的谎言也不行，虚假的赞扬也要尽可能避免。在生活中，我们会发现有些人非常喜欢表扬他人，但他的表扬让人很不舒服，因为这些表扬不是发自内心的，也不是真诚的；还有一些人，他们从不说假话，但是大家也讨厌他们，原因可能在于真话有时真的很伤人。因此，诚实往往还需要有社会智慧的配合。

比如，你的好朋友买了一件新衣服，问你看起来怎么样。我们当然知道她很喜欢这件衣服，但是她穿起来真的不好看。你要怎么做？如果你违心地说"真的很漂亮"，那么人家穿着出去，却被他人嘲笑，我想她再也不相信你说的话了。如果你说："你穿起来真的不好看。"你固然说的是真话，但估计人家听了会很不开心。如果你说："这衣服颜色很不错，你穿起来挺好的。只是款式上好像有点不太适合你。"估计你的朋友下次有什么不确定的事情也会来咨询你，因为你既真诚又不伤人。

4. 公正性格的培养

公正是基于个人与团体之间的互动，包括领导力、团队精神与公平，需要将个人融入到团体之中来培养。通过让孩子组织家庭中的一些聚会、活动可以培养孩子的领导力。比如，让孩子为父亲或母亲组织一次生日聚会，父母中不过生日的一方作为协作者来帮助孩子。在外出旅游时，完全让孩子来设计旅游路线，了解旅游目的地的天气、历史、景点与交通情况。大一点的孩子，可以让他购买机票、预订酒店、准备行李等。我有一位朋友完全不懂法语，只告诉读高二的女儿可以用2万元，一家三口去法国旅游一次。孩子在网上联系参加中法文化交流的家庭，以低廉的价格入住法国家庭。接下来的签证、订机票、旅游路线、吃住行游全由这个女孩搞定。在计划资金内，全家在法国玩了一周，并且参加的旅游活动非常丰富。

即便不外出旅游，在普通的家庭生活中也可以培养孩子的领导力。比如，家庭中有客人来时，我们可以有意识地交给孩子去接待、照顾客人，让他想办法让客人感觉舒服与亲切。在共同的工作与活动中，让孩子学会承担责任，解决成员之间的小矛盾。

领导力很重要，但是孩子最先要学会的可能是如何成为一名好的队员，因为所有的人都是从基层开始做的。让孩子主动参加社团活动、为班级的工作贡献力量、帮助清理和保持教室的环境卫生都是培养孩子团队精神的方式。

我的孩子在模拟联合国秘书长竞选时，主动放弃竞选秘书长，而选择了副秘书长。他一方面是考虑秘书长的事情太多，会严重影响他的学业成绩，另一方面是想学会做一个好的队员。他回来跟我说："妈妈，其实做一个队员锻炼到的能力更多。做一个好的队员、勇于承担自己的责任是我今后工作最需要的能力。作为一个副手，而不是秘书长，我可以起到一个中层的作用，在这个位置，我不仅需要表达自己的观点，将我所分管的那部分工作及人员管理好，还需要考虑我所在部门的工作与整个团队工作的关系，要将秘书长的意思准确地告诉我所在部门的人员，又要把所在部门的工作情况及人员的意图告诉秘书长。所以，我觉得竞选副秘书长对于我目前的状况来说更理想。"

公正也是一个公民或者一个职业人非常重要的品质，如果每个人都只站在自己的立场上思考问题，则会导致很多的纷争。在家庭生活中，一定要让孩子承认自己的错误并承担相应的责任。记得在我们小时候，如果不小心摔跤了，爷爷奶奶总是会说："打地板，谁让它让我们宝贝摔跤的。"这样为孩子找借口的行为不能培养孩子的责任心。在家庭中对话时，要让孩子学会听完他人讲话，不能中途打断他人。在团体中，让孩子学会倾听他人的意见，并且认真思考他人的意见。

5. 节制性格的培养

谦虚是中国传统文化极为推崇的特质，随着西方文化的影响，家庭对这一特质的培养有所减弱。过去，家长总是鼓励我们要谦虚，但是家长有些做法是错误的。我有一位同学长得很漂亮，她说小时候别人夸她漂亮时，她总是告诉人家："我不漂亮，因为妈妈说要谦虚。"谦虚并不是要自贬，不是自己也认为自己漂亮，却故意说不漂亮。

谦虚是让孩子不要过于显摆自己，自以为是。培养谦虚的品质首先要培养孩子发现他人优点、接受他人优点的能力。比如，鼓励孩子思考他的朋友或者同学哪件事情做得比他好，并且向他人表示真诚的赞美。在穿着打扮上，尽量要低调，不要故意去吸引别人的注意。在与他人在一起时，尽量少谈论自己，而尽量倾听他人，甚至可以和孩子玩一整天不谈论自己的游戏，有意识地培养孩子谦虚的品质。

有时家长也会不由自主地表扬自己而贬抑他人。有一次，孩子回来和我分享他们班一位同学家长的故事。他说他的同学非常努力，中午都不睡觉，早上很早就起床学习，晚上很晚才睡觉。他妈妈不仅不阻止，还表扬孩子的努力，根本就没有想过这样对孩子的身体好不好。我听后很得意地说："你看，还是妈妈好吧，晚上超过12点就坚决不让你学习。"孩子马上闭嘴不和我说了，一脸的不屑，心里大概在想：妈妈，你的谦虚呢？

谦虚有助于我们获得良好的人际关系与他人的信任，而宽容可以让我们获得内心的平静，不让我们在盛怒之下做出今后会后悔的事情。在生活中，我们可以让孩子学会管理自己的情绪，不乱发脾气，哪怕我们有足够正当的理由，也要尽量控制自己的脾气（具体调控情绪的方法请参见本书第九章的相关内容）。另外，我们需要让孩子学会驱除怨恨，如果很生他人的气或者怨恨他人，我们可以让孩子学习林肯写那些永不寄出的信来排解自己的愤怒，而又不伤害他人。我们还可以走得更远一点，在消除了自己的愤怒之后，再接着写一封宽恕信，同样不要寄出去。然后一周内的每一天都读一遍，这样可以更好地培养孩子的宽容品质。

谨慎与自制也是我们要培养的重要心理品质。我们常常把心直口快当作一个好的特征来表扬，但深思熟虑同样是褒义的。谨慎就是要能深思熟虑而不是心直口快，毕竟话说出来之后要收回去几乎是不可能的。在家中，我们可以和孩子玩一些深思熟虑的游戏，如在游戏时，说任何话之前都要先思考两遍才能说。在生活中也可以培养孩子的这项能力，如在孩子要玩具时或者提出其他要求时，不要立即满足孩子的愿望，而是让孩子问一下自己："我真的需要吗？不要又会有什么影响？"

如果孩子特别喜欢冒险，并且不考虑后果，我们可以和他一起看一些冒险的纪录片，然后与他讨论：片中的主人公是做无谓的冒险还是考虑周全后的冒险？他这样做是否值得？他在什么样的情况下可以选择放弃？放弃是代表懦弱还是睿智？

6. 精神信念的培养

心灵触动是一种帮助孩子发现与欣赏生活、自己和他人的美好的力量。比如，带孩子去参观博物馆、看美术展览、走近大自然，以培养孩子发现美的能力。鼓励孩子在每次出游回来、观察事物之后写美丽日记，即写下自己觉得最美丽的事情，要注意的是不要评判孩子日记写作水平的高低，要欣赏他在日记中记录下的美丽情境。鼓励孩子发现生活中一些让他感觉很美好的事情，并且将这些事情或瞬间拍摄下来，放在自己的电脑里或留在手机里，当自己无聊时、难受时，翻出来看看，回忆一下当时自己的情绪，从而有效地减轻自己消极的情绪体验。

我们也可以把自己家的阳台利用起来，如在阳台上做些园艺工作，并让孩子参与其中。比如，送给孩子一盆花或只是一个花盆与一包种子，让孩子在制作园艺的过程中去体验培养生命的美好。还可以和孩子一起用植物、石头制作艺术作品，如植物画，这些作品同样可以拍摄下来，甚至可以把亲子劳作的照片拍摄下来。日后通过与孩子一起翻看这些照片，不仅可以激发孩子积极的情绪体验，还能体验到亲人之间的联结，感激生活中发生的这些事，感激父母。

图 8-1（a）是我给本科生上积极心理学课程时，学生自己动手制作植物画的场景，当时他们特别高兴与投入。图 8-1（b）是他们制作的成品，在我半年后为写作本书向他们索要这些图片时我才发现，几乎所有的学生都完整地保留了这些画作的图片，而且非常积极地发给我。

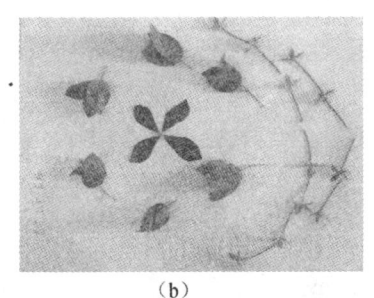

图 8-1　植物画制作场景及成品

能够欣赏生活中的美的人一般也能在困境中保有希望，我们还可以通过阅读名人传记来培养孩子的希望品质，我们不是要欣赏这些名人的成功与伟大，而是要看看这些名人在成功之前所经历的失败。然后分析这些人在面对失败时，他们是怎样思考的，并把这些思考模式写下来进行比较。最后我们再有意识地帮助孩子记录他们在失败或挫折面前的思考方式。具体培养方法见第九章介绍的 ABC 理论。

在培养孩子的希望与灵性的品质时，要注意正确区分真正的悲观与防御性悲观。真正的悲观是气质性的悲观，这样的孩子在面对挑战时只会想到失败，在挫折中通常会比气质性乐观者体验到更多的焦虑与抑郁，应对压力与危机的能力更差一些，健康状况更差一些。这些孩子需要我们用更多的精力去培养他的希望与灵性、心灵触动的品质。

防御性悲观者则不同，他们在面临一项任务时也会想到失败的可能，他们会告诉自己，在即将来临的任务中自己会做得不好，并因此对可能发生的坏结果感到焦虑和烦躁。但与气质性悲观者不同的是，这样的想法只是他们的一种应对策略,是他们迎接失败的一种方式,即事先给自己一个低的预期,这种持续的低预期会减少他们在真正面对失败时的焦虑,即他们有了心理准备,如果结果是成功的,则会让他们体验到更大的喜悦。

与气质性乐观者靠成功的喜悦来激励自己努力不同,防御性悲观者更喜欢靠害怕失败来激励自己前行。实验研究发现,对于气质性乐观者来说,事前提醒他们可能会失败,通常会比没有提醒的效果要差一些,对于防御性悲观者,则会比没有提醒要好很多。因此,我们在激励孩子时,首先要分清自己的孩子是哪种类型。如果孩子先天就是乐观派,那么家长强调成功了会有什么样的奖励或结果可能更能激励自己的孩子。调查发现,有些家长说"学习完,让你玩电脑"会让一些孩子充满学习的动力,但是对于另一些孩子,这样说反而让他们没有努力的动力。

(四)帮助孩子认识到自己的积极性格特征

孩子拥有了很好的性格,并不表示他就能认识到自己的积极性格特征。如何帮助孩子找到自己最突出的积极性格特征也是家庭教育的内容之一。

我们可以让孩子写成就故事,然后通过分析这些成就故事来帮助孩子找到自己的优势。比如,让孩子写出五件最让自己骄傲的事情,通过分析这五个故事,我们能够找出孩子最突出的、反复使用的性格特征。其实,通过写成就故事,我们还可以分析出孩子的兴趣、能力与价值观,因此这也是我们在生涯发展咨询中经常使用的方法。

此外,可以让孩子进行积极心理品质的心理测试,国内已经初步开发出了部分积极心理品质问卷。由于这些问卷还没有达到标准化,我们只能初步分析孩子的性格特点。

孩子认识到自己的性格优势后,通常会更自信。心理学的研究发现,个体在使用自己的性格优势时,通常会更兴奋、感觉自己更有力量,生活满意度也会更高。所以,我们还需要鼓励孩子有意识地去使用自己的性格优势,以提升孩子解决问题的能力,并提升孩子的生活品质与自信。

第九章 自我管理能力教育

马丁·塞利格曼（2012）认为个人成就大小等于技能与努力的乘积，两个因素中的任一因素为零，则个体的成就为零。技能会受先天遗传的影响，如智力的高低与遗传有关，但也可以后天培养。努力是指个人花在任务上的时间，现有研究发现，个人在某个领域要成为专家，需要花费1万个小时。要保证自己坚持不懈地在某个领域内努力，要保证必要的时间，则需要很强的自我管理能力。

自我管理是指个体主动调节自己的内心活动和行为，克服不利于自身发展的外部环境，最大限度利用和发挥自己的时间与潜能，以获得自我的积极发展，达到自己的目标。自我管理主要包括目标管理与计划策略、时间管理、情绪管理等内容。

第一节 目标管理与计划策略

在第八章第二节中，我们讲述过特里·福克斯的故事，知道了目标对于人的重要作用。关于目标的作用的例子还有很多，如美国电影《当幸福来敲门》《阿甘正传》等。生涯教育的目的就是帮助孩子描绘自己的人生蓝图，鼓励孩子养成自我管理、主动学习的习惯。

一、确定长期目标

长期目标是个人成长的指路明灯，它会使个体在遭遇诸多困扰时明了自己前进的方向，并且是支撑自己努力前行的动力。我是1991~1994年在卫生学校读中专的，当时我们护理专业一个年级共有三个班，共150名学生。在2014年，即毕业20年的同学聚会时，我们才发现三个班中只有我和另一个同学通过考研究生转行到其他职业，在读书时决定要考研究生并从事其他工作的也只有我们两个。我举这个例子不是为了说通过考研转行有多么了不起，事实上，中专毕业生考研的比例一直很高，我只是为了说明长期目标在人生成长中的作用。

我的那位同学转行成为一名妇科肿瘤医生，成为一名医生是她在读中专时的梦想，那时她只有16岁。她从小丧母，又是家中的长女，而且家庭条件非常困难，她在卫生学校学习期间就是靠着学校的助学金完成学业的，所以毕业后她选择了直接参加工作，资助弟弟妹妹学习，同时结婚生子。

从卫生学校毕业10年之后，她已经在一所地级市内的二甲医院担任护士长多年，孩子也上了幼儿园，弟弟妹妹全部大学毕业并找到了工作。这时，她开始准备考研，并于第二年考上医学专业的研究生。现在，她已经如愿以偿地在北京一所医院当上了主治医生。她的经历告诉我们，人之所以能坚持，就在于有一个梦想，这个梦想会不断地提醒我们不要沉沦、不要放弃，要一路前行。

家长只是告诉孩子读好书、考个好大学、找个好工作是无法激励孩子的，因为这并不是孩子的目标，更不是长期目标。对于孩子来说，重要的是寻找到自己真正想要达成的目标。长期目标是个体的希望，是关于自己想做什么、想要成为什么样的人的思考，因此不需要太关注自己是否能达成，毕竟它是一个长期目标，是个体努力的方向。在达成目标的过程中，个体可以不断修正、调整以适应自己的实际情况。其实就是所谓的"取乎其上，得乎其中；取乎其中，得乎其下；取乎其下，则无所得矣"。

如何找到长期目标呢？如果父母在养育孩子的过程中，适时进行了相应的生涯教育，那么，孩子到上大学时就会有一个比较清晰的长期目标。家长需要注意的是，长期目标绝对不只是自己要从事什么样的工作，在哪里工作，和什么人在一起工作，它还包括自己要成为什么样的人。

不要认为孩子的目标不现实，现在看起来不现实，谁又能说一定不能实现？记得我在医院工作时，当同事知道我准备考研，以实现自己当大学教师的梦想时，很多人都觉得好笑，还有人直接告诉我："我们医院历史上没有任何一名护士参加研究生考试，医生考上研究生的都很少。"一年以后，当得知我考上研究生时，那些笑话我不知天高地厚的人都不说话了。在树立目标时，不要听那些失败者的所谓金玉良言，也不要完全听信那些关心你、因为担心你受苦而说不行的人。相比于前者，其实后者的影响更大，因为个体更容易受关心自己的人的影响，尤其是父母的影响。

在家中，父母可以和年幼的孩子玩穿越游戏以帮助孩子了解自己想要达成的目标。比如，让孩子想象自己几十年之后，再和小时候的同学见面时，他想让同学看到他是什么样的，他们会对他说些什么。还可以让孩子分析他最喜欢的名人是谁，为什么这么喜欢这个名人，他希望自己能像谁那样生活。除了希望像某人那样生活，他还希望自己和他有什么不同。最后再问孩子为什么希望这样生活。

对于年龄大一点的孩子，如进入中学阶段的孩子，由于家庭在不断地进行生涯教育，学校也会陆续开展一些生涯教育，那么孩子对未来就会有一些具体的想法了，我们要鼓励孩子把未来的目标写下来。

二、落实长期目标

长期目标如果只是写下来，对个体的作用相对较弱，因为它是长期的，个体会觉得慢慢做也来得及。因此，目标设定之后，如何落实就变得尤为关键。

（一）将长期目标转化为中短期目标

在孩子有了长期目标之后，我们需要帮助孩子分析怎样才可以达到长期目标。下面，我以我咨询的一个案例来阐述将长期目标转化为中短期目标的过程与方法。

咨询的个案当时是一个初二的学生，他制定的长期目标是自己 25 年后要成为一名企业家，那时他自己会有 39 岁了。他希望自己在 30 岁时开始创业，在这之前，他需要做资金准备、经验准备、信心准备、毅力准备、学识准备、工作能力（管理能力、理财能力、沟通能力、领导能力）准备、身体准备。所以，他的中期目标是在 30 岁之前能为独立创业做好物质与心理等方面的准备。

中期目标仍然太远了，难以对孩子的行为产生影响，还需要转化为更短期的目标。比如，这个初二的孩子发现，自己创业的那些条件不是一日就可促成的，在咨询师的帮助下，他又细化了 5 年内的近期目标。他发现，首先，他要考上一所好的大学，在那里可以学到更多更好的知识，但上什么样的大学与学什么专业暂时还无法确定，还需要对自己进行探索才行。其次，他现在也需要培养理财能力和沟通能力、改变学习方法、管理自己的学习。

他再一次将目标细化到最近 1 年，他觉得要上好的大学，1 年后考上一所重点高中是一件很急迫、很现实的事。他开始盘点自己已有的资产及需要完成的任务，并且在我的指导下设计了目标与现状分析表（表 9-1）。

积极取向的家庭教育

表 9-1　目标与现状分析表

任务	问题
英语	词汇量少，记忆不准确，语法欠缺，听力也有待加强
会考	地理与生物会考要达到 A，但现在还相差 5～15 分的距离
体育	体育要达到 A，现在跑步还只能达到 B
操行	操行要达到 A，但这学期已经被老师罚了 3 次
其他课程	所有课程都没有达到 A 的水平
时间管理	时间管理不恰当，主要是预计时间常少于实际时间，计划的任务老是完成不了
人际关系	与妈妈的关系不好，沟通有障碍，与同学关系不错，与老师的关系还可以
理财	没有理财的习惯，都是需要钱的时候找妈妈要，没有储蓄的习惯

（二）将目标细化为月目标与周目标

在确定了自己存在的问题之后，可以将任务细化为月目标与周目标（表 9-2）。将目标分解到每个星期的过程，其实也是让孩子看到改变并不困难的过程。将一个看似不可能的任务化解为每个星期需要做的少量事情，孩子就愿意做出改变，而改变是成功最重要的基础。这也可以减少孩子在追求中期目标的过程中可能会出现的焦虑情绪，增强他的自信心。

表 9-2　目标细化表

这个学期要做的事	这个月要完成的事	这个星期要完成的事
1. 背 1000 个词汇、200 个固定搭配	背 250 个词汇、40 个固定搭配	背 70 个词汇、10 个固定搭配
2. 背诵英语课文 48 课	背诵英语课文 16 课	背诵英语课文 4 课
3. 物理要达到 95 分，每节课后要总结	总结完已学内容的笔记，制定错题本	整理第一部分笔记，准备第一部分的错题本
4. 语文达到 95 分，不欠交作文与摘抄，背诵全部要求背诵文言文	不欠交作文与摘抄，背诵文言文 12 篇	不欠交作文与摘抄，背诵文言文 3 篇
5. 长跑能提速 1 秒	练习长跑 8 次，每次 1000 米	练习长跑 2 次，一次能跑完 800 米
6. 找妈妈谈判，争取要回自己压岁钱的管理权、商量零花钱的额度、制订财务管理计划	要回压岁钱管理权、商量零花钱的额度	商量零花钱的额度
7. ……	……	……

（三）将每周的任务再细化成每天的任务

每周的任务一定要细化为每天的任务，父母要提醒孩子思考，在分解目标时是否留出了应对意外事件的时间。很多孩子都会制订计划，但是当他有几次完不成时就会焦虑，所以我一般让学生在分解目标时要多留出一些时间作为机动时间，这样，即使某一天的任务没有完成，也不至于导致总的计划完不成。比如，将每周的时间只按 5 天来计算，这样分解出来的任务就会让孩子有 2 天的机动时间（表 9-3）。

表 9-3　每天的任务及监测表

今天要做的事	预计完成的时间	实际完成的时间	两者的差距及原因	满意情况
1. 背英语课文第 1 课				
2. 记住英语单词 13 个、固定搭配 5 个				
3. 复习前一天的英语				
4. 作业一				
5. 作业二				
6. 锻炼				
7. 今天应用的学习策略[①]				

表中的第一列是今天要做的事，第二列是他预计完成的时间，第三列是实际完成的时间，第四列是第三列减去第二列的时间差，并且对其原因进行分析，最后一列是自己的满意情况。

让孩子估计完成的时间，并记录与比较预计完成时间与实际完成时间的差异，目的是培养孩子准确评估任务所需时间的能力。很多孩子在一开始难以准确评估自己完成任务所需要的时间，不是过多就是过少。预计完成时间过少的话，单位时间内的任务就会较多，这样，孩子常常难以完成任务，这会让他充满挫折感与焦虑感，甚至不愿意再做计划。如果预计完成时间过多，单位时间内的任务就会太少，这样会浪费很多时间，使得效率低下。如果我们 1 天只计划做 1 件事，我们会花一整天来做这件事；如果我们 1 天计划做 10 件事，我们通常会完成 7～8 件事，这会大大增加我们的效率。

分析实际完成时间与预计完成时间差异的原因，还可以培养孩子的时间管理意识，分析影响效率的因素，如除了计划不合理之外，可能是因为被人打扰、分心、注意力不集中等。这样，我们可以帮助孩子寻找相应的解决办法，培养策略意识。满意情况是为了激励孩子，通过不断地练习，孩子会发现自己的效率越来

---

① 让孩子写"今天应用的学习策略"是帮助孩子有意识地使用学习策略来改进学习，提升学习效率，这对于学习策略不佳的孩子来说尤为重要，家长在必要时要主动提供帮助。

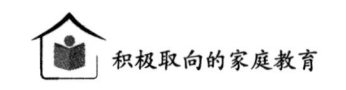

越高，预计时间越来越准确，对自己也会越来越满意。

三、细化目标的注意事项

（一）长期目标要高远，但不要好高骛远

树立长期目标时，我们强调要有高远的目标。

目标要高远的第一层含义是树立长期目标时要有世界眼光，有心怀天下的情怀。我们现在的生活条件比过去好很多，物质更丰富了，但我们的幸福感并没有提高，甚至是下降了，患抑郁症的比例增加了。当物质财富能满足人们的生活所需时，金钱无法带给我们幸福，影响人们幸福的因素包括是否有工作、是否充满感恩、是否乐观、朋友多少、身体是否健康等。如果孩子能够心怀天下，能以关心他人为乐，能以为这个世界做点什么而自豪，那么他就会比为了工资而工作要幸福得多。

目标要高远的第二层含义是个体要树立具有挑战性的目标，一个不需要任何努力就能达到的目标无法激励个体努力前行，达到了目标也无法给个体提供满足感、自豪感与成就感。具有挑战性的目标是个体通过努力能够达到的目标，当然，定义是否能够达到的人应该是孩子，而不是父母。

孩子在年级排 500 多名时对我说，他想考北京大学，当时我听了真不知道该说什么。孩子说，努力一点是有希望的，每学期前进 100 名就够了。我没有说什么，虽然很不相信，但也不想打击他的积极性。后来发现，他真的离这个目标越来越近。

目标要高远，但不要好高骛远，即孩子不能不切实际地追求过高、过远的目标。比如，孩子根本不努力，却发誓非排名世界前五的大学不读，那就是好高骛远了。还有，如果孩子这个学期的成绩是倒数第一名，他却希望在下个学期能拿到班上第一名，这也是一种好高骛远的表现。

不要好高骛远的另一个含义是，在树立目标后，要能够及时根据自己的情况进行调整。我的孩子在初中以前一直想去读剑桥大学，到了高中后他知道实现不了这个目标了，就调整为读研究生时再去剑桥大学，先在国内努力考一个好大学。一年之后，根据自己的性格、兴趣的探索与家庭经济条件，他决定选择去美国留学。其实从小学到现在，他一直在不断地调整自己的目标，将来也会根据实际情况进行调整。因此，所谓目标要高远，是建立在根据自己的实际情况与外界环境的变化及时进行调整的基础之上的。

（二）目标一定要符合社会的需要与自身的特点

个人是生活在社会中的人，不可能独立于社会，目标的实现也一定会受制于

社会。科技发展的速度空前加快，社会的变化也在加速，现在热门的领域几年之后可能就会变成冷门领域，曾经冷门的专业却可能变成热门专业，很多新的行业也会不断出现。如果孩子过早地确定自己的领域，却不关注社会的发展与环境的变化，那么，他所专注的领域就可能被淘汰，这样显然无法达成自身的目标。还有一种情况是，该领域对人才的要求已经发生了很大的变化，个人却没有为之做好准备，这样他也会被无情地淘汰。

目标还要适合自身的特点与家庭环境的要求。比如，一个父母均在农村的孩子很喜欢弹钢琴，想以钢琴师为职业。而她的父母根本无力承担学习钢琴所需要的巨额花费，况且这个孩子的手指还不是很长，并不是特别适合学习钢琴。在与她的交谈中，我没有支持她的想法。通过对话，她认识到有很多其他工作也需要音乐才能，也能满足她对音乐的热爱。然后我帮助她寻找既是社会所需，又适合她的现实情况，同时能满足她对音乐的热爱的职业。经过探索后，她发现音乐治疗、自闭症儿童的治疗、学前教育等都需要音乐能力，进一步分析未来的职业发展趋势与家庭条件，她选择去学习护理专业，以便今后再继续学习，做自闭症儿童的治疗与护理的工作。

（三）中短期目标要符合 SMART 原则

SMART 是一种目标管理的原则。S（specific）是指目标要有具体的内容，拒绝空泛、大口号、大方向；M（measurable）是指目标应该可测量，并具有衡量标准；A（attainable）是指目标应有挑战性，经过自身努力或外界帮助可以达成；R（relevant）是指目标应该有价值，与大目标方向一致，能为实现大目标服务；T（time-based）是指目标要有明确的时间限制。

很多孩子会告诉你，这个学期，他想把英语成绩提高一点，多读点书。这个目标只有时间限制，但是不具体、不可测量、操作性不强。有些成绩差的孩子，家长每个学期问他这个学期的目标是什么，他都会告诉家长考第一名，很显然这不符合挑战性原则，因为经过他的努力很难拿到第一名，这个目标对他也没有激励性。

今天背英语课文第 1 课，默写单词 15 个，这些目标就符合了 SMART 原则。时间控制在 1 天，背英语课文 1 课和默写单词 15 个也是通过努力能完成的，而且又不是很容易完成。同样，这些目标也是具体的、可测量的。

（四）注意目标之间的关系

有时短期内需要达成的目标不止一个，而是很多个。这时，个体通常会很混

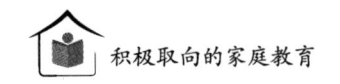

乱，甚至很焦虑。如果孩子能注意到这些目标之间的内在关系，分清主次关系与时间关系，就会发现：有些目标没有那么重要，可以不着急准备；有些目标很重要，时间很短，需要赶快准备；还有些目标的达成可以为另一目标打下基础。这样，孩子的压力就会减小很多，再配合时间管理，通常几个目标都有可能达成。

在我做班主任的时候，班上有位女同学来找我，她焦虑地说："老师，我现在的生活一团糟。现在已经是9月份了，我在这个学期要考研，要考英语六级，还要考教师资格证，我天天泡在图书馆，感觉时间怎么也不够用。我快要疯掉了。"我对她说："你先静下心来想一想，考研、考英语六级与考教师资格证有没有关系，也就是说，内容上有没有相互重叠的地方？"她坐下来，想了想说："英语六级考试与考研的英语是有很多重叠的，如词汇要求、语法等还是有相似的。教师资格证考试只考教育学与心理学，考研的专业课里很多的心理学理论会在教师资格证的考试中出现。"我让她回去再分析一下这三者在时间上的关系，并且制订出先后计划，三天后再来找我。三天之后，她没有来找我。在快要毕业时，她特地跑来跟我说谢谢，高兴地说她三个目标都完成了，而且在准备的过程中，焦虑也减轻了不少。

第二节 时间管理

每个人每天都同样有24小时，有些人每天忙忙碌碌，却经常耽误重要的事情；有些人在该玩儿时就玩儿，还从来不耽误重要的任务。为什么会有这么大的差异？主要原因在于时间管理的差异。

有些孩子可以自然而然地掌握好时间，不需要外界的帮助，如成绩好的孩子通常也是时间管理的能手。有一次开家长会，我看到我儿子同桌的妈妈在翻看她孩子的笔记本，笔记本中有孩子每天的时间安排、任务完成情况及未完成原因的分析。经过那位妈妈同意后，我把它拍下来告诉儿子："这就是人家玩的时间比你多，成绩却比你好的原因之一。"

一、帮助孩子清理他的时间账户

（一）记录孩子的时间流水账

很多家长会跟我抱怨孩子花了很多时间玩手机，我问他们到底多长时间，他们却说不知道。我让他们回忆孩子在当天花了多长时间玩手机，家长也回答不知道。每位家长对孩子玩手机的时间的容忍度是不同的，所以有时孩子玩的时间不多，但超出了家长的限度，家长就会认为孩子玩手机的时间太多了。也有些家长容忍度高，他的孩子在手机上浪费了很多时间，家长却没有什么感觉。

我们首先需要帮助孩子记录他每天的时间花费情况。表 9-4 是我设计出来的时间花费流水账记录表，它便于前来咨询的家长或孩子记录时间花费情况，当然每个人都可以根据自己的需求设计新的表格。

表 9-4　每天时间花费流水账记录表

活动	花费时间	活动	花费时间	活动	花费时间
起床		玩手机游戏		与同学聊天	
洗漱		返家		作业一	
吃早餐		吃晚餐		作业二	
整理学习用品		看电视		作业……	
去学校		玩手机		课外阅读	
吃午餐		运动		课外辅导	
午睡		玩玩具		……	
看电视		做家务		……	

很多孩子一开始都很难主动记录自己的时间花费情况，就如很多家长也没有记录自己每天的时间花费情况一样。那么，在培养孩子时间管理能力的开始阶段，可以由家长来代替或帮助孩子记录他时间花费的流水账。

（二）帮助孩子统计 1 周的时间花费

如果只记录 1 天，就可能会因为意外事件的发生而无法代表孩子平时的情况，最好记录 1~2 周的时间，因为代表性更强，分析出来也更有价值。在记录 1 周之后，我们需要对孩子所花费的时间进行分门别类的整理。

家长可以参照表 9-5 对孩子 1 周的时间进行分门别类的统计，时间单位可以是时或分。最好是与孩子一起来统计，这样，孩子在统计的过程中，可以对自己的时间分配有更深刻的认识，并且增强时间管理的意识。值得注意的是，不要让孩子感觉家长是为了整他而故意搜集证据。

表 9-5　个人学习、休闲周统计表

时间		每周估计时间/时	每周实际时间/时	时间的差额/时	总时间占比/%
学习时间	作业一				
	作业二				
	作业……				
	课外辅导				
	课外阅读				
	……				
小计					
休闲时间	看电视				
	玩玩具				
	与同学聊天				
	玩游戏				
	体育健身				
小计					
其他	做家务				
	上下学途中				
	……				
小计					

（三）帮助孩子分析时间账户

通过连续记录并分类统计 1~2 周的时间花费，我们可以获得很多信息。

第一，可以知道孩子的时间花费是否平衡。比如，做作业花费的时间是多少，占每天时间的比例是多少。如果该比例太高，我们先要帮助孩子检查学习策略使用是否恰当，有无磨蹭，是否不够专注，是否容易受到其他事情的影响。如果不是这些因素造成的，家长就需要去学校与老师商量，是否可以减少孩子的作业量。

如果分析得更细一点，还可以分析各科作业所花时间的多少，有哪些作业对提升孩子的学业成绩或能力有帮助，而哪些作业纯粹是浪费时间甚至有损孩子的学习兴趣。由于有理有据，估计老师与孩子都更愿意制订新的作业计划。

有些孩子花在手机游戏或社交媒体上的时间太多，运动量不够，无法保证健康。当然也可能出现以下情况，即有些平时抱怨孩子花费了太多时间玩手机或网络的家长发现孩子花在上面的时间其实很少，这样，家长的抱怨与焦虑自然会减少。只是，如果这时孩子因为有依据而质疑你以前对他的抱怨不合理，记得及时向孩子真诚地道歉。还有些孩子可能课外阅读时间太少，所以语文素养与心理发展受到影响，我们需要帮助孩子改进。

第二，查看时间估计的准确性有多高。通过记录，孩子会发现自己花在休闲上的时间远远长于自己估计的时间，而花在学习上的时间却远远短于自己估计的时间。原因在于：人们在休闲时，总是感觉时间过得很快；做自己没有兴趣或觉得困难的事情时，总是感觉时间过得很慢。事实上，成人也常常会出现这种估计误差。寒假时，我以为自己每天花在电视与网络上的时间不到 3 小时，花在工作上的时间至少有 8 小时。结果记录 1 周后，我发现花在电视与网络上的时间至少 6 小时，远远长于估计的时间；而实际工作的时间不过 5 小时，远远短于估计的 8 小时，也少于花在休闲上的时间。这种发现可以让我们主动增加学习时间，至少可以修正自己的错觉。

（四）帮助孩子思考如何让时间花得更有价值

清理时间账户的好处还在于有客观数据做支撑，记录数据也是得到孩子同意的，孩子不会觉得父母在指责自己，防卫心理会更少，更容易接受父母的要求或建议。

在与孩子商量改进目标与措施时，家长需要用亲子沟通中的方法来传达信息、解决冲突，不能因为有了责备孩子的依据就不依不饶地对待孩子，强势地要求孩子改变，这只会让孩子抗拒时间管理。哪怕孩子花在休闲上的时间远远多于学习时间，我们也不能指责孩子，而应该心平气和地与孩子共同商量，找到双方可以接受、能解决问题的方案。

以下问题可以帮助孩子更好地管理自己的时间：

1）我在哪些事情上花费了太多的时间？我在未来想在这上面减少多少时间？我怎么样才能减少这些时间？我是否需要设置闹钟或让父母到时间提醒我？

2）我在哪些事情上浪费了别人的时间，如聊天浪费了同学、朋友的时间，不做家务或与父母发生争执浪费了父母的时间，我要怎么样才能减少这些时间？

3）哪些事情我现在可以减少或不做？

4）别人是如何浪费我的时间的？比如，打电话问我作业，邀请我陪他外出买东西。我要怎么样减少这些时间的浪费？比如，学会说"不"。

5）哪些事情对我的目标很重要？哪些事情对我很重要？我是否保证了足够的时间来做我认为很重要的事情？

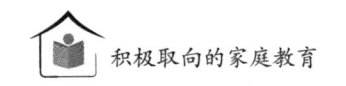

二、帮助孩子学会区分目标的重要性与紧急性

德鲁克在《忙要忙到点子上》一书中说："最没有效率的人就是以最高的效率做最没有用的事的人。"意大利经济学家帕累托发现,生活中 80%的结果几乎源于 20%的活动。20%的客户给你带来了 80%的业绩,可能创造了 80%的利润,因此,我们需要把注意力放在 20%的关键事情上。

根据这一原则,我们按照重要性与紧急性两个维度,把所有的任务或目标划分为四个象限(表9-6)。第一象限是重要,但并不紧急的事件,即 A 类事件。人际关系的培养、理财能力的培养、学业成绩的提高等就是重要但不紧急的事件,对于这类事情,不是突击行动就可以的,需要花费大量的时间来慢慢提升。第二象限是重要又紧急的事件,即 B 类事件。一周后的考试、限期要交的作业就是典型的重要又紧急的事件。这类事情需要我们立即就做,而且要用足够的时间去完成,尽量做到最好。第三象限是不紧急也不重要的事件,即 C 类事件。比如,忙碌琐碎的事、某些电话、闲聊、刷朋友圈,做这类事情的时间一定要少,要等做完所有的事情再做,没有时间就不做。第四象限是紧急,但不重要的事,即 D 类事件。比如,交一个表格等,这类事情应该马上去做,因为它们通常花费时间不多,而且因为不重要,所以很容易忘记,即使不忘记也会浪费我们的认知资源,因为在完成任务之前,我们都需要花费精力去记忆。

表 9-6 任务紧急性与重要性区分表

	不紧急	紧急
重要	A 类 给它很多时间 计划好你将何时做	B 类 给它许多时间 立即就做
不重要	C 类 控制花在这些任务上的时间 当所有重要且紧急的事做完后再做	D 类 给少量的时间 现在就做

那么孩子如何知道自己的任务属于哪个区域呢?这时我们需要一些方法来帮助孩子进行确认。

第一步,要明确列出自己面临的所有任务与需要完成的时间,详见目标的细化部分。比如,一名想考上省内重点中学的初二学生最近一年的具体目标为:让老师归还自己被没收的手机,语文、数学、英语等六门课程均需要提升 5~15 分,体育与操行等级都要从 B 升到 A,要改善与母亲的关系。生物与地理是初二会考项目,只有 2 个月的时间做准备,体育是初三第一学期考试项目,还有大约 8 个月的时间做准备。

第二步，让孩子对每一个目标与任务就重要性与紧急性两个维度打分。计分方式为 1～5，分数越高，表示越重要或越紧急，分数越低，表示越不重要或越不紧急。然后以 3 分为坐标的分界线，将任务划分到各个区间去（表 9-7）。

表 9-7　任务的轻重缓急区分表

	不紧急	紧急
重要	语文、数学、英语、历史、政治、物理的提升改善与母亲的关系	生物、地理考试，体育考试
不重要	让老师归还手机	改善操行，如按时交作业、不迟到、不早退等

这个孩子本来是因为手机被没收，希望能找回手机而来咨询的，通过分析却发现让老师归还手机根本没有那么重要。趁没有手机玩的时候，可以好好想想自己到底想要什么样的生活。

第三步，帮助孩子分析他各个象限的任务量是否合理。如果孩子的紧急任务特别多，表明他的任务安排不合理，很多事情都没有提前做好准备，而是拖到最后才开始，他可能面临拖延问题。如果孩子总是在做不重要的事情，表明他的自律性可能有一定的问题，这样很容易导致碌碌无为、一事无成。对于这类孩子，要多花点时间培养孩子的目标意识，而不是单纯地解决时间管理问题。要鼓励孩子多做重要的事，并且提前做准备，以免那些事情被不断地拖为紧急的事。比如，很多孩子不注意锻炼身体，直到要考体育的时候才开始运动；平时不认真学习，到考试时才着急。

三、采用 PDCAR 法则帮助孩子执行与完善计划

做计划不难，难的是坚持，因此帮助孩子更好地实施计划、完善与改进计划就变得非常重要。PDCAR 法则是适合于很多过程的改善方法。PDCAR 是计划（plan）、行动（do it）、评估（check it）、重新开始（action again）与记录（record）的缩写。

（一）制订详细的时间计划表

P 要求在开展工作前先制订工作计划，这是确保工作顺利进行和高效进行的前提。制订计划的时候应该尽量考虑到可能发生的一切问题，这样在执行的过程中，才能够规避风险。表 9-8 就是一个很好的计划表，对于刚刚开始练习时间管

理的孩子来说尤为适用。

有些孩子不是按任务来制订计划，而是按时间来制订计划，如9：00～10：00学语文，10：00～11：00学数学，这样其实是不恰当的，因为任务是不具体的，语文到底是要学习什么、任务有多少、达到什么样的标准都没有详细写出。如果要以时间来制订计划，也应该设计成表格以更好地记录与监督。

表9-8　每天的时间计划表

时间	任务	完成情况	满意度
19：00～20：00	完成语文作业3页或作文1篇		
20：00～21：00	完成数学作业第13～17页		
21：00～22：00	默写英语课文第五课		
……			

按任务制订计划的一个好处是要求孩子尽可能完成任务，而不是只考虑时间。这样，每天完成额定的任务就可以达到原定目标。但是有时任务太多，无法完成，会给孩子带来压力；有时任务太少，会让孩子自以为效率很高。另外一个好处是能灵活利用碎片化的时间与应对意外情况。比如，读高二时孩子告诉我，为了强化单词记忆，他每天能记800个新老单词，几乎都是利用吃饭、走路、上厕所的时间完成的。如果原计划的时间被占用了，只要随便调整其他时间就可以完成任务。

以时间来制订计划的好处是充分考虑了时间的限制，但这样有时会低估完成每项任务的时间，而增加学习的压力，碎片化时间利用得不理想。每天的生活并不是很有规律，本来你准备做这件事，却临时有事，那么我们就需要去调整表格来协调时间，但是由于时间已经安排完了，要协调就有难度。但是它的好处在于可以帮助孩子分析他在什么时间阶段学习什么样的内容效果最好。

表9-8中设计的完成情况监测可以很好地帮助孩子分析他的任务完成情况及原因，以便进一步分析与改进。我们甚至可以帮助孩子找到学习效率最高的学习方式与学习环境。比如，我通过对自己的工作时间表进行分析发现，我在床上写作、学习的效率是最高的，其次是在电视机前，最差的是在办公桌上。此外，先去阳台料理植物后再开始工作的效率比直接工作的效率高得多。

（二）实施与监测相应计划的完成情况

D要求在进行工作时，坚决按照计划开展相应的工作。C要求在计划的执行过程中要进行不断的监测，并记录下所存在的问题。

很多孩子不习惯按计划实施相应的工作，原因就在于没有时间管理的意识。要养成按计划实施相应工作的习惯，大概需要家长花费近两个月的时间不断地培养。

起初，那些表格可能需要家长协助孩子完成，甚至部分表格需要家长代替孩子完成。如果是按时间设计的计划表，家长到一定时间时要查看孩子是不是真的在做相应的任务；如果是按任务设计的计划表，家长要在孩子每晚睡觉前，拿着当天的表格询问、检查孩子哪些任务完成了，哪些任务没有完成。

（三）改进与记录

A指改进、再次开始，要求对在实施过程中存在的问题进行科学的分析，并进行有效及时的改进、再执行。如果孩子有些任务没有完成，或者完成得很快，还有大把的时间用于玩儿，这些都说明计划实施得不够好，这时我们需要做的就是帮助孩子调整任务，解决被打扰、分心等问题。然后开始实施新的计划、监测与评估，不断地螺旋式上升。

R指记录，要求在实施完成后记录计划执行过程中遇到的问题，并进行有效的总结。帮助孩子对计划执行过程中的经验、得失进行详细记录与备案，为今后开展相应工作提供可借鉴的重要财富。

四、提高孩子的工作效率

任务分解、计划与改善是帮助孩子提高工作效率的流程，但如何有效地提高孩子的工作效率，则是家长要着重解决的问题。

（一）注意学习与娱乐的平衡性

有时家长可能只关注孩子的学习，即更多地存储知识，提高能力，恨不得孩子的每一分钟都可以过得有意义，能学到一些东西，能够增值。如果这样能使孩子保持内心的平衡、对生活的热爱当然也不错，毕竟存储越多，越容易成为富翁。

就如你不能把赚来的钱都用来储蓄一样，你的消费与储蓄要达到一定的平衡，你才能既生活得很满意，又对未来充满安全感，孩子同样需要娱乐。在第八章兴趣相关内容中我们提到，有多少时间用于娱乐是预测个人生活满意度的最强指标。如果家长过分强调孩子的学习，禁止娱乐，那孩子可能会越来越厌恶学习，对生活也缺乏热情,甚至患抑郁症,这样是得不偿失的。很多人以为那些选择自杀的学生都只是压力太大的原因,然而,剥夺正常的娱乐与休闲才是重要的推手。所以,一定要检查在孩子设计的每天的时间安排表中,孩子是不是留下了一定的休闲时间。

当然,我们也可以帮助孩子设计一些活动,使孩子既可以休闲又可以学习。比如,练习英语口语与听力是一种学习,而看电视、听新闻是一种休闲,那么我们可以选择让孩子看英剧、美剧,听 BBC 新闻。我们也需要鼓励孩子体验知识本身的美。记得在卫生学校学习免疫学、遗传学与生物化学时,我感觉好难,但很开心,因为能够感受到人体的完美与身体的智慧,感受到身体调控自身与适应环境的强大力量。

(二)改变要从小步开始

我们通过盘点孩子的时间表格,可能会发现很多问题。比如,任务设计不合理,时间、地点选择不恰当,与学习任务不匹配;任务安排中娱乐休闲与学习时间不平衡;经常完不成任务或中断任务。这时,我们非常迫切地想一次性帮孩子改过来,但这常常会给孩子带来太多的冲击,加大执行的难度,也会严重影响亲子关系。

在时间管理的改进方面,一定要切记改变从细处着手,每次只能改变一项,当孩子适应后才能改变第二项,一般来说,要适应一个改变可能需要很长的时间,至少不低于 2 周。家长可能会想,那么多的问题要改到什么时候?让我们通过这个故事来看一下小步改变会怎么样。

相传古代的印度国王要奖赏国际象棋的发明者,问他需要什么。发明者说:"陛下,在国际象棋棋盘的第一个格子放 1 粒麦子,在第二个格子放 2 粒麦子,第三个格子放 4 粒麦子,以后每个格子中的麦粒数都是它前一个格子中麦粒数的 2 倍,依此类推(国际象棋棋盘共有 64 个格子)。请将这些麦子赏给我,我将感激不尽。"国王听了很高兴,让大臣们来发放礼物,其中的数学家着急了。因为这样的话,即使拿出全印度的粮食也不够,据保守估算,这些粮食大概可以够 10 亿人食用 2000 年。

学习也是如此,开始时学习速度会很慢,但随着学习到的东西越来越多,那么加工后续学习材料时的速度会越来越快。马丁·塞利格曼对很多领域内的领军人物的调查发现,他们的成就分布不是一个正态分布,而是一个对数正态分布。因此,帮助孩子开始学习,并且让孩子为之坚持就显得尤为重要。

如何推动孩子小步向前走，请参看第五章的刻度化提问。

（三）时间管理的目标应该是从容

很多人不理解，为什么我们的物质财富在不断丰富，人的幸福感却没有提升多少，甚至降低了。除了期待的提高之外，这可能与人们不知道如何慢下来有关，我们的休息日增加了，但即使是休息日，我们仍然在追求快，去旅游目的地要快，游玩要快，但我们忘记了从容才是最重要的。

积极心理学之父马丁·塞利格曼（2012）认为：成就=技能×努力。这一公式包括四个要素：快、慢、学习速度与花在任务上的时间。快是指完成的任务中有多少是自动化完成的，你拥有多少与这项任务有关的技能与知识，拥有越多，处理就越快，新手比老手做事要慢得多，就在于两者技能与知识上的差异。慢是指计划、检查、唤起回忆及创造都是缓慢的执行功能，花在执行功能上的时间越多，考虑得越周全，结果会越好。获得的技能与知识越多，则留给执行功能的时间越长。学习速度是指在单位时间内积累的技能与知识，速度越快，则积累的技能与知识越多，要注意花在任务上的时间是学习的时间而不是思考的时间，两者要分开。花在任务上的时间越多，则会成倍提高你的技能。

在培养孩子时间管理能力的时候，我们要注意培养孩子快慢相宜的品质，要注意提醒孩子让速度慢下来，让孩子多思考之后再做决定。慢比快更难，我以前在急诊科待过，又在外科工作了很久，所以当我来大学工作的时候很不习惯。我说话很快，走路很快，做事也很快，当然性子也很急。我们学院的领导老是告诉我，慢一点，慢一点，我实在不知道为什么要慢，最麻烦的是我不知道怎么变慢。

在参加教学比赛时，我们学院的领导又和我说："你上课上得很好，但语速太快了，你不要让你的思维来控制你的语言，而要让你的语言来控制思维。"我实在不知道要怎么样让自己的语言来控制思维，因为在我的观念中一直是思维控制语言，在上课时，我试着把对学生的观察从自动化转化为有意识地去观察每位学生，这时我发现，随着我对学生的关注更多，我的语速变得更慢，我会有意识地调整自己的语速去适应学生的理解程度。

当慢下来的时候，我发现自己不仅会更关注学生的理解程度，而且对学生的慢也更能容忍，当然脾气也自然而然地变慢了。在孩子把自己的时间塞得太满时，要注意帮助孩子思考哪些安排不合理，要如何削减自己的学习任务；在孩子非常快地就能完成作业时，家长可以问问他还有没有其他的方法能解决这些问题，新的知识与那些已有的知识的关系是什么，并鼓励孩子用思维导图展示出来。

（四）帮助孩子正确对待拖延

拖延行为长期以来都被视为适应不良的、不健康的行为。只要一想到拖延，大家就会想到做事拖拉、懒得去做、效率低下。但现有研究表明，拖延并不全是消极的，有些反而是积极的。所以，在帮助孩子正确对待拖延时，首先要区分积极拖延与消极拖延。

1. 拖延的积极面与消极面

拖延是一种情绪管理方式，当一些情境或事情让个体体验到焦虑时，个体常常会采用拖延的策略，从而避开消极情绪，将注意力集中在积极情绪上。记得孩子刚上高中时，由于上的是重点高中，他的成绩从初中的名列前茅一下掉到了400多名，而他的同桌却是年级第二名，这给他带来了很大的痛苦。本来以为在这种情况下孩子应该努力学习，可是孩子参加社团活动、玩电脑、玩手机等，就是不认真学习。

高一第二学期时他突然开始很努力地学习，成绩也进步神速。高二时他虽然知道自己采用的逃避策略是不对的，但是这一策略却很好地保护了他的自尊心，帮助他度过了那一段最艰难的时期。如果那时去帮助孩子克服拖延，对于学习固然有一定的好处，但是可能会给孩子带来巨大的压力，说不定会让孩子产生心理问题，无法顺利完成学业。有时，学会等待是家长最重要的修为。

在面对非常复杂的问题或者同时要处理很多问题时，拖延可能是一种解决问题的策略。拖延能给个体一个潜意识的酝酿期，让个体能对这一问题进行深思熟虑，从而产生一个更具创造性的解决方法。记得在读初中时，我最喜欢做很难的数学题，在做题的过程中经常会有怎么想也想不出来的时候，这时我一般会选择上床睡觉或去做其他事情，很多的难题在我的梦中或做其他事情的过程中自然想出来了。在写这本书的过程中也是如此，有时写完部分内容后不知道如何开始写下一章的内容，我就会去看电视或做其他的事情，几天后再接着写，这时感觉如有神助，一下就能写很多的内容。

在做决策或面对困难时，必要的拖延可以解决很多的问题。有些家长会给我打电话咨询孩子的问题，有时是在我给学生上课的课间十分钟接到电话，有的家长说了十分钟却还没有说明白他到底想要我帮助什么，我只能先挂断电话，并且告诉他在几个小时之后再给我打电话。上完课后，我一般不主动打电话给家长，而是等着家长打来电话，但很多家长没有再给我打来电话，因为他们已经处理好了。现在，如果有家长找我谈问题，只要不是特别紧急，我就会推迟到两三天后，看看在两三天后他们是否还需要我的帮助，结果大部分的家长处理得还不错。

有些孩子可能只是在某种情境下对某项任务进行拖延，但在生活的其他方面不拖延。比如，有的孩子只是在学习方面拖延，甚至只是对某门功课、某种作业拖延；也有的孩子学习不拖延，但是在生活某方面拖延，如不按时洗衣服等。有些人是长期特质性的拖延，在生活的所有方面都频繁地、长期地拖延，拖延成了他的生活常态。如果拖延只是一种行为，则不用太过在意。但有很多拖延通常会伴随着不良情绪反应，如出现强烈的自责情绪、负罪感，不断地自我否定、自我贬低，伴有焦虑、抑郁，这就是我们所说的"拖延症"了，会严重影响孩子的学习效率与生活质量。

2. 拖延的影响因素

有些拖延确实是因为个人的原因，如严谨性的人会有更少的拖延，他们不容许自己做事拖延，而是希望能按时完成任务。低的自我效能感与低的自尊都会引发拖延行为，因为这样的人不相信自己能把事情做好，为了缓解焦虑而故意拖延。还有些人是因为过分自信，低估了完成任务的时间，他们以为自己能在最后时刻完成任务。

我们通常会认为拖延的孩子缺少行动动机或明确的个人目标，但事实上，这些孩子通常有很多的计划与目标。他们同样想出类拔萃，只是他们的自我控制能力低，无法抵抗外界的诱惑与分心刺激，注意力分散，从而低估了自己完成计划的能力，甚至放弃了自己的长远目标。

除了孩子个人的原因之外，某些环境因素与任务要求也容易让个体拖延。比如，孩子本来不喜欢这个任务，如男孩很容易讨厌洗衣服，那他就很难做到洗完澡后把衣服洗掉，甚至拖延到没有衣服换洗时才去洗衣服。任务完成时的外部奖罚的时间安排也对个体的行为选择有重要影响。如果个体觉得完成任务的价值虽然较小，但是完成后能及时得到奖赏或不完成会受到惩罚，则个体会减少拖延行为，而那些虽然价值很大，但奖赏不及时的任务，个体更有可能拖延。在孩子不愿意学习英语时，我把英语学习任务分解成抄写一段英语课文，并且完成后立即兑现奖励，孩子就很容易完成，有时可以一周抄写十几段。

人们对眼前利益的关注通常是超过长期利益的，所以如果事情是牵涉到将来的长远的任务，个体更容易拖延。用考上好的大学来激励孩子努力学习，常常是无效的，即便孩子确实想考上那所学校。

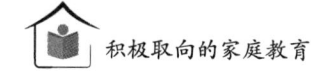

3. 如何克服拖延

拖延对个体虽然有一定的积极作用，但是消极的影响更大，如何帮助孩子克服拖延是家庭教育中非常重要的内容。

增强孩子对任务的内部动机，让孩子意识到任务的重要性，并且让孩子自己对行为负责任。一般来说，孩子对自己想做的事情不会拖延。孩子在高一时，我们每次让他背单词，他不但不背，还会和我们生气。到了高二时，他自己想学习了，一天能背 800 个单词，几个月的时间就把词汇量升到了 9000 多个，他在朋友圈中说不是他强迫自己做，而是真的想做。如果孩子不愿意做事情，告诉他用"我愿意"来代替"必须做"，这样下意识地暗示自己，可以更好地克服拖延。

在孩子实在不愿意却又必须学习时，可以把任务分解成很小的一部分，并且及时兑现奖赏。一定不要运用惩罚的方式，因为惩罚只会让孩子越来越厌恶做这些事情。将任务分解的目的是克服孩子的畏难情绪，外加奖赏其实是为了提升孩子的积极情绪，通过正强化来塑造孩子的行为，改变拖延的习惯。

克服拖延的重点是让孩子开始行动而不是完成全部任务。当个体面对的任务很多、很艰难时，个体常常会有挫败感，反而会选择拖延。如果我们给孩子的要求是"开始就好了，不需要完成"，孩子的压力就会减轻，行动的动力就会被激发。我很讨厌搞卫生，所以我总是告诉自己"我这次只擦桌子""我只做 10 分钟，不管做到哪里，只要时间一到我就停止，然后看会儿电视放松一下"。这样轻松地去开始，其实最后做的时间常常不止 10 分钟，而是会选择完成全部的卫生工作。所以，如果你想让孩子去追求成功，那么鼓励他开始，而不是让他把作业都做完。

家长的完美要求通常会给孩子带来很大的压力，从而阻碍孩子行动的脚步。比如，作业卷面要干净，字迹要清楚，最好还美观，当然作业要全部做对。这对于一个成绩差的孩子来说很不容易做到。如果我们只是要求孩子能做完，或者把字写得漂亮一点，或者只做对一部分题目、只做完一些作业等，都比完美的要求更容易让孩子克服拖延。

前面我们所讲的让孩子注意学习与娱乐的平衡，帮助孩子确保一定的娱乐时间也是克服拖延非常重要的条件。如果孩子觉得无论如何都没有时间玩，那么为何不好好享受此刻的休闲，那么他最重要的目标已不再是学习，而是寻求娱乐。当然克服拖延的最高境界就是把做作业等自己不想做的事情当作一场游戏。比如，在家中，让孩子扮演扫地的阿姨，母亲扮演另一角色，这样孩子可能会觉得做家务变得有趣多了；如果孩子不喜欢阅读，通过扮演书中的角色，然后在家中表演，孩子肯定更容易爱上阅读。

第三节 情绪管理

情绪每天都会伴随着我们，反映的是个人的生理需要与社会需要是否得到满足。如果没有得到满足就会产生消极的情绪，如肚子饿了，你就会难受；如果得到了满足就会产生积极的情绪，如当你饿了的时候，看到食物就会很快乐。

无论是积极情绪还是消极情绪，对于个体来说，都是非常重要的。比如，饿了的不适反应会驱使我们去寻找食物，从而使个体得以保存；饿了看到食物会很快乐，可以帮助我们采取行动，并提高生活满意度。但是如果情绪反应过度，则会使我们受到伤害。中医非常强调情志的作用，认为五脏化五气，以生七情。当外来的刺激过于强烈或持续过久，超过了个体自身的调节能力时，便可伤及五脏，导致疾病的发生，其认为"怒伤肝""喜伤心""思伤脾""忧伤肺""恐伤肾"。所以，情绪需要管理，使之有利于我们的生活，但并不需要控制。

丹尼尔·戈尔曼将情绪管理能力称为情绪智力，也称为情商，即个体感受、理解、运用、表达、控制和调节自己的情绪和情感的能力，以及处理自己与他人情感关系的能力。情绪管理能力是家庭教育的重点，也是孩子应该具备的基本管理能力。

一、认知与表达自己的情绪

（一）情绪的种类

人类有快乐、愤怒、恐惧和悲哀四种最基本的情绪。这些情绪与人的基本需要相联系，是不需要学习的。由这四种情绪又可以派生出众多的复杂情绪，如厌恶、羞耻、悔恨、嫉妒、喜欢、同情、爱、满意等，其中前四种情绪更消极一些，后四种情绪更积极一些。在第二章我们讲述过积极情绪与消极情绪的作用，两者对于我们来说都是非常重要的，但现代心理学的研究表明，积极情绪与消极情绪的比例在 5∶1 的情况下，个体会更健康，生活满意度会更高。

情绪除了有种类之分外，每种情绪又有强弱之分，如高兴可以从简单的快乐到欣喜若狂。情绪也有持续性的差异，每个人都有抑郁的情绪，但有些人这种情

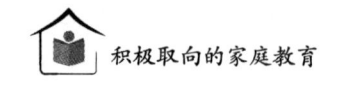

绪很容易消退，而有些人却能持续很久。

我们根据情绪的强度、持续性和紧张度，可以把情绪状态分为心境、激情和应激。心境的特点是缓和而微弱，持续时间较长，是一种非定向的弥散性的情绪体验。比如，我们常常说的抑郁症其实就是一种心境障碍，是指人长期感觉压抑、做什么事都提不起精神。如果只是短暂的情绪压抑则不能称为抑郁症，而只能说是抑郁情绪。

激情的特点是激动性和冲动性，情绪体验强烈，但发作短促，冲动一过迅速弱化或消失；激情常常指向明显，是由某些具体事情或情境引起的，如球员进球，孩子拿到了自己梦想的礼物等。

应激是由特别强烈的紧张与危险情境所引起的情绪状态。当人们遇到某种意外危险或面临某种突然事变时，必须集中自己的智慧和经验，动员自己的全部力量，迅速做出选择，采取有效行动，此时人的身心处于高度紧张状态，即应激状态。如果危险能够迅速解除，个体可以很快从应激状态中恢复；如果危险无法解除，或者强度很大，那么个体就有可能出现功能障碍，如创伤后应激障碍。（弗雷德里克森，2010）

（二）认知自己的情绪

帮助孩子认知自己的情绪是情绪管理的起点。很多时候，我们被自己的情绪驱动去做某些事情，而自己却无法察觉自己的情绪变化。比如，当我们在工作中遇到问题时，回家就不会给家人好脸色，这些行为是下意识的，当时并不知道是由自己情绪不好造成的。所以，孩子回家后如果对你不尊敬，脸色难看，那我们可以通过提问帮助孩子了解自己的情绪，如"你看起来好像不开心，发生了什么事情吗"，或者"你现在是不是不开心，想和妈妈谈谈吗"，慢慢地孩子就会有意识地去察觉自己的情绪。

父母也可以通过主动察觉、表露自己的情绪而起到榜样的作用。每次心情不好或生气的时候，我会主动说："我现在心情不好，不想被打扰。"或者说："我现在没法和你谈这件事情，因为我现在很生气。"

我们的情绪有时并不是自己的，而是其他人的，即我们只是受到了其他人的情绪的影响。比如，有同学对某个老师很生气，或者我们的好朋友很讨厌某个人，我们也会跟着对这个老师生气，会同样讨厌某个人，虽然他们与我们并没有什么关系，这是他人的情绪，并不是我们的。因此，能够将自己的情绪与他人的情绪进行区分，将他人的情绪还给他人是我们做情绪的主人最重要的一步。

我们还可以和孩子练习静坐、画画与游泳等,体验自己的情绪。比如,带孩子去自然界玩儿,让孩子闭上眼睛体验自然的花香、青草的气味,这可以帮助我们对自己情绪的生理反应有更好的理解。

(三)表达自己的情绪

我们首先要接纳自己的情绪,而不是去压抑它。情绪越压抑,越会有反效果,如果情绪当时无法宣泄,就要在事后进行处理。如果情绪应该得到表达却不被允许表达,它并没有消失,而只是被压抑到了人的潜意识中,并且可能对将来的生活产生不利的影响。

在儿子4岁的时候,他放鞭炮时不小心把眼睛炸了一下。孩子吓得大哭,一个劲儿地说:"妈妈,我看不见了,我看不见了。"我也完全被吓住了,赶快送他去医院,路上他不断地说:"妈妈,我看不见了怎么办?"我听了更焦虑,竟然没有去安慰他,而是批评他:"我一直不让你去放鞭炮,你偏要去。"在医院里他要接受很多的检查,并且要把眼睛遮光,孩子不愿意,没有用遮光布。在接下来的三天里,他一直没有睁开过眼睛,也没有哭。三天后去检查时,他已经无法睁开眼睛了,医生在器械的帮助下才能对眼睛进行复查。由于检查发现眼睛没有大的问题,我便没有再管他,他自己也好像没事一样地生活。

事情过去快一年后的一天下午,我去幼儿园接儿子回家的途中,突然有人放礼花,孩子吓得抱着头就跑,我在后面叫他,他一句也没有听见。我才知道当时没有让他将自己的情绪表达出来给他现在带来的恐惧依然非常大,甚至比事件发生时更大,他吓得躲到了一个任何信息也听不到的空间里。

后来,我帮助他从开始在很远的地方看人放烟花,确认是安全的,再慢慢地到能更近距离一点看人放烟花,直到最后能和我们一起去放鞭炮。每一个步骤,孩子都有一定的压力与恐惧,但是通过父母的支持、陪伴,孩子才慢慢地克服了这种恐惧。如果这种恐惧没有得到处理,以后也有可能会泛化到其他方面,甚至发展成恐怖症。

因此,当孩子有情绪时,我们需要帮助孩子以适当而安全的方式去疏解。对于女孩,情绪的表达不是问题,但是对于男孩来说,则可能会成为一个问题。中国文化非常强调男儿有泪不轻弹,父母从小就鼓励男孩压抑情绪而不是表达情绪。比如,女孩用哭来表达对打针的害怕时,父母会去哄她,会与孩子共情:"你害怕是吗?妈妈在这里呢,不用怕。"但如果是男孩,父母就会告诉他:"男孩不要哭,要勇敢,一个哭哭啼啼的男孩是令人讨厌的。"这会使男孩觉得表达自己

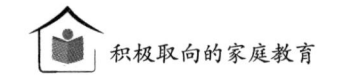

的情绪是一种耻辱，长大了自然不敢表达自己的情绪。

二、压力管理与消极情绪的调节

压力是指当人们去适应周围环境的刺激或生活事件时，人们在身体上会产生一系列的生理反应，并且常常伴随着消极的情绪反应与相应的行为模式，压力会对人的身心健康产生积极或消极的影响。

（一）压力源

引起人们身心反应的事件或刺激称为压力源，心理学家也把这些引起压力的事件称为生活事件。孩子的压力源主要有父母的期待过高、学习负担过重、学习成绩不好、人际关系不良、更换学校、改变睡眠习惯、改变社会活动、与他人进行比较等。一些积极的生活事件其实也会给孩子带来压力，如考了好成绩、过节日等，因为这些事件也需要消耗孩子的能力去应对。在这里，我们所说的压力源特指一些消极的生活事件，而将积极事件的影响纳入到积极情绪的体验中去。

根据压力事件对个体影响的大小，可以将压力事件分为挫折、冲突两类。挫折是指人们有做某事、达成某一目标的动机，并且为之努力，但在达成目标的过程中遇到了无法克服的障碍而产生的紧张状态或情绪反应。个体有目标，并且为之采取了行动，却无法实现，还伴随有情绪反应，我们才称之为挫折。

冲突是指两个或两个以上的目标同时出现，这些目标会相互排斥，个体不能兼顾，只能选择其一。个体在做出选择之前会有一定的痛苦，随着冲突的不同，痛苦的感觉会不同，严重时会影响孩子的生活质量与学习效率，甚至产生心理障碍。

第一种冲突为趋避冲突，即想要又觉得不值，弃之又觉得可惜。比如，孩子想参加社团，但参加的话又觉得其实没什么用，不参加的话又觉得不好，连个团队都没有，也没有归属感。

第二种冲突为双趋冲突，即两个都想要，但只能选一个。那些想吸烟又想要健康的人，会反复不断地戒烟，却总是不能成功，即为双趋冲突。在双趋冲突中，当个体趋向一边，另一边的影响会更大，接近另一边，这一边的影响又会更大。这种冲突会给孩子带来非常大的痛苦。我的孩子在上小学以前是在姨妈家生活的，由外公外婆带大，到小学时才和我们在一起，他总是对我说："在家里就想外公外婆、大姨、姐姐他们；在大姨家又想爸爸妈妈。"这样说了至少一年，这份痛苦是可想而知的。回到父母身边，但与老家照料者分开的留守儿童会面临着比我的孩子更大的痛苦，因为他们想待在父母身边，但他们也会思念自己老家的爷爷奶奶，同时与父母的情感和信任又没有建立，这时父母需要付出更多的爱才能帮助孩子去面对这一冲突。

第三种冲突是双避冲突，即两个都不想要，但一定要选择一个。一个形象的比喻就是前有悬崖，后有追兵，你必须选择一样。这样的选择，也会给孩子带来非常大的痛苦。比如，家长告诉孩子，如果不努力学习，会有你好看的。努力学习不是孩子想要的，被家长批评甚至责罚也不是孩子想要的，在这种痛苦中选择努力学习，孩子无法感到快乐。

（二）压力刺激的作用机制

各种内外环境因素或心理社会因素作用于机体，而产生生理与心理反应，我们称之为应激。应激过程可以分为三个阶段。

第一个阶段是警觉阶段，即个体遭遇刺激后，出现一种短时间的茫然、抑制、不知所措、脸色苍白，即人们常说的吓呆了的现象。随后，机体会进行动员与防御，肝脏会迅速地释放葡萄糖，以增加血糖的含量，为身体的应对做好能量准备；身体分泌的激素增加，体内代谢增强，以备身体消耗所需；心跳加快，血压升高，毛细血管收缩，呼吸加快，以保证全身氧气与能量所需。心理也会随之发生变化，会引发情绪，增加紧张度，提高敏感度和警戒水平。如果刺激在这一阶段消失或得到处理，那么个体可以恢复到原来的水平。

第二个阶段是阻抗阶段，即在警觉阶段时，刺激没有消失而是持续存在的阶段。这一阶段，生理生化改变持续存在，分泌的激素增加，调动了全部的资源。在心理方面，个体会试图找到应对的方法，增强认识与处理问题的能力，努力消除不良反应，以恢复自己内心的平静，使个体达到超水平的发挥。

但是，如果刺激仍然持续存在，那么由于激素的高水平分泌会损伤人的免疫系统，降低人的抵抗力，具体表现可能是人很容易感冒、生病等。由于个体采用的方法无法达到效果，个体会慢慢地变得行为僵化，不会再对情境进行评价，而是机械地采用先前无效的方式，并且会出现一些心身障碍，如出现抑郁、焦虑或难以抵制的愤怒等症状。

孩子在高二时，进入到文科重点班。他的同桌是一个成绩非常好，而且非常努力的人。他也想向同桌学习，一段时间内，他非常努力。由于他住校，我开始并不知道这一情况，但是回到家中，他老是一副不耐烦的样子，也容易感冒，我问他是不是在学校太努力了,他不敢告诉我真实的情况是有时晚上都在教室睡觉,每天学到凌晨2点多,这是一学期后我在他的朋友圈中看到的。我和他讲了应激的机制及应激的后果,他后来开始改变了。家长一定要密切观察孩子的行为、心理状态及身体情况。在阻抗阶段是可以帮助孩子恢复的,身体机能与心理都可以顺应恢复至正常水平。

第三个阶段是衰竭阶段。如果刺激事件仍然没有消退,或者刺激强度太大,如亲人的丧失或者连续的系列刺激叠加在一起,个体就无法面对这一切。个体所做的所有努力都没用,心理防御机制增强,且变得不适宜,心理开始脱离现实,出现暴力或淡漠,甚至有些孩子从此把自己关闭起来,让你虽然在他旁边,却无法触及,更严重的可能会自伤、自杀。

值得注意的是,这一过程非常复杂,每个个体进入的顺序、每一阶段的持续时间长短及相应的表现等,都会因为刺激的强度和持续的时间、是否是突发性事件、个体素质的不同而不同。

(三)心理应激的情绪与行为表现

在心理应激过程中,个体会表现出一些情绪反应。焦虑是常见的情绪反应,焦虑通常是指对个体可能造成的不良后果或者事情无法改变时,个体会体验到的一种主观上的紧张和不愉快的情绪体验。焦虑常会伴随着一些生理反应,如疲乏、失眠、心悸等。

一般来说,适度的焦虑有助于提高人的警觉水平,促使其更投入行动,如想考上大学的孩子会比根本不想考大学的孩子更愿意努力学习。过度的焦虑则是有害的,它会干扰孩子正常的思维活动,妨碍其做出适宜的判断,削弱其应对能力。高三学生如果有严重的焦虑,通常成绩会直线下降,本来会做的题目也不会做,学习效率降低。除了焦虑外,还可能会现恐惧、抑郁、愤怒。

在心理应激过程中,个体也会产生一些行为反应。

第一种行为反应是逃避与回避,目的在于摆脱刺激事件。由于功利主义的教育,父母对孩子的成绩过于关注,或者学校教师、同学非常在乎成绩,这样孩子会体验到很多的挫败感与压力,这导致他们可能选择逃避。记得有一位家长给我打电话,说孩子不愿意去上学了,在家谈得好好的,送他去学校时,看到校车坚持不上去。我让父母去学校了解情况,他们才知道孩子在学校受到同学的孤立。

第二种行为反应是敌对与攻击。有些孩子在承受大量压力的情况下,可能会表现得不友好,如家长和他说一句话就生气,与父母或老师有对抗行为,甚至发生打人、骂人等攻击行为。如果孩子正在读高中，学校管理非常严格，孩子通常在家难以心平气和地说话，甚至会发生自伤行为，如用圆珠笔划伤自己，拔自己的毛发，甚至有孩子会用刀片划伤自己或者选择自杀。很多家长可能不理解，本来去医院打针都怕痛的孩子，为什么可以用刀片划伤自己。当个体高度紧张时，自伤行为只会让个体体验到一种放松的感觉，而不是疼痛感。我在咨询时遇到一个读初二的小女孩，我看到她手臂上是圆珠笔划的密密麻麻的伤痕。在咨询中，她对我说："我弟弟有一把瑞士军刀，我想如果用这种刀来划皮肤，感觉肯定很爽。"

第三种行为反应是退化与依赖。退化是指表现出来的行为会显得比他应有的行为幼稚，退回到他以前的水平。比如，本来会说话的孩子，在受到剧烈的刺激之后突然不再开口说话，甚至不会笑了。有一个读小学四年级的男孩，因为上课不认真，老师让所有的同学都不要和他玩，这个孩子后来发展到在课桌上大小便，表明行为严重退化。我在咨询中，甚至还发现有大学生退化到在床上大小便的。依赖是指放弃自己的责任与义务，依靠他人来照顾。

第四种行为反应是固着与僵化。固着是指反复进行无效的行为动作或尝试，僵化是指以不变应万变，以刻板、盲目、重复的行为方式应对刺激，一般会在反复遭遇应激的情况下发生。比如，强迫洗手、强迫关门、强迫检查、强迫进食等行为，个体明知没有必要，但就是控制不住自己。

除了以上四种行为反应，大一点的孩子还可能选择使用精神活性物质、依赖网络与手机。事实上，有些网络成瘾确实是不正确的网络使用习惯造成的，但有些是因为压力太大，个体选择用网络来放松，或者逃避到网络中以保护自己。

上述行为反应与情感反应并不一定单独出现，可能会同时出现好几种反应。比如，我在咨询中遇到一个因为青春期逆反而来咨询的个案，但事实上，这个孩子的问题并不是逆反，而是应激，比青春期逆反要严重得多。这个孩子是初中生，他是被家人通过其他途径送到重点学校的重点班中的。这样，他在班上的成绩很靠后，老师也不喜欢他，同学也有点瞧不起他，班级学习进度又快，他怎么努力也跟不上班级的进度。这个孩子到初二时就采用逃避策略不再去学校上课，又完全将自己封闭起来，不与任何人交往，生活琐事一律不做，甚至要把饭送到他的电脑前，否则他就不吃饭。他每天也不干任何坏事，只是上网、看电影与动漫书，在网络社区中还表现得比较健康，家人和他说话，他不大理睬，甚至对大人生气，有时候会拔自己的头发。这个孩子就同时出现了上述五种行为反应。

（四）压力应对与消极情绪调节

压力过大，会影响个体的生活质量与心身健康，因此父母在家庭中培养孩子应对压力的能力就显得尤为重要。

1. 进行挫折教育

我们要进行一定的挫折教育，帮助孩子积累应对问题的经验。多年的咨询经历表明，来咨询的家长说得最多的一句话就是："我们家孩子小时候很听话，成绩很好。为什么现在就这样了？"原因就在于孩子太听话，成绩太好，家长给了孩子太多的保护，以至于孩子没有任何的心理免疫力，遇到问题自然就出现适应不良现象。

有些父母认为自己小时候物质匮乏或者受到了太多的打骂，所以他们不想让自己的孩子有任何遗憾，受任何委屈，所有能为孩子做的事他们都会为孩子做，能给孩子的全部给孩子。这样，在父母可控制的范围内，孩子自然可以健康地成长，问题是，就如在无菌环境下长大的生物，没有对任何病菌的免疫力一样，这样的孩子也同样没有应对挫折的免疫力。这时，一个极小的困难就有可能会让孩子感觉无法面对而产生不良后果，甚至产生心理障碍。

当然，挫折教育的训练要注意循序渐进的原则，即首先要帮助孩子学会应对小一级的压力，然后再慢慢升级。其原理在于小的挫折不仅对孩子没有负面的影响，还会让孩子更活跃，调动全身的资源去有效地应对困境、解决问题，如果通过自身努力克服了困难，孩子会变得更自信，并积累解决问题的经验。如果失败了，由于挫折本身不大，孩子可以学会选择放弃，接纳自己不完美的现实，理解人不可能把所有的事情都做到，懂得放弃也是一种智慧的应对方式。想一想，孩子是怎么学会走路的？没有一个孩子是一开始就会走路的，每个孩子都是经历了无数的挫折之后才学会自己走路的，这也表明所有的孩子都能学会面对压力。

具体如何来做呢？比如，你的孩子很小，如果他摔跤了，你不要去扶他，而是站在他的旁边，用鼓励的眼神告诉他："妈妈相信你能自己爬起来。"然后在那里笑着等他自己起来。如果孩子一直不肯起来，在那里哭，你要做的是检查他有没有受伤，如果没有受伤就等着他自己爬起来。他自己起来之后，你可以说："宝宝真棒，能够自己爬起来。"那么下次他再遇到这些问题时，首先想到的是自己解决问题，而不是撒娇。

孩子在幼儿园被其他的小朋友打了或者欺负了，你要做的是倾听，然后鼓励孩子去想怎么解决，以及希望父母做些什么。即使是幼儿园的孩子，有时也能找到大人不一定能找到的解决方法。记得我的小外甥在幼儿园受欺负，他自己苦恼了一个星期之后，要求母亲去警告那个欺负他的孩子，并且要当着他自己的面和那个小孩母亲的面，还要去告诉老师。当时他妈妈还很担心这个孩子是不是太小气、看不开，这点小事还要大费周章。其实这是应对受欺负最有效的办法，小外甥在处理完这件事之后，变得更自豪，也更愿意去幼儿园了。

2. 培养孩子成熟的应对方式

应对方式是指个体在面对压力时所采用的策略。应对方式多种多样，但是个体偏爱的方式很不一样，结果也不同。

有些孩子喜欢用否认、退避、自责或幻想的方式去面对压力事件，遇到困难时，他们首先想到的是自责。很多来做咨询的家长会说："这都怪我，是我们没有教育好孩子。"自责除了增加个体的压力外，还会消耗个体解决问题的能量，导致焦虑、抑郁。

酸葡萄心理同样是一种消极的应对方式。记得有一次，我带小外甥去超市，他对我说他现在不咳嗽了，可以吃好多鱼了。我以为好多鱼是那种煎炸的鱼，所以信口就说："你不能吃，那个吃了对身体不好。"结果他说："是，那有什么好吃的，我才不喜欢吃呢。"这就是典型的酸葡萄心理，他是为了在自己遇到困难时，通过压抑自己的真实想法而从绝望的情境中摆脱出来。所以我赶快告诉他："其实你是喜欢吃好多鱼的，只是吃了对身体不好，所以你不吃了。你能克制自己的欲望，你做得很棒。"孩子刚才说那些话时还是有点不开心的，听了我的话之后觉得很自豪。有些孩子在成绩不好时，常常会想着逃避，不愿意谈学习问题，在有心理问题时，也通常不愿意去找咨询师解决问题，这些都是典型的不成熟的应对方式。

成熟的应对方式有两种：解决问题与求助。当压力来临时，有些孩子会评估自己所面对的问题及所拥有的资源，试图去解决问题。当他们发现问题解决不了时，会主动向父母求助。父母要做到一般问题放手让孩子去处理，如果孩子说不会处理时，父母要鼓励孩子，如"妈妈相信你能行的，你先试试看，要是不行，妈妈再帮你"。如果孩子成功了，要强化孩子自己能行的感受，增强自豪感；如果孩子还是失败了，父母可以在旁边帮助，但不要替代。在父母的帮助下才成功，通常会打击孩子的自信，增加他对父母的依赖感，因此父母要说："谢谢你让爸爸妈妈帮助你，和你一起做事，爸爸妈妈很快乐。"从而将孩子的感受引向积极方面，并且孩子会知道原来求助并不是无能的表现。

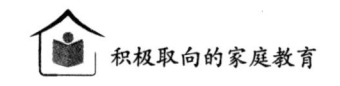

3. 注意减少孩子的不合理信念

心理学家埃利斯提出了情绪管理的 ABC 理论，A 是刺激事件，C 是情绪或行为，B 是认知评价，也称为信念。埃利斯认为，刺激事件只是引发情绪和行为后果的间接原因，而引起情绪或行为的直接原因则是个体对刺激事件的认知和评价，正是我们常有的一些不合理的信念使我们产生情绪困扰，如果这些不合理的信念长久存在，还会引起情绪障碍。一般来说，引起消极情绪与行为的不合理信念具有糟糕至极、以偏概全与绝对化要求三个特点。

糟糕至极是指如果一件不好的事发生了，就认为这是非常可怕、非常糟糕的，甚至是一场灾难。比如，很多中学生有很大的学习压力，因为他们认为"如果没有考出好的成绩就会考不上好的大学，如果没有考上好的大学，人生就完了"。这样的思维模式会让个体陷入极端不良的情绪体验，如恐惧、耻辱、自责自罪、焦虑、悲观、抑郁的恶性循环之中，而难以自拔。

以偏概全是指我们通常根据一个方面，或者一件事就对自身进行评价。比如，如果学习成绩不好，孩子就会认为自己是一个废物，什么都做不好，这种在逻辑上完全站不住脚的自动化的思维会导致个体产生极度的抑郁与自卑。下面，我们来看一个我在咨询中遇到的真实案例，来理解 ABC 理论在改变不合理信念中的应用。

一个 17 岁女孩，在高三第一学期，因为不愿意去上学而来咨询，后来在咨询师的帮助下继续完成了高中的学业，并且考上大学。在大学学习两个月后，她继续来做咨询。

小女孩：无论怎么努力，我的学习成绩还是不好，我就是一个彻头彻尾的失败者。

咨询师：我好像听你说你高中时的历史成绩与大学的英语成绩都不错，你是怎么做到的？（她和我谈过她高中时历史成绩不错，大学的英语成绩也还行。）

小女孩：那是因为我喜欢这两个老师，这两个老师都对我很好，我就很努力地学习。

咨询师：你说是因为你努力了，所以成绩好。但你刚才告诉我的是，你无论怎么努力，成绩都不会好。

小女孩笑着说：老师，我明白了，我是不喜欢，没有努力才这样的。

咨询师：你说你就是一个失败者，那你的头发、你的鞋子也是失败者吗？

她觉得很好笑，大笑着说：那怎么可能，老师你在开玩笑吗？人家还说我的头发又黑又亮，我穿的鞋子还比较漂亮呢。

咨询师：那你刚才告诉我你是个彻头彻尾的失败者呀，你觉得怎么样说更准确些？

小女孩笑得比刚才更开心了，大声地说：应该说只是成绩上比较失败而已，努力就好了。

绝对化要求是指人们以自己的意愿为出发点，认为某些事情必须或者应该如此，如很多孩子会认为"我必须考第一""我应该受全班同学的欢迎""老师应该喜欢我"。一旦事情没有如他的意愿那样发展，他就会陷入情绪困扰中，感到悲伤、愤怒与恐惧等。

我的孩子在初中时，成绩还不错，但一直感到压力特别大，常常在我面前自诩为完美主义者。有一天我气急了，就对他说："追求完美可以，但是不能一定要求完美。一般来说，完美主义者比较容易得精神病或神经症，你到底要哪样？"后来再与他谈到接纳失败、不完美会不会改变结果时，他表示其实重要的是追求完美，把事情做到自己所能做到的最好，同时又能接纳失败与不完美，为自己的梦想努力付出，不觉得遗憾就行。中国文化非常强调"谋事在人，成事在天"，这就是对绝对化要求的最好应对。

父母要经常敏锐地捕捉到孩子的不合理信念，并且像一个辩论家一样，随时随地与孩子的不合理信念进行辩论，最后再引导孩子找出合理的信念，体验不合理信念与合理信念对情绪的影响。要做到这一点，首先父母要练习去分析自己的不合理信念，并且随时把它们记录下来，坚持不懈地去练习，这样才能敏锐地感受到孩子的不合理信念；其次，父母要具有辩论的能力，可以多模仿苏格拉底的辩论术。

4. 培养孩子形成聚焦问题解决的内部语言

除了对话语言之外，个体通常会有大量的内部语言，这些内部语言影响了个体的情绪与行为。有些孩子在遇到问题时，会采用聚焦问题的对话。他会说："为什么会发生这个问题？""是我的原因还是其他人的原因？""这会给我带来什么样的影响？""父母、老师会不会因此打骂我，同学会不会瞧不起我？""我平时努力去处理过这些问题，为什么都失败了？"我们把这些对话称为聚焦问题的对话，这类对话根本无助于问题的解决，反而是越想越害怕，越想越难受。父母对孩子的这类提问也要尽可能减少。

有些孩子在遇到问题时，会采用聚焦问题解决的对话。他会说："问题解决之后最好的情况是什么？""如果问题没有发生或没有现在这么严重，会怎么样？""我怎么样才能让这类问题不再发生？""现在问题发生了，我有哪些资源和方法可以去解决问题？""我可以向哪些人求助？"很显然，采用这类对话的孩子会更快地摆脱问题所带来的痛苦，将更多的能量用于问题的解决，能调动更多的资源，解决问题时的情绪也会更积极一些。

父母在平时与孩子的对话中，要多注意使用聚焦问题解决的对话而不是聚焦问题的对话。通过父母的示范，孩子会更容易掌握聚焦问题解决的思维模式。

5. 主动宣泄情绪，减轻压力

除了平时压力管理能力的培养外，如果情绪已经被激发了，那么我们可以通过一些简单的情绪调节方式来舒缓压力。放松、运动、休息与欣赏艺术都是调节情绪、释放压力的重要方式。

简单易学的放松方法就是关注自己的呼吸，陪伴孩子静坐或站立几分钟，引导孩子观察自己呼吸的自然节奏，不要去控制呼吸，而只是专注于呼吸。在每次吸气时想着寂，在呼气时想着静。通过这样的练习，孩子会渐渐习惯于观察当下的事务，会慢慢地放下过去耿耿于怀的事情，对未来的担忧也会慢慢地转到关注自己的呼吸中，随着呼吸的平顺，内心就会更加平静。当孩子有剧烈的情绪反应时，提醒他试着用深呼吸去调节自己的情绪。

深呼吸的作用其实也是有生理依据的，深呼吸有利于吸入更多的氧气，气体交换也会更充分，从而增加血氧含量，减轻心脏的负担，因此才有心平气和一说。当然，对于性格比较急躁的孩子来说，练习呼吸其实是比较难的，我的性子比较急，在失眠时常喜欢用体验自己呼吸的方法来求得平静，但有时太焦虑的话就难以做到，这需要不断地练习。

如果孩子对艺术有兴趣，可以让孩子学习绘画与舞蹈。绘画具有天然的自我表达、自我疗愈的作用，孩子通过将内心的苦恼表露在绘画中，并通过自我觉察来达到心理治疗的作用。不愿意绘画的孩子或者很小的孩子，可以带他去玩沙子，这是一种非常简单有效、孩子又特别喜欢的方法。通过触摸沙子，感受沙子在皮肤上的感觉，以及通过操作沙子来表达不同的感受，也可以很好地达到情感宣泄、心理疗愈的作用，其实玩沙子对孩子的智力发育及亲子关系都有很重要的作用。

图 9-1（a）是我在积极心理学课堂上，让学生通过手工来设计自己的心理训练手册封面的场景，学生们非常投入。图 9-1（b）是学生以感恩为主题制作的团体沙盘，是学生对感恩的具象化表达。

图 9-1　学生手工与沙盘照片

如果孩子没有任何兴趣爱好，那么我们可以培养孩子运动的习惯，如慢跑、打太极拳、练跆拳道、打乒乓球。这些运动不是很剧烈，但可以提高孩子的幸福感，放松压力。有一次，孩子成绩不好，到操场跑了很久才回来，他回来后告诉我："妈妈，跑步可以让我放松很多。我在操场跑了七圈才回来的。"如果孩子连运动都不愿意，那么你可以在家或者车上放节奏较慢的音乐，最好不要有歌词，只是纯音乐，放一些佛教音乐也具有很好的作用。

三、体验积极情绪，提升幸福感

孩子幸福是家庭教育的终极追求，那么如何帮助孩子拥有追求幸福的能力呢？首先，孩子要具备体验积极情绪的能力。积极情绪并不是消极情绪的另一极，而是另一种类，正如消除了不快乐，个体并不一定会快乐，同样，不幸福的反面也不是幸福。典型的积极情绪有快乐、平静与满足感。

（一）积极情绪的类型与来源

1. 快乐

大家最熟悉的一种积极情绪就是快乐。每个人都体验过快乐，但快乐的原因不尽相同。有些人通过与他人竞争来获得快乐，经由与他人比较来界定自己的价值，如果赢了，他就会很快乐，我们称之为竞争性快乐。记得孩子读小学时英语成绩不好，他的小伙伴们英语成绩也不好。他回来告诉我："妈妈，我还不错呢，我比×××还高一分。"这样的快乐是不稳定的，因为它取决于比较的对象。

有些人把快乐和特定的条件联系在一起，典型的表述是：如果我达到了什么目标，或者拥有了什么，那我就会很快乐。我们称之为条件性快乐。这种快乐当然也是不稳定的，因为能否达到某一结果或者拥有什么，很多时候并不以我们的意志为转移，也不是我们努力就可以的。大家肯定会觉得如果买彩票能中 2000万元，自己一定会很快乐，但心理学的研究发现，在近一年里获得 5 万美元，甚至 100 万美元的彩票中奖者，自我预测的未来幸福感与日常幸福感都比那些在过去一年遭受意外而造成肢体永久残疾的人还要低（克里斯托弗·彼得森，2010）。

还有一种快乐是自觉性快乐，这种快乐不需要外界的刺激或者获得某些东西，而是发自内心的。个体能接纳自我，在接纳自我的过程中能体验到快乐祥和的感受。邓小平在法国留学期间，由于战后法国政府叠加新税，物价飞涨，工作很难找。而当时，邓小平家中已无力寄钱给他，他只能艰难度日。1922 年，在周恩来的倡议下，由邓小平负责主持，在巴黎开了一家"中华豆腐店"。在这艰苦的环境中，邓小平仍然干得很愉快，还和周恩来吟唱起了豆腐诗。这就是我们想让孩子拥有的，让自己在任何情况下都能快乐、都能幸福的能力，快乐来自自我，来自努力就好、不执着于结果的心态。

2. 平静

平静是一种非常重要的积极情绪，在这一情绪体验下，我们可以更好地审视自己的内心，明了自己真正的需要。佛教中很多的禅语就是要帮助我们达到心灵的平静，在心灵平静的情况下，我们才能过好每一个当下，享受当下。日野原重明说他长寿的秘诀就在于能好好呼吸、好好吃东西、好好运动、好好休息、好好工作，认真过好每一个当下，乐于向每一个偶然学习。

禅绕画是一种能让自己平静，能审视自我内心的非常好的方法。禅绕画的创始人是 Roberts 和 Thomas 夫妇，Roberts 曾以僧侣的身份生活了很多年，Thomas 是一位植物插画家兼手写体艺术家。Roberts 注意到 Thomas 在装饰字母内画简单、重复的线条时，展现出来的那种专心、平静的状态与冥想很像，于是两人一同发展这种具有心灵疗愈作用的创作方式，这一方式得到了广泛的认可。

画禅绕画非常简单，只需要一张纸和一支笔。图 9-2 是一幅禅绕画的制作过程，从这六幅图中，我们可以看出禅绕画不过是一些简单的点与线的连接，但这种简单的连接却可以构成美丽的图案。禅绕画的魅力在于不需要绘画技巧，任何人都能使用，没有所谓的错误，只要把画错的地方整合到图画中就行。不断的、简单的重复会让你的脑袋不由自主地变得宁静，在宁静中你可以审视自己真正的内心，进而达到真正的平静。要注意的是，在你刚开始画的时候，这种简单的重复会让你感受到焦虑，但只要你坚持下去，画到第二幅、第三幅时你就可以体验到那种由焦虑到宁静的心理变化。我儿子告诉我，他在晚上无法入眠时，通过画禅绕画可以让自己平静，直至入睡。

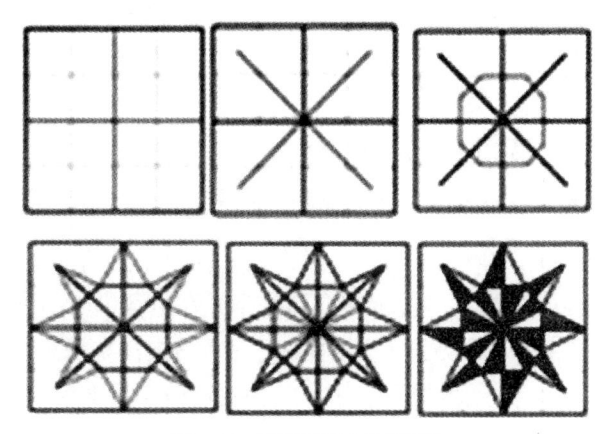

图 9-2　禅绕画绘制示意图

3. 满足感

满足感源于需要得到满足，如梦想得到实现，梦寐以求的东西终于得到，这些都可以使人获得满足感。如果欲望低，则个体容易得到满足，不为欲望所苦、所驱动；而如果欲望无限膨胀，则个体难以满足，幸福感自然会低。人们通常将生活满意度作为幸福感的一个指标。社会的物质财富大幅提高，人们的幸福感反而下降，原因就在于欲望也随之提高。所以，培养孩子使他容易满足是提高生活满意度的重要方法。

（二）提升生活满意度的方法

提升生活满意度的方法很多，我们简要介绍几种易于操作的方法。

1. 培养孩子自我激励的能力

喜欢爬山的朋友都知道，如果你一直盯着山顶，你会发现很难坚持下去，因为不管你多么努力，你离它还是很遥远。如果你换一个视角，把头转回去看来时的路，你会快乐得多，也会有信心得多，因为你会发现你竟然已经走了这么远。所以，盯着你已经达到的目标，而不是你将要做的事情，这可能会让你更愿意前行，也会更快乐。

在我的印象中，母亲从来不会表扬我的成绩，即使我考全校第一名，她也会告诉我："你是'山中无老虎，猴子称霸王'。"这句话当然没有错，毕竟我只是在一所乡村中学读书，外面的世界确实太大了，优秀的人也确实太多了，但是我实在不明白那些人与我有什么关系,我不过是学自己想学的东西,考出自己应有的水平而已。

如果父母过分在意孩子的成绩,并且只要孩子一达到你的期望,你就提高标准,这样孩子会没有任何快乐,久而久之就会放弃。想想你在减肥时,是告诉自己"还要减 3 公斤才能达标",还是"我已经减了 3 公斤"更容易让你坚持?学会自我激励,在无人喝彩的时候为自己鼓掌,是激励自己前行的最好途径。如果你爱孩子,就把这一方法融入到你的家庭教育中去。

2. 品味生活

有一位母亲打电话给我,说得非常伤心。她在电话中断断续续地说:"我每天操持所有的家务劳动,为丈夫、孩子操碎了心,结果没有一个人感恩我的付出,而是抱怨我的唠叨。"她觉得很不公平,觉得自己做了这么多,抱怨两句难道还有错了?

我和她说抱怨就是抱怨,没有人愿意听抱怨,无论你为他们做了多少。最好的方法就是减少你的付出,学会品味生活,增加家庭的幸福感。学会品味生活是提高家庭幸福感的重要途径,幸福的家庭氛围又是培养孩子幸福能力的重要因素。

我们可以停下来,体验已经产生或将产生的一些美好的感觉。比如,做好饭菜之后好好地享受一顿美食,而不只是把它当作果腹的食物。再如,投入地与孩子沟通,在阳台上做些园艺,甚至只是和孩子去电影院欣赏一场电影。没有学会品味生活的父母,通常会被孩子拒绝参加他的活动。

开家长会时,我听到很多家长在抱怨孩子连和自己一起去看场电影都不愿意,有的孩子做得更绝,为了不受父母干扰,他订了同一场次但不同放映厅的电影票,坚决不让父母与自己在同一个放映厅。

如果孩子不愿意与你一起品味生活,你可以鼓励他与其他人一起做。比如,外出旅游时,鼓励孩子拍摄一些照片,或者买些纪念品,去与他的同学分享这些经历。平时,家长要注意让自己的生活慢下来,全身心投入到当下的生活中。我家的阳台特别多、特别大,我在上面种了花、果与蔬菜,用很大的整理箱种了几棵荷花,养了十多条泥鳅。每天累了的时候就去看看泥鳅吃食的样子、和泥鳅说说话,关注哪朵花谢了、哪朵花开了。兴致高的时候我还把拍的照片拿来和我的孩子与学生分享,这样也能培养他们发现生活中的美、欣赏生活中的美的能力。

3. 帮助孩子发现自己内心的感恩

我们常常说要培养孩子的感恩心理,这当然很重要。因为现在很多孩子根本不知道要感恩父母，而是认为一切都是父母理所当然的。多年的咨询经验告诉我，其实现在的孩子对父母多少都是有些感恩的，哪怕他在咨询室里不停地抱怨自己的父母。

在给大学生上积极心理学课程时，我让他们做了一个团体的感恩体验沙盘，好多学生在做的时候都选择了家的场景或者与父母在一起的场景。在讲述自己的沙盘时，有些孩子边讲边哭，认为父母为自己付出得太多，生活得太艰难。而有些孩子在说的过程中一直是面带微笑或者很满足的样子，他们讲述一个个场景，如放假时父母来机场、车站接自己的场景，母亲给自己做早餐的场景，自己没考好时母亲焦虑的表情等。

有一个 14 岁的孩子对其他同学说，在咨询师的帮助下他与母亲的关系才不像仇人一样了。事实上，虽然他在我的咨询室里不停地抱怨母亲，却也和我说，过年的时候，母亲去奶奶家要做好多事，连卫生都要等他妈妈回去做，爸爸只是玩儿。从这个细节来看，其实他是爱妈妈的，也为妈妈的过多付出而觉得不公平。

孩子一旦发现自己内心对他人的感恩，就会感觉非常温暖，尤其是在面对困难时，他会觉得生活还有一丝暖色。在西方文化背景中的实验研究发现，感恩并且把它写成一封感谢信送到感恩的对象手中，会提升个体的短期幸福感，但在集体主义文化的日本与韩国没有发现这类现象，原因可能在于集体主义文化背景中的人本身就更注重对他人表达谢意。

4. 寻找感觉不错的事

寻找感觉不错的事在提升幸福感方面效果最好，维持效应最长，但是也最难坚持。如果孩子很不开心，那么可以在家庭中开展一个活动，即每天记录当天发生的三件感觉不错的事情，并且在晚上一家人分享并解释为什么感觉不错。这样坚持至少一周后，具有显著的效果，如果能坚持更久，当然效果会更好，幸福感的持续时间更长。

我们也可以让孩子坚持记录让自己感觉最棒的事情，然后帮助孩子通过这件事来识别他所具有的优良品质，每周记录一个故事，持续一个月，对于提升孩子的自信会有很好的效果。

四、理解他人情绪，营造和谐人际关系

阿德勒认为个体活在世界上要面对三个重要的基本事实。第一个事实是人类居住在地球上，他无法脱离地球表面来生活，必须受制于地球上的一切规则，注

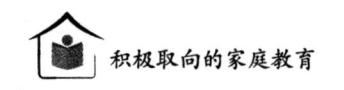

重地球的承受程度。第二个事实是这个地球上不只有我,还有其他人,在多数情况下,我们不可能只靠自己去解决生活中的问题,需要重视与他人的合作。第三个事实是人类分为男女两性,因为这一事实的存在,才会有爱情与婚姻关系的存在,这是个体与人类集体得以存续的前提条件(阿德勒,2010)。

社会发展到今天,世界变成了一个关系网络,人与人之间的依赖性更强,生活中没有一个人能独立存在而不与他人联系,个体与他人和谐相处是个体生存和幸福的必要条件,也是家庭教育不可忽视的重要内容。

在第五章中,我们已经讲述了营造和谐亲子关系的基本原则与能力,如共情能力、倾听与表达技巧等。在这里,我们重点讲解与孩子的发展特点有关的人际交往技能。

(一)培养孩子欣赏他人优点的能力

每个人都希望被他人欣赏,因此能发现他人优点,并且能真诚地对他人的优点表示欣赏、为他人的成功表达祝贺的人是最受欢迎的人。首先,父母可以以经常发现孩子的优点并真诚祝贺为榜样行为来引导孩子学会欣赏他人。其次,在孩子谈论他的朋友时,可以引导孩子分析他朋友身上的优点,久而久之,欣赏他人就会成为一种习惯。

记得在孩子读小学二年级时,与同班一个同样淘气的孩子关系特别好,放学后两个孩子经常在一起。那个孩子比他大1岁多,动手能力很强,经常用各种物件制作玩具。有一天,我在他面前批评这个孩子所选择的玩游戏的地点太危险,而且还在自己的妈妈面前说谎。孩子对我说:"妈妈,虽然他很淘气,但是他真的好聪明啊,他做的那些玩具我都不会做。"这表明他能真诚地欣赏他人的优点。

一个欣赏他人的孩子不仅可以营造和谐的人际关系,而且通过欣赏他人的优点,他才能从他人身上学习,让自己变得越来越优秀。正如孔子所言,"三人行,必有我师焉",发现、欣赏他人的优点是学习的前提。

当然,能欣赏他人优点也是个体觉得幸福的重要条件。试比较,你觉得是身边的人都是美好的人更快乐还是都是邪恶的人更快乐?人性中不缺乏美好的一面,如果我们不能发现、欣赏美好的一面,那么我们就无法幸福。

(二)学会积极建设性地回应他人

回应他人是人际交往中必然会发生的事情,无论你的好朋友告诉你一个好消息还是一件坏事情,我们都需要进行回应。格堡、雷斯等将回应分为两个维度:

积极/消极，建设性/破坏性。积极回应是指对他人说出的信息表现出很大兴趣，并进行反馈；消极回应则是指对他人说出的信息表现得很冷漠，漠不关心，甚至答非所问。建设性回应是指对他人的信息进行正面且鼓励性的回应，让他人更自信；破坏性回应则是指出他人信息中潜在的负面信息，让他人更加气馁（克里斯托弗·彼得森，2010）。

两个维度的不同组合，出现了四种回应方式。下面，我们用孩子考了第一名回来后家长的回应来区分这四种回应方式。

第一种是积极建设性的回应，即主动给他人一种乐观主义的反馈。比如，家长说："你真的很棒，我相信你今后会学习得更好。"听到这些话，估计孩子会非常开心，更愿意与你分享信息。

第二种是积极破坏性的回应，常常会指出潜在的消极面。比如，家长说："你怎么没有拿 100 分，还是有错误。"听到这些话，孩子的高兴劲儿估计会马上消失，下次他可能再也不想和你分享任何信息。

第三种是消极建设性的回应，如沉默的、没有太多表情的回应。比如，家长只是漠然地说："我知道了，还不错。"孩子听到后可能会觉得自己真蠢，还把考了第一名看成一件非常重要的事来和你说，结果你根本不在乎。

第四种是消极破坏性的回应，这是一种漠不关心的反应，不屑于他人的成功，如"你吃饭了吗？""山中无老虎，猴子称霸王"。这是最令人伤心的一种回应，久而久之，估计没有人会和这样回应的人做朋友。

那么，我们如何训练孩子多采用积极建设性的回应方式呢？

第一，要关注孩子在你和他说好消息与坏消息时的反应。持续记录一段时间，然后与孩子一起分析他偏好的回应方式。再让孩子去记录对自己好朋友的回应，直到他能区分自己的回应方式为止。如果孩子乐观积极地去回应他人，喜欢询问他人问题，并且与他人分享自己的快乐，那么孩子就已经学会了积极建设性的回应方式。

第二，如果孩子没有掌握，有意识地在亲子沟通中使用这一回应方式，通过父母的示范，让孩子掌握这一方式，并且能熟练自如地运用。一般来说，如果在亲子沟通中能把积极建设性的回应方式与其他方式的比例控制在 3∶1 以上，可以促进亲子关系，提高家庭生活的满意度。

第三，鼓励孩子选择一位朋友，有意识地去使用这一回应方式，并且记录下来，直到孩子在他面前运用自如，再选择另外一个对象进行训练。通过不断的训练，孩子会发现自己越来越受人欢迎。在养成积极建设性的回应方式后，就可以

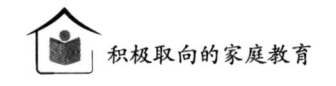

自然而然地应用了。

虽然积极建设性的回应方式有利于同伴关系、师生关系与亲子关系，但并不是在任何情况下，我们都要对他人做出积极建设性的回应。比如，在他人欺负你时、不尊敬你时，或者你没有时间倾听时，我们都可以说不，可以使用其他回应方式。

（三）学会区分好朋友与坏朋友

1. 好朋友与坏朋友

拥有朋友与生活满意度和健康之间是有稳定的正相关关系的，但是这种作用取决于朋友是支持性的还是破坏性的，只有支持性的朋友才有积极的作用。破坏性的朋友有百害而无一利，对人们健康和幸福的破坏作用要比支持性的朋友的积极作用深远得多，因此，培养孩子区分好朋友与坏朋友的能力是非常重要的家庭教育内容，对于以讲义气为荣的青少年来说尤为重要。

很多家长也意识到了孩子交友的重要性，但他们并没有告诉孩子什么样的朋友是好朋友，只是简单地告诉他们不要和成绩比自己差的孩子玩。这是典型的晕轮效应，即认为成绩好的孩子，哪里都好，其实很多成绩好的孩子也有很多不好的地方。那么什么样的人才是好朋友呢？

心理学家彼得森的一项研究发现，人们在形容自己的朋友时，最常用的句子是："我的朋友能够激发我最好的一面。"他认为好朋友最重要的特征是可依靠、诚实、忠诚和专一，以及亲切、富有爱心。

坏朋友也并不只是品行不端、不爱学习的孩子，这些孩子其实很容易识别。重要的是，坏朋友还包括消极的、过于悲观的孩子，这类孩子也不是好朋友，因为他们会让你丧失斗志、害怕失败，甚至抑郁。

2. 帮助孩子区分好朋友与坏朋友

如何帮助孩子区分好朋友与坏朋友呢？

第一，我们要帮助孩子分析他的朋友是不是品行不端。品行不端的孩子绝对不能作为朋友，但问题是，我们认为的品行不端的孩子，对于孩子来说则可能是英雄人物。比如，他们会认为顶撞老师、逃课、吸烟、喝酒的同龄人很了不起，能够和社会上的人有联系、能带他们去 KTV、尝试与他们不一样的生活是很了不起的事。

因此，我们需要帮助孩子理解什么样的行为是好的，什么样的行为是不端的。

孩子读的高中比初中的生源要好很多，有一次，他和我讨论什么样的学校是好学校时，对我说："其实我的初中也有很多不好的方面，比如说，很多学生躲在卫生间吸烟、在学校打架。只是我天生反感这些东西，没有被他们影响。"

第二，我们要注意分析他的朋友是积极的还是消极的。消极的情绪是具有传染性的，当然积极情绪也同样具有传染性。我们要和他分析，与朋友在一起，他是变得更积极、更有力量，还是变得更消极、更爱抱怨、更害怕失败。有人可能会觉得这样的教育太势利，难道好朋友不应该互相帮助，在朋友抑郁的时候激励他吗？理论上应该如此，但问题是，有帮助的意愿而没有帮助的能力，不仅帮不了他人，还会损害自己。

常常有成年人问我："我的朋友得了抑郁症，我要怎么帮他？"我会告诉他们，送朋友去精神科看病就是最好的帮助。这些人常常会接着说朋友不愿意去，自己要怎么帮他。这时，我通常会告诉他们："帮助的方法也有，如陪他们运动就是最好的疗法，但前提是你能拉得动他去运动。"他们一般也说很难做到，所以我常常反问他们："你帮助他，对他真的有用吗？你自己有没有因此受到影响？"结果他们都会吐槽说："根本没什么用，反而是自己也快要得抑郁症了。"帮助他人的前提是自己要有能力去帮助，显然，那么小的孩子并不具备心理咨询师式的专业助人能力，让他们去帮助他人等于谋杀与自杀。

第三，我们要帮助孩子分析他的朋友是不是互惠性的，遇到问题能否坦诚沟通，关键时刻能否相互提供帮助。有人会认为，友谊就应该是无私的，怎么能让孩子这么自私呢？记住，友谊的特征之一就是互惠性。这种互惠性当然不是我今天借你一斗米，明天你借我一袋糖的互惠。互惠是指朋友之间的相互帮助与情感支持，即投之以桃，报之以李。

有些所谓的朋友通常只会在需要你提供帮助时才来找你，而在你需要帮助时则会离开。有些朋友会对孩子提出过分的要求，如果孩子不答应，则会表示怎么会有你这样的朋友。在一次咨询中，有个大学生就因为这样的朋友而很伤心。事件的起因是她的朋友经常不去听课，教师点名时让她帮助应答。但是有一次，教师要求点到一个名字要站起来应答，她不敢站起来应答，也来不及打电话给她的朋友，让她赶快来上课。结果回到宿舍后，她的朋友很生气地说："还是朋友呢？就这点事都做不到。"她听后觉得很伤心，想想自己为了朋友担惊受怕地顶替点名这么多次，自己平时对她也很好，而她不仅从未感谢过自己，还因为这样一件小事就和自己绝交，这实在是太欺负人了。

帮助孩子学会不交这类严重损坏互惠性、自私的朋友，以免孩子受到不好的影响与不必要的伤害，这也是很重要的。人际关系是一个网络，一个人的好朋友也不可能太多，识别不好的朋友是为了给真正的朋友提供空间。

家长还要注意的一点是，由于人际关系是一个网络，情感会在网络中进行传递。研究发现，情绪一般会传递到三个层次，即朋友的朋友的坏情绪也可以影响到你。一般来说，在社会网络中，不快乐的人处于社交网络的边缘，但他们会通过网络联结影响网络中的人。因此，家长不仅要注意孩子交到的朋友是什么样的，还要观察孩子朋友的朋友是什么样的。

第十章　价值观的教育

　　价值观是我们对某些事情区分好坏的标准，是指导我们行为的心理倾向系统，具有道德评价的意义。比如，孝敬父母是被称赞的，而忤逆不孝则是被批判的。价值观决定个体如何应用自己的能力与性格特征，如拥有勇敢特质的人可能会保护弱者，但也可能选择攻击他人。前者是将自己的性格特点用于人们所称赞的地方，而后者却将其用于人们所憎恨的事情。

　　自我的价值观更接近自我概念的核心，它会指导我们评价他人与自我。如果他人的行为符合我们的价值观，我们会认同或表扬他人的行为；如果他人的行为有悖于我们的价值观，我们则会批评或保持沉默。当我们所做的选择符合我们内心的价值观时，我们感觉会更好，而违背时则会感觉难受。

　　价值观非常重要，价值观的教育是家庭教育中最为关键、最为重要的问题。缺乏正确的价值观教育是孩子行为问题与心理问题的重要原因之一，也是社会问题发生的主要原因之一。

　　关于价值观的分类有很多种。心理学家罗克奇将价值观分为终极性价值观与工具性价值观。终极性价值观是指理想状态的信念，如幸福的家庭、美好的爱情与满意的工作等。工具性价值观是指能够支持与帮助个体实现理想的行为方式，如努力、成就、善良、公正公平等。在这里，我们主要讲述两种对我们能否成就幸福人生有影响的价值观教育，即金钱观、成就观的教育。

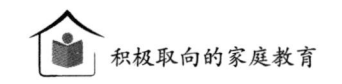

第一节　金钱观的教育

有人会觉得奇怪，为什么金钱观的教育如此重要？中国自古就有视金钱如粪土的观念，怎么能用铜臭味来玷污孩子纯洁的心灵？所以很多家长几乎从不与孩子谈论钱的问题。事实上，金钱是社会生活中非常重要的中介，是一般等价物，是社会进行交换的基础。

我们如何看待金钱的作用，如何获取金钱与使用金钱等，对孩子的人生抉择与幸福有重要影响。

一、尊重金钱的教育

尊重金钱是指尊重金钱本身的价值，不拔高也不贬低金钱的作用。金钱是社会流通的一种重要中介，也是财富的表达方式。金钱可以用来做很多事情，如让我们能接受教育，能获得我们想要的物质，能去帮助我们想帮助的人，能做些我们想做的事。因为知道金钱的作用，所以我们就不至于乱花钱、无节制地花钱。

（一）金钱很重要

我国儒家文化非常强调重义轻利，认为"钱财如粪土，仁义值千金"。受这一观念影响，中国人觉得谈钱是很俗气、很伤感情的事情。在孩子的教育中，家长自然也很容易忽视关于金钱的教育，为了防止孩子乱花钱，家长很简单的做法就是把孩子大额的压岁钱拿走，孩子需要什么时，再随时给什么。

由于随时可能获得金钱，且节余的金钱与自己无关，有些孩子对金钱全无概念。一位朋友对我说，他的孩子很大方，同学借了他 800 元钱，他都不让同学还了。我问他："那钱是你的还是孩子自己的？"结果他告诉我是他的，孩子自己是没有钱的。我告诉他："你的孩子可不一定是大方，因为这是你的钱，他根本不可能心疼。要不你单独给他一个账户，你看他是否还有这么大方。"

记得孩子读小学时，有一天回来和我说他要捐款给灾区，并且让我给他 200 元去捐。我告诉他："你想捐多少，我不会拦着你，但这些钱应该从你自己的账户中支付，这已经超出我对你的抚养义务了。"孩子最后只捐了 50 元，他觉得自己无法承担 200 元的支出。他开始想捐那么多，并不是想表达多大的爱心，而只是想成为班里捐款最多的人，还不需要自己付出代价。为了荣耀而做的所谓慈善不是真正的慈善，甚至不是善，如果我给了孩子 200 元，而且表扬他的行为，就不是对他善的支持，而是奖励了他的伪善与虚荣。让孩子为自己想付出的爱心来承担成本，才可以培养孩子真正的爱与责任。

有些家长可能会觉得自己的孩子根本不需要金钱，给他的零花钱都是放在抽屉里，也没有见他用。这并不一定是安贫乐道，可能只是没有金钱概念的一种表现。一般来说，孩子之所以不花钱，是因为他不需要花钱，父母会提供给他一切他所想要的东西。我的一位朋友，现在的家庭条件很好，因为他小时候家庭条件不好，所以他不希望孩子在物质上有什么缺憾，会满足孩子所有的要求。孩子穿的、用的都是名牌，只要班上同学拥有的东西，他都给孩子买，几乎孩子想要的所有东西，他一定会买给孩子。他的孩子从来不要钱，也不花钱，其实这样做对孩子并不好，因为他的孩子根本没有机会去建立金钱的概念，而且他的孩子也并不是节俭的人。一旦家道中落，这样的孩子怎样去独立生活？即使家庭条件一直很好，这样的孩子在社会上又怎么能独立生活？

（二）金钱没有那么重要

还有些孩子会片面夸大金钱在人生中的作用，他们认为没有钱就会"英雄气短"，会有"一分钱难倒英雄好汉"的拜金思想，从而把今后"赚大钱"作为人生唯一的目标。这样的人会把个人拥有金钱的多少作为衡量人生成功、幸福与否的唯一标准，而未能认识到金钱真正的价值，他们沦为金钱的奴隶而没有成为金钱的主人。

为什么有些孩子会这么认为？原因可能是家庭的教育不当或者受父母行为的影响。随着经济的发展，很多人崇尚经济主义，崇拜金钱。为了给孩子提供好的经济物质条件，农村的父母外出打工，将孩子留在老家，城市的父母虽然把孩子留在身边，却很少陪伴孩子。他们都用行为告诉孩子：金钱很重要，比陪伴孩子都重要。

有些家长为了弥补自己未能好好陪伴孩子的亏欠，给孩子买各种玩具、衣物或电子产品。这样，孩子不仅认为金钱很重要，还会习得用金钱来解决问题的方式，如通过送礼物给其他小朋友，让人家和他玩，用钱来收买其他同学把作业给他抄，或者干脆帮他做作业等。他认为钱可以帮助他解决一切问题。

所以，我们需要在家庭中告诉孩子，金钱作为一般等价物，可以帮助我们去做一些事情，获得我们想要的商品，帮助我们完成一些心愿。但是金钱并不是万能的，它可以买到玩具，但并不会让我们幸福；它可以买到玩伴或追随者，但买不来真正的友谊。

二、金钱要取之有道

（一）错误之道

儒家文化非常强调"君子爱财，取之有道"。但这个道是抑商的道，即商人很富有，但地位低下。在中国古代士农工商的划分中，士排在最前面，商居于最后，所以中国人内心深处多少是有点轻视商人的。这反映在家庭教育中就是，我们很少会教育子女未来自主创业，成为一名成功的商人。我们总是告诉孩子学而优则仕，要成为公务员，再不济也要去获取一份工作，通过学习拿到更高的工资。

这样的教育会带来很多的社会问题。首先，我们学习的目的会偏离，如果读书的目的只是找到一份好工作，那么我们读什么书并不重要，因为读书的目的不是丰富自己的内心、培养自己的能力、享受读书的快乐。正如钱学森之问："为什么我们的学校总是培养不出杰出人才！"（刘建生，2010）其原因固然很多，但与教育的功利性有很大关系，教育者经常忽视孩子学习的快乐，并且理直气壮地说："我是为你好，你长大了就会感谢我。"甚至还有校长在开学典礼上理直气壮地说："青春就是要受苦的。"

在很多人看来，当官通常是和发财联系在一起的，当官的目的不是为人民服务，只不过是发财的一种途径，而且是一种既富且贵的途径，商人只不过是富而已。这种思想也会潜移默化地影响家长对孩子的教育，从而影响孩子的金钱观。

在国内，有人会笑称找朋友借钱或借钱给朋友是断绝朋友关系最好的办法，虽然只是玩笑，但也显示了社会中有很多人会借钱不还。我的孩子也遭遇了这种情况，其中有一件事我听了很不高兴。有一次，我孩子的一个同学让他代交20元电话费，因为孩子开通了支付宝，所以他就答应了这个孩子。刚交完电话费，这个孩子又来找他借10元钱买饮料。这回孩子没有答应他同学，因为他身上没有现金了。结果他同学从自己身上拿出100元买饮料，找回来的零钱直接装进自己的钱包里，根本没有还给我孩子帮他代交电话费的20元钱。很显然，这样的孩子缺乏尊重他人财产权利的意识，不守信用。如果家长不及时教育，估计难以交到真正的朋友。

（二）正道之含义

那么什么才是正道呢？

首先，正道是通过自己的诚实、努力，并且符合法律要求来获取利益。不顾他人的正当权益，而不择手段获取不正当利益，肯定不是正道。在家庭教育中，首先我们要消除对不同职业的歧视现象，让以追求财富为兴趣的孩子可以自由地、没有负担地选择从商或自主创业，或者去从事自己有兴趣、有能力的职业。在中国文化中，"老实人"有时并不是一个褒义词，在某些人的观念中，诚实常被视为愚蠢，善良被当作软弱，所以家长也很怕孩子太老实而吃亏。老实人反而不容易上当受骗，因为老实人通常会更有原则一些，当他面对巨大的诱惑时会想这么做是不是可靠、是不是符合规则。所谓灵活的人，则因为没有原则，本身又想贪财而轻信这些信息，最后上当受骗。

其次，正道是获取金钱时要求不以损害他人利益为前提。现在，环境问题、食品安全问题不断地涌现。养殖者可以将无数的化学药品投入到动物的饲料中；农民或农业工人可以打完农药后直接采摘蔬菜上市叫卖；企业可以将毒气与毒液偷偷地排入环境中。这些行为损害了他人的健康与我们赖以生存的环境，最终也会损害他们自己。

最后，要讲究信用。日本"现代企业之父"涩泽荣一认为"信用重于资本"，有信用的人可以获得无限资本的使用权。我们常说，要想知道你有多少朋友，那就看看有多少朋友会借钱给你。其实这句话并不完全正确，如果你是一个信守承诺的人，那么，人们自然会愿意将钱借给你。这样，你在必要时就可以利用周边的朋友，甚至其他不是朋友的人的闲钱来做事，你所拥有的资本将是无限的。借钱之所以成为一个敏感问题，就在于信用系统没有建立起来。在没有建立起来私人信用系统的情况下，如果我们坚持朴素的"有借有还"，则自然会"再借不难"了。越是整个社会不讲信用，个人的信用就越珍贵，为自己所带来的利益会越多。

三、如何使用自己的金钱

（一）错误的消费观念

我们的父辈通常是非常重视储蓄的，他们尽可能地节俭，以存储更多的金钱为目标。每月工资发下来，他们会选择留下日常生活所必需的，然后就是保证一定的银行存款，最后才是生活享受部分。我婆婆告诉我最多的一句话就是"赚钱

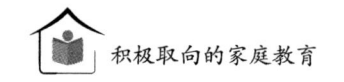

不如省口"，即多赚钱还不如节省。

这种过度珍惜钱财且影响个人生活品质的观念是不正确的。尽管我国的社会保障制度还不太完善，但为了未来可能会出现的问题而影响现在的生活，肯定不是一个理智的选择。适度的消费是拉动经济发展的基础，是维护个人身心健康的重要因素，还是维持积极人际关系的重要方面。如果父母不及时引导，孩子同样会有这种过度吝啬的可能。

在激励孩子学习的过程中，我们可能会用金钱作为强化物，还有家长会把家庭中的一些家务事等都进行明码标价，甚至他们应该承担的责任与义务也用金钱来激励。长此以往，孩子的金钱概念是建立起来了，但是责任被完全忽视，孩子变得只认钱不认人。

另一种观念则截然相反，即过度消费。我们的父辈可能会为每天的菜价小心算计，每天都在节俭中过日子，但触及面子问题时，他们又会大肆浪费。当有了钱后，他们不是首先改善自己的生活，而是盖房子、买车子和办酒席。现在走到农村，我们会看到好多漂亮的小洋房都空空如也，无人入住，只有在过春节时，才可能会有一些零星的人回家。农村的人情开支也在节节攀升，老人去世、结婚、生子都是家庭中的主要花销，不管有钱还是没钱，大家在这些事情上是绝对不会认输的，即使借钱也要办好酒席。

在年轻一代，除了要有好车、好房之外，还要购买奢侈品。一个月挣几千元的白领为了一个品牌包会选择缩食几个月，当然是绝对不会节衣的，衣也是人的脸面，而食没有人能看到。一些人在网络上炫富其实就是面子观念的一种极端表现。当然，也有很多人原本不是想炫富，那不过是他们生活的一种方式而已，但是在公众面前来展示这样的生活方式也不是一种好的品质。

很多家长有时也不会考虑孩子所处的环境，而是按照自己家庭的消费水平来安排孩子的生活，这也是缺乏爱心与社会智慧的表现。儿子读高中时，我让他多带些东西去学校吃，结果孩子拒绝带东西去，理由是宿舍里其他同学离家很远，还有些同学家庭经济条件并不好。我不解地说："就是因为其他同学没有东西，我才让你带更多的东西去与其他同学分享。"他说："你以为给人家东西吃，人家就高兴？当人家觉得没有东西回赠给你时，人家是不开心的。还不如我和他们一样不带东西去吃，我们都去食堂买东西吃。"儿子说的话真的让我很感动。高中时，他没有买过任何所谓名牌的东西，原因是他的同桌家庭条件不是特别好，他想和同桌保持一样的消费水平，并且觉得这样很快乐。

（二）健康的消费观

健康的消费观首要的一条是用钱有道。做到用钱有道，首要的要求是钱要用到自己真正需要的地方。有些人消费并不是自己需要这些东西，而是因为其他人也有这些东西。开家长会时，我才知道儿子班中很多同学都穿名牌衣服和鞋子，用名牌手机。回家后我问孩子这种情况。他很平静地说："这很平常啊，多了去了。"我有点心疼地问："那你怎么从不回家说，也不买那些牌子的手机与衣服、鞋子？"孩子不屑地看着我说："为什么要说？我又不想要，也不觉得有什么必要买。"我这才发现他真的长大了，即便我想给他买，他也平静地拒绝，他认为不需要就没必要买，不想受他人影响。后来，他觉得自己的手机太大了，拿起来不方便。我问他要不要换手机，结果他说没有必要，他把同学坏了的手机修理好后拿来用，因为这个手机能满足他学习的需要，自己的手机又刚好可以满足他其他方面所需。

用钱有道还要求注重生命保存与生命发展的平衡。生命保存是指维持现有生命，如个体需要必要的物质生活来保持自己现有的健康水平。生命保存是生命发展的前提与基础，但是，如果只是注重生命的保存，却忽视了生命的发展，则会让个体停滞不前。在引导孩子消费时，我们要注意引导孩子将钱花在促进自我成长的方面，如广泛的书目阅读、有益的运动与兴趣的培养等。所以，我们在家庭中要有意识地提醒孩子思考，他的钱花在维持现有生命与促进生命发展上的比例是否恰当。当然，更要注意的是孩子是否把钱花在有损健康的行为上，如抽烟、过度娱乐等。

在环境问题日益严峻的今天，用钱有道还包括注意个人消费与环境的和谐发展。个人消费一些奢侈品、有一些独特的爱好是可以的，并不要求大家过苦行僧的生活，但在进行这些消费时，我们需要关注自己的行为是不是会给环境带来灾难。比如，在有些文化中，大家特别喜欢吃鱼翅，喜欢使用象牙制品等，这些损害自然环境、严重危及其他物种生存的方式则需要改进。孩子的爸爸去巴基斯坦时，问我们想要什么礼物。我们说那里的象牙制品很好，但是我们都认为不能买。虽然我们无力去保护大象，但是我们至少可以做到自己不买，就如姚明所做的公益广告"没有买卖，就没有杀戮"。在保护环境上，个体常常无力去与社会对抗，但我们可以独善其身，为保护环境做一点点贡献。

在花钱时，我们还要注意情感在消费中的影响。比如，网络上经常报道爱狗人士去救援、拦截贩卖狗的车辆，谴责他人食用狗肉的行为。这不过是爱狗人士的情感在干涉他人的行为而已，孩子很容易受到这些行为的影响，而不是保持理性的思维。记得儿子有一天回来和我说："那些吃狗肉的人好恶心。"我问他为什么。他说："怎么可以吃狗肉呢？狗多可怜。"我反问他："狗不能被吃，难道猪就可以被吃，猪就不可怜？假如不吃动物，那么就会吃植物，那难道植物就不可怜？植物身上的微生物就不可怜吗？"我们可以对某些东西拥有自己的情感或观念，但我们不能以此来要求他人与我们一样，因为这些行为并没有威胁到环境，也没有威胁到他人或其他物种的生存，谁都不能因为饮食习惯或消费习惯的差异而有心理优越感或站在道德制高点上去轻视、干涉与批判他人。

健康的消费观还包括用钱有度。所谓有度，就是要量入为出，适当储蓄。现代社会不断地强调消费的重要性，分期付款、零首付、信用卡消费等新的消费形式不断出现，但是我觉得适当储蓄对于家庭来说还是非常重要的，是保证家庭能度过后续可能出现的灾难、挫折或满足发展所需的重要保障。我们常常强调美国的先消费再付账模式是怎样刺激经济的发展，却忽视了它所带来的系统性风险。比如，在中国发生经济危机时，绝大部分的家庭都能应付家庭必要开支半年以上，至少可以保证半年的食品开支；而在美国发生经济危机时，我们经常看到中产阶级的食品开支都会存在问题的报道，他们住着宽敞的房子，有很好的车子，却因为几个月的失业就没有钱吃饭，这真的很讽刺。

用钱有度也要求适当地消费，这个适当是因人而异的，但是只取自己所需、不浪费则是适用于所有人的原则。比如，如果你的收入高，可支配的钱多，那么可以注重个人生活品质、买些奢侈品、选用同类物品中最好最贵的东西等，只要消费收入比是恰当的，没有超出你的承受能力，这当然也是一种适度。但是，如果你在购买物品时，随便买很多，东西吃不完就扔掉，衣服根本没穿就弃置，则是一种浪费，你虽然用的是自己的钱，但是你占用的是公共的资源。因为你的浪费，其他人可能会饿肚子，或者只能让土地与工厂生产出更多的东西。这种建立在浪费基础上、无法提升人们幸福，反而会增加环境压力与造成资源短缺的经济增长于人类又有何益？

有时我们并不是因为需要才买东西的，不过是因为心情不好，所以随便花钱，或者是因为自己想花钱，所以要买东西。记得我搬新家后，将原来的衣服基本上清除掉了，新衣柜显得很大，里面有很多的空间。但是一两年后，我就发现我的衣柜不够用了。在整理衣柜时，我发现好多衣服甚至从来没有穿过，悲哀地发现根本不是衣服为我服务，而是我在为它们服务。为了每年穿那么一次，要花很多时间来清洗、整理，还占用我宝贵的空间。后来，我把不想要的衣服全部处理掉，并且坚持淘汰一件衣服才新置一件的原则，这样不仅减少了我整理衣服的时间，还减少了我每次为穿什么衣服做决定的时间。

浪费除了占用资源、增加环境负担之外，只会增加个人的处理压力，浪费我们原本可以用来发展自我、倾听内心声音的时间。在商场，我们经常会看到有些人因为打折或喜欢，而一次性购买大量衣物或其他东西，这类人可能只是满足自己内心的安全感或者弥补某些缺失。

有人会说，消费可以促进经济发展，这当然是正确的观念。因此我们并不提倡"新三年，旧三年，缝缝补补又三年"的过度节俭观，金钱不过是为人服务的，经济的发展也是以促进人们身心健康与生活幸福为目的的。但是过度消费刺激下的经济可能是不可持续的，也是没有意义的。拥有物质的丰富度与人的幸福感的边际效益是递减的，当我们物质贫乏时，拥有一件新衣服可能会让我们快乐一星期，但是如果我们一次能买十件新衣服，那么可能只会让我们快乐从商场到家这段时间，甚至这段时间的幸福都难以买到。生产十件衣服所花费的资源与人工比生产一件衣服要多得多，给环境带来的压力也要多得多，那么，我们为什么不只买一件衣服，并且将制作、处理很多衣服的时间与资源去做让我们幸福、心灵成长的事情上去？

金钱与物质的丰富度是衡量一个国家人民生活水平的重要指标，但不是唯一的指标，决定一个国家是否幸福的另一个重要的指标是时间富足感。泰姆斯·凯瑟提出了一种新的价值观，即"时间富足"的价值观。"时间富足"是指人们认为生命中有足够的时间可以做自己想做的事情，相较于物质富足感，时间富足感更能成为健康的预测指标。

当我们减少对物质富足的追求，只取自己所需要的，而不是多多益善时，我们就有更多的时间来做自己想做的事情，成为物质与自己生活的主人，而不是被物欲所奴役。

四、如何培养孩子的金钱观

（一）教育孩子有金钱的意识

很多家长认为孩子的任务就是学习，要用钱找父母要就行，每周也会定时给孩子零花钱。当孩子独立生活时问题就出现了，因为没有金钱的概念与管理金钱的意识，孩子可能会完全不知道如何来使用、管理自己的金钱，不知道钱花到哪

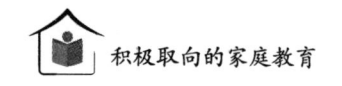

里了,只知道钱不见了。

记得孩子的一个初中同学是寄宿生,父母每周会给他一周的生活费,结果这个孩子周日从家里来就会还钱给同学,但是到了周二一定会再向同学借钱,因为他的钱全部用完了。到了期末,父母才知道自己的孩子欠了人家很多钱,孩子一个学期都很不快乐,因为他这个学期都是在借钱、还钱中度过的。

什么时候开始培养孩子管理金钱的能力呢?其实只要孩子能认识钱时就应该开始,2岁的孩子就能区分钱与其他纸张的区别。记得小外甥2岁半时,我给了他200元钱,告诉他可以用来买玩具与书,结果他对我说这只是买玩具的钱,而不是买书的钱。当我告诉他只有这么多钱,买书与玩具要自己学会选择,控制在这个范围之内时,他竟然答应了,并随手把钱放到抽屉里。这表明他对金钱的一般等价物的角色已经有了认识,但对钱的作用并没有充分的认识。

到他3岁半时,我又给了他200元,并且告诉他这是给他的钱,自己要收起来,这也是姨妈辛苦赚来的,不要弄丢了,可以用来买他自己想买的东西。他妈妈给了他一个小钱包,他很认真地放进去了,然后对我说:"我想在爸爸妈妈生日的时候,给他们各买一件衣服。"我趁机告诉他:"这些钱可能太少了,你可以再想办法赚一点儿,或者改买其他的礼物。"这表明这个孩子已经知道金钱的价值并且知道珍惜,而且他不只是用来满足自己的欲望,还会考虑到他人。

(二)给孩子赚钱的机会

当孩子可以随时随地从父母那里要钱时,他是无法建立起金钱概念的,更不可能有管理金钱的意识,所以我们要从小鼓励孩子自己赚钱。家长可能也会困惑,如果孩子从小就需要自己赚钱,那他会不会唯利是图,一切向钱看?这取决于家长如何引导。事实上,我们工作也是要领取薪水的,但我们并没有成为唯利是图的人。

在高中以前,我从来没有固定地给孩子零花钱,只是在他有需要时才给他。与其他父母一样,我也并不会随便给他支付费用,而是要审查是否合理后才决定是否支付。有些花费我觉得不合理,但对于孩子来说却是合理的,这样就会产生矛盾,孩子自然不开心。他希望在我不愿意支付的情况下,能自己去买那些东西,但是他并没有钱,因为在高中之前,他一直没有自己独立的账户,压岁钱也不过是名义上拥有,而全在我的账户中,所以,他决定自己赚些钱。他和我商定在他额定的家务劳动之外,多做的事情要支付报酬。我同意后,就与他商定他可以做的每件事情的完成标准与价格,如帮我护理我的皮具、按摩或倒垃圾,怎么样才是做好了，应该拿到多少报酬。

事实上，每次看到他为了满足自己的需求而在那里打工时，我觉得很心疼，毕竟有时也很累，工作没做好还不能给他报酬。尤其是当看到孩子为了让家里的废品能卖更高一点的价钱，自己将废品绑到自行车上，然后送到废品站去，由于家里的书报废纸很多，他有时一天要去好几趟，我真的非常心疼。但这样坚持一段时间后，我明显感觉到孩子建立了金钱概念，知道要通过自己的努力去满足自己的需求，并能衡量为了满足自己需求所付出的代价是否值得。当其他孩子还在大把花钱时，他已经能够自己衡量消费那些东西所付出的代价，也更能理解他人生活的艰难。

有些家长可能会定时给孩子一定量的零花钱，孩子在固定额度下自由支配自己的零花钱，这也是一种可行的办法。由于零花钱是固定的，孩子也就能建立关于金钱的概念，并且规划自己的消费，但这并不能激发孩子自己去赚钱，去经营自己财产的意识。所以，我们除了给孩子固定的零花钱，还要给孩子提供一些额外的赚钱的可能性，以此激发他们自己赚钱的意识与兴趣。

接下来，我们要说的是让孩子自己赚钱是否会让他们变得唯利是图的问题。如果我们只是鼓励孩子自己赚钱以满足自己的需求或欲望，那么孩子真的有可能变得唯利是图。但是，如果我们鼓励孩子把钱花掉，并且保证一定比例的费用花在他人身上，就会产生不同的结果。比如，在父母生日时为父母准备一份礼物，为灾区或者身边的人捐一笔自己赚来的钱，相较于那些拿父母的钱来做这些事的孩子，这些行为给孩子带来的自豪与快乐是无可比拟的。当一个孩子知道把钱花在他人身上是很快乐、很自豪的事情，那么慈善的种子也就此埋在了孩子心里。

（三）帮助孩子管理自己的账户

学会管理自己的账户，首先需要有一个账户才行。我的孩子在读高中以前是没有账户的，他所谓的资产不过是我说的一个抽象的数据而已。升入高中后，他要离家住校，需要办理自己的账户，我趁此机会给他建立了定期与活期账户，并且将他的钱一次性还给他。看到自己的账户上一下有了十多万元，他开心得不得了。

有了自己的账户之后，孩子就可以管理自己的账户了。账户管理分为计划与控制自己的花费，尽量保证自己做到收支平衡，如果能让账户增值当然会更好。

首先，我与孩子商定他每月的收入，即生活费与通过学习激励计划所获得的奖励。每月生活费是参照他所在学校的平均生活费来确定的，并扣除他在家吃饭而少用的钱。学习激励计划的制订是出于几个方面的考虑：第一，孩子一定会有一些额外的开支，这需要他自己挣回来。第二，初中以前的家务劳动赚钱计划在住校后无法实施，且高中阶段要以学习为主。第三，孩子的主要任务是学习，所以从学习中获取一定的报酬是合理的。比如，他是自己考上了现在的高中，而不是择校生，这为我们省下了3万元的择校费，我就把这笔钱直接奖励给他。他觉得考上重点学校是自己的本分，所以不要，但我觉得考上这所学校很不容易，坚持奖励给他。第四，因为孩子所在学校竞争很激励，他想通过竞争获得学习的乐趣，或者通过深度学习来获得乐趣可能会有一定的难度，至少在高一过渡阶段是如此，通过外界的激励来激发或维持孩子的学习兴趣也是合理的。

其次，与孩子商定花费的问题。我与他商定，除与学习、班级或学校活动相关的经费可以从我的账户中支出外，其他费用一律要从他自己的账户中支出。另外，找我报销经费时，还需要提供小票或其他凭证，如记录流水账给我，经审核通过后才能报销。比如，他提出宿舍开空调的电费问题，我觉得中学生应该学会适应高温，不应该开空调，如果他自己要开，那么他应该为此支付费用。起初，孩子因为忘记记账而无法报销费用，他觉得很烦恼，觉得不公平。但是，两个月后，他已经养成用手机来记账的习惯了，回来还教我用手机记账。

最后，鼓励孩子让自己的账户增值。在孩子很小的时候，我就告诉过他，18岁以后他要负责自己的所有支出，因此他对理财有一定的兴趣。在我们购置房子时，他大约8岁，刚好当时我们还缺资金，孩子就和我商量他的第一项投资，即把他的2万元压岁钱送给我，回报是我要负责他大学的所有生活费与学费。他怕我不同意，还和我算账说："我只要16岁多就能读大学，所以18岁后只要在学校读2年半，2万元还是很公道的。"在他10岁时，他发现他的舅舅在银行贷款的利息比较高，他决定将自己新挣的9000元投资给他，并且和舅舅商量，他不需要银行贷款那么高的利息，只要每年按10%的收益给他就行。他舅舅很感动，当场想送股份给他，被我拒绝了，因为让孩子养成不劳而获的习惯非常不好。之后，他慢慢学会了比较银行不同存期利率的差异、一些理财产品的收益与风险之间的关系。

在培养孩子的理财能力时，还要注意不要让孩子花费太多的时间去做，因为学习才是孩子的主要任务。另外，不要让孩子去接触那些风险太大的投资，因为孩子的心智还未成熟，难以承受这些风险，如果孩子因此获利，可能会让他有赌徒心理。

第二节　成功观的教育

我们在陪伴孩子长大的过程中，总是伴随着焦虑，除了焦虑孩子能否健康成长外，更多的焦虑来源于对孩子未来能否成功的焦虑。随着成功学的书籍持续热销，人们对成功的追求日益强烈，家长对孩子的要求与期待也越来越高。

成功学书籍对于何谓成功，以及怎么获得成功才正当合理鲜少叙述。这样，对成功的渴望易于使人们迷失方向，造成价值观的混乱，这也是我们需要注意的地方。

所谓成功观，就是对何谓成功、怎样去获得成功的认知与理解，是个人价值观中很重要的部分。对何谓成功的理解会影响个体其他价值观的形成与演化方向，并引导个体行为的方向；对怎样获得成功的认知会影响个体对行为的选择。

一、何谓成功

（一）成功的定义

随着时代的变迁，人们对成功的定义是不同的，文化的差异也会导致人们对成功有不同的理解。中国的传统文化认为成功应该是立言、立功与立德，冯友兰先生认为这三样分别对应着学问、事功与道德。学问是指个人的学术素养与理论造诣，大学问家是这类人的典范；事功是指个人在职业上的成就，事实上，大学问家的学问也可以归于广义上的职业成就；道德则为个人的修养，如德蕾莎修女等对人类充满了大爱的人就是这类人的典范。因此，我们可以将成功定义为两个方面，即职业成就与道德修养。

那么什么是职业成就？被广为接受的观点是 Arthur 等（2005）提出的观点，即"在任一点上某人的工作经历随时间的推移所获得的工作成就"。这是一种客观的判断标准，通常从外在报酬来进行评判，就如我们将孩子的学业成绩、排名作为他学业成功的评判标准一样。但是，拥有同样成绩或排名的孩子，他们对自己的评价往往是很不相同的，也就是说，对成功，每个人会有自己的主观标准。

道格拉斯·霍尔认为主观职业成功是一种心理成功，心理成功更多地强调个体心理上的成就感、自豪感、家庭幸福和内心平和。因此，职业成功并没有固定

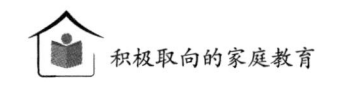

的模式与要求，只要个体在职业中能感受到成就感、自豪感、家庭幸福和内心平和就是一种成功。这是每一个人内在的主观标准，也是我们在家庭教育中要强化给孩子的观念。

与职业成就同等重要的是个人的道德修养。每个人的成功都应该是建立在道德基础上的，但是每个人定义成功时会各有侧重，所定义的高度也会不一致。比如说，有些人会更侧重于道德修养，我国每年都会有感动中国人物评选、最美家庭评选，他们更侧重于道德修养。每次与他们进行比较，我都感到惭愧，我所追求的道德修养只是"不以善小而不为，不以恶小而为之"。在对孩子的教育中，我会告诉他至少坚持这一道德底线，如果有条件，再去追求人间的大爱。

在年轻时，我们总是充满生机，努力地去追求外界所定义的成功，但当我们获得那些想拥有的东西之后，我们会觉得孤独，甚至产生虚无感，这时，我们会转向关注自我的内心。就如比尔·盖茨在年轻时一心追求事业的成功，而在事业成功后，却将注意力转向了慈善事业，付出他所获得的外在的东西而获得内在的成功。

（二）成功与卓越

成功具有时间性，是指在某一个瞬间所达到的高度，就好比登山，登上山顶是我们的目标，达到目标就是我们所定义的成功。那么，我们在山顶会做什么呢？我们会庆祝、会欢呼、会欣赏风景。接下来，我们就开始下山，就如很多人的成功之时亦是失败的开始。

成功只是一个目标的达成，只是人生中的一个节点。但有些人把成功本身当作人生的目标，在他尽其所能达到目标之后，他感觉自己成功了，已经做到了，就会闲散下来。很多高校教师所定义的成功就是评上教授，所以很多评上教授的教师就会减少科研工作，认为自己可以休息了。一年、两年直至很多年后，他们发现自己的学术水平没有上升，反而下降了。他们在评上教授之前努力地学习、工作，不断地超越自己。但当他们评上教授，感觉到自己的成功之后，却将自己所拥有的学术水平、理论根底荒废了，这于国家、于他本人来说，都是极大的浪费。

很多家长将孩子的学业成功定义为考上大学，他们要求孩子努力学习，考上好的大学，然后就可以了。有些孩子也会把考上大学定义为成功，所以考上好大学的孩子会在高考结束后的假期里尽情游戏、玩耍，甚至连自己到大学之后又需要如何来定义成功都不会思考。没有考上理想大学的孩子会灰心丧气，有些立志要考上自己心仪的名校读研究生，有些则就此放弃，甚至自暴自弃，却忘记了思考考上大学的目的是什么。

只是追求成功，还会导致一个问题，就是成功后的个体通常会很不快乐。我们通常以为考上理想的大学、评上教授、成为梦想中的自己会是非常快乐的事情，就如你历尽千辛万苦登上顶峰也只会快乐那么一段时间一样，达到自己的目标也只会让你兴奋一段时间，无法延续一生。接下来，你就要面对虚无、无所事事的痛苦，几年之后，你会痛苦地发现你被别人抛弃在后面。这时，振作的人会重新寻找目标，而消沉的人只会一遍又一遍地和人唠叨着他曾经的辉煌，就如鲁迅笔下的孔乙己。

卓越却不同，卓越是超越自我，是一次次的尝试。如果说成功不过是自己达到某一目标的节点，或者外界给你的标签，那么，卓越则是持续的追求，是一系列的目标。自我分为现实的自我和可能的自我，卓越就是实现可能自我的过程，它将现实自我与可能自我之间的距离一点点地缩小。

一个追求卓越的人能更平静地接受失败，也更能在失败中发现自己的进步。比如，孩子将考上北京大学、清华大学定义为成功，那么如果他没有考上，他会觉得自己是失败的，甚至会哀叹自己其实差一点儿就能成功。有些人可能会选择去读录取的学校，而有些人却会选择复读，以追求自己心目中所谓的梦想。无论是哪一种，都会让孩子不快乐或者付出更多的代价。如果孩子只是追求卓越，考上清华大学、北京大学不过是他追求卓越的一部分，那么，在他没考上时，他会更容易接受这一事实，重新思考在新的学校里如何选择一个适合自己的新目标，并且为之努力。

孩子在一次中段考试后很不开心，原因是自己的成绩又下降了。我问他是不是倒数第一名，他说不是，所以我反问他："那考倒数第一名的同学是不是就不用活了？"他并没因此而放松，反而问我："如果是你，在不断努力、不断追求的过程中却不断地失败，你会怎么样？"我问他："难道你现在所学的知识比之前所学的知识反而会更少吗？你的能力更差了吗？"这时他不说话了，我接着说："你自己说高考的内容是有限的，你现在不是在一步步缩小与目标之间的差距吗？如果你觉得无论如何努力都是失败，那么就重新定义成功与失败的含义。"最后，孩子平静地接受了这一结果。

追求卓越可以帮助个体更专注于当下的计划，让自己能更平静地去分解目标，以及制订与修改计划并执行计划。当个体终于达到目标、登上顶峰时，他会寻找他心目中的另一座山峰，他会思考如何到达新的顶峰，并且为此努力。如果努力也无

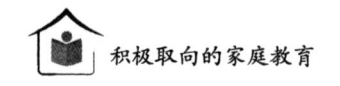

法到达顶峰,他们也会欣慰自己所在的位置早已不是来时的起点,自己可以换一座山峰,并思考如何到达新的顶峰,从而不断接近自己心中想达到的目标。

二、如何培养孩子的成功观

成功对于人的行为、态度具有非常重要的影响,那么我们要如何培养孩子正确的成功观呢?

(一)追求什么样的成功

在家庭教育中,我们需要帮助孩子了解什么才是自己真正想追求的成功,对成功的定义是否出自自己的真心。大卫·布鲁克斯提出了"简历美德"与"悼词美德"的概念。"简历美德"是一种在市场中生存的技能,追求事业成功的本事,个体想要去征服世界、去创造、去享受成就感,遵循的是一个投入产出模式或风险回报模式。"悼词美德"是个体追求他人的赞赏,是个人内心真正在乎的东西,它遵循的是逆经济学的逻辑,即你要付出自己外在的一些东西来获得自己内在的力量,要求做一个好人,学会付出、爱与回报。

"简历美德"固然很重要,它帮助个体获得存活于世界的能力,拥有实现自己梦想的可能。但是对它的过分追求会给个体带来很多挫败感,因为所谓的世俗的成功主要是获得在领域内的领先地位,如学生以成绩第一为成功,专业工作者以成为行业中的领军人物为成功,这样的成功永远只属于少数人,其他人则会被归为失败者。重要的是,即使我们能获得他人所定义的成功,我们也难以体验到内心的充实与幸福,因为我们随时可能被超越。在追求成功的过程中,我们也难以体验到激情与快乐,因为我们只关注结果而不是过程。

追求"悼词美德"则不同,因为这是忠于自己内心的愿望、获得自己内心力量的过程,也是我们在教育孩子过程中要特别关注的地方。在中小学校,老师与同学都更关注孩子的成绩,成功的定义就是成绩的排名靠前。记得我的孩子回来和我说:"如果你成绩不好,同学们看你的眼神都不一样。"很多孩子就因为同学的眼光而增加了学习的压力,忘记了自己是因为什么而学习。

追求自己真正想要的成功,可以让孩子在追求的过程中更好地保有激情、精力充沛地学习。同时,孩子也更有勇气去面对失败,从我们现在这种迷恋单一正确答案的学习氛围中走出来,去关注自己在失败中所学习到的东西,思考学习能培养自己怎样的能力、培养自己什么样的价值观,从而保有自己学习的兴趣。

追求自己定义的成功,还可以帮助孩子更好地面对学习与休闲的关系。我们常常说,只要安排得好,学习与休闲可以达到平衡。事实上是不可能的,因为时间的总量是有限的,我们的精力也是有限的,所以很多孩子为了学习上的成功就会放弃必要的休闲,牺牲自己的健康。有些家长也会说:"为了考上好的学校,还管孩子有没有玩儿的时间?"

如果孩子知道自己真正想要的成功只是通过学习让自己变得更优秀,去享受学习的过程而不是追求最后的成绩,那么他就愿意花更多的时间去休闲,以使自己在学习时拥有更好的心态、更充沛的精力。他们也会主动放弃一些自己并不是真正在乎的东西,不追求让自己在所有的方面都做得很好,从而减轻自己的压力。

为了帮助孩子更好地了解自己真正想要的成功,我们可以让孩子广泛地阅读一些社会上公认的成功人物的传记,然后让孩子以这些人为榜样,思考自己更想要的目标是哪些,更愿意人们描述他什么样的成就,希望人们赞美他什么样的优点。这些就是孩子自己真正想要的成功。在孩子明白自己真正想要的成功之后,再帮助孩子分析哪些需要持之以恒地去追求,而哪些应该放弃。

(二)怎样追求成功

当孩子明白了自己真正想要的成功之后,我们还需要告诉孩子如何去追求自己的成功。

第一,对成功的追求应该建立在法律与道德的基础上,不能违背法律与道德,这也是我们所定义的家庭教育的底线。有些孩子在追求成功的过程中会不择手段。比如,有些孩子想让自己的考试名次上升,不是选择自己努力学习,而是拉成绩好的同学和他一起玩,故意为比自己成绩好的同学设置学习障碍。这是很典型的不道德行为。更有甚者,有些孩子平时上课不认真,考试就靠作弊。有一次,我们班有一位学生因为考试作弊被监考老师发现了,我找他谈话,结果他理直气壮地说:"只是我比较倒霉,被监考老师发现了,其他同学不也作弊?"他一点儿都没有反省自己的错误,没有意识到这是很不道德的,也是违反校规校纪的行为。

第二,成功要建立在努力的基础上。很多人都渴望获得成功,但希望能不劳而获,希望能快速成功,如果不能,则马上放弃,这样的人通常最终一事无成。事实上,没有谁的成功是不需要付出努力的,只是有些人可能能力更高一些,所以他们就可以付出更少的时间而已。我们常说失败乃成功之母,在追求成功的路上,每个人都是经历过无数次的失败才成功的。在面对失败时,家长要减少对孩

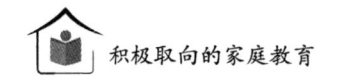

子的批评，并且鼓励孩子看到失败中的进步。

　　第三，要有专注、精益求精的精神。有时孩子愿意努力，也有热情去做一些事情，但问题是他有太多的事情想做，无法专注于某个领域。很多孩子都会存在这个问题，有时我们还认识不到这一问题的严重性，觉得这不过是孩子的兴趣广泛，都尝试过了，自然就会选择最适合自己的领域去努力。事实却并不一定会如此，因为如果父母没有帮助孩子去分析他适合做什么，并提醒他逐步聚焦，他可能会在尝试上浪费太多时间。我的孩子就是典型的例子，从小就兴趣广泛，但没有一件是坚持下来的，到了高中依然如此。所以他的班主任说："他没有其他毛病，也很聪明，但就是没有一点儿专注力，要是能专注一件事情，他就会做得很好了。"

　　第四，要能克服自身的短板。我们强调工作要能发挥自己的优势，但是有时成功不仅需要我们已经具有的能力，还需要我们发展新的能力，甚至强迫自己克服困难。比如，我的梦想是当一名老师，但研究生毕业求职时，其实我很怕当老师，因为认为自己的普通话不行、知识储备不够、没有经过系统的师范教育等。还好，我的丈夫在此期间提供了很多的帮助，总是鼓励我去克服上述困难，而不是选择逃避。在孩子追求成功的过程中，父母除了鼓励外，还需要督促孩子，如果孩子没有养成坚持下去的习惯，家长要经常提醒孩子，并尽可能创造条件让孩子易于行动。

参考文献

阿德勒. 2010. 自卑与超越. 曹晚红，魏雪萍译. 汕头：汕头大学出版社.

艾里希·弗洛姆. 2008. 爱的艺术. 李健鸣译. 上海：上海译文出版社.

蔡美儿. 2014. 虎妈战歌. 北京：中国盲文出版社.

曹东勃. 2014. 成功学幻象与价值观迷思：当代大学生成功观研究. 现代大学教育，（3）：84-89.

柴玲玲. 2014. 试论家庭教育中惩罚的理性回归. 江苏师范大学学报（教育科学版），5（2）：51-53.

柴秋星，原小艳. 2014. 面向"健全"的成功. 哈尔滨商业大学学报（社会科学版），134（1）：120-124.

陈贵，蔡太生，胡凤姣. 2012. 中学生的拖延状况及相关因素研究. 中国临床心理学杂志，20（4）：571-573.

陈英和. 1996. 认知心理学. 杭州：浙江人民出版社.

程利娜. 2011. 一元化成功观对青少年生涯规划的影响与对策. 教育与教学研究，25（9）：59-62.

丹尼尔·高曼. 2014. 专注的力量：不再分心的自我锻炼，让你掌握APP世代的卓越关键. 周晓琪译. 台北：时报出版.

邓惠明，岳玉阁. 2013. 传统家庭生命教育文化的异化与重塑. 中共福建省委党校学报，（10）：111-114.

杜红梅，李佳瑶. 2011. 国外青少年恋爱关系研究综述. 外国中小学教育，（9）：56-60.

范玲红，周策. 2013. 青少年学生生命责任感教育简探. 教学与管理，（5）：34-36.

冯建军. 2011. 道德教育：引导幸福生活的建构. 高等教育研究，32（5）：15-21.

弗雷德里克森. 2010. 积极情绪的力量. 王珺译. 北京：中国人民大学出版社.

龚耀先. 1993. 修订艾森克人格特征问卷手册. 长沙：湖南医学院出版社.

顾明远. 2013. 教育的本质是生命教育. 课程教材教法, 33（9）：85.

郭金峰，宁锦歌. 2012. 家庭教育缺失对留守儿童社会化的影响及对策. 继续教育研究，(1)：42-43.

韩登亮. 2005. 赏识教育的实践反思. 当代教育科学，14：36-39.

黄河清. 2002. 家庭教育与学校教育的比较研究. 华东师范大学学报（教育科学版），20(2)：28-58.

吉斯伯斯，赫谱纳，约翰斯顿. 2007. 职业生涯咨询——过程、技术及相关问题. 侯志瑾译. 北京：高等教育出版社.

克里斯托弗·彼得森. 2010. 积极心理学. 徐红译. 北京：群言出版社.

李卯，张传燧. 2015. 性—道—教：《中庸》的生命教育思想. 教育学报，11（6）：100-106.

李清良. 2010. 伽达默尔论"同在"：作为理解者的存在方式. 山东大学学报（哲学社会科学版），55（6）：1-13.

李亚平. 2008. 赏识教育的反思. 思想理论教育，(1)：70-72.

李宗桂. 2011. 病态成功观催生当代迷思. 人民论坛，(13)：28-29.

里尔登，伦兹，桑普森，等. 2013. 职业生涯发展与规划. 3版. 侯志瑾等译. 北京：中国人民大学出版社.

刘慧. 2012. 生命教育的涵义、性质与主题——基于生命特性的分析. 南昌大学学报（人文社会科学版），43（2）：39-43.

刘建生. 2010. 温家宝：钱学森之问对我是很大刺痛. http://news.xinhuanet.com/politics/2010-05/05/c_1273985.htm[2016-05-12].

刘珊. 2010. 卓有成效的自我管理. 北京：中国华侨出版社.

刘铁芳. 2013. 让学生成为向学的生命. 中国教育学刊，(9)：17-22.

刘在花. 2011. 幸福家庭教育构建. 中国特殊教育，135（9）：42-45，30.

龙宝新. 2008. 幸福：从概念到意蕴——兼论朝向幸福的教育之能为与难为. 湖南师范大学教育科学学报，17（1）：13-19.

骆风. 2015. 我国初中学生家庭教育状况的调查分析——对河南洛阳初中学生家庭教育的质性研究. 河南大学学报（社会科学版），55（4）：106-114.

马丁·塞利格曼. 2012. 持续的幸福. 赵昱鲲译. 杭州：浙江人民出版社：92-93.

马尽举. 2003. 孝文化与代际公正问题. 道德与文明，(4)：8-13.

蒙茜，郑涌. 2006. 拖延研究述评. 西南师范大学学报（人文社会科学版），32（4）：9-12.

孟万金，张冲，Wagner R. 2014. 中国小学生积极心理品质测评量表研发报告. 中国特殊教育，(10)：62-66.

倪颖. 2010. 弗洛姆理想家庭教育理念及其当代启示. 苏州教育学院学报，27（1）：102-104.

浦家齐. 2012-6-14. 两种成功观与教育观. 解放日报（7版）.

全惠星. 2009. 有奉献精神的父母培养大人物. 邵娟译. 北京：中国城市出版社.

钱理群．2012. 精致利己主义者若掌权比贪官危害大. http：//cul.qq.com/a/20150517/011881.htm[2016-05-10].

任春茂. 从生命哲学思想管窥当代中国儿童生命教育. 教育评论，(5)：32-34.

萨克尼克，班达特，若夫门. 2013. 职业指导. 7版. 中国就业培训技术指导中心，北京大学学生就业指导服务中心译. 北京：中国劳动保障出版社.

邵龙宝，陈东利. 2013. 中西财富观与慈善伦理. 陕西师范大学学报（哲学社会科学版），42（2）：64-71.

宋芳，苏林雁. 2005. 儿童气质与行为、家庭教育的关系. 中国儿童保健杂志，13（2）：158-160.

宋玮. 2008. 家庭教育与学校教育结合中存在的问题及对策探究. 教育与职业，600（32）：191-192.

孙宏艳. 2013a. 国外中小学职业生涯教育：经验与启示. 中小学管理，(8)：43-46.

孙宏艳．2013b. 我国职业生涯教育应端口前移——基于中美韩高中生职业生涯教育的研究. 教育科学研究，8：56-57.

托马斯·戈登. 2009. PET父母效能训练手册——让你和孩子更贴心. 宋苗译. 天津：天津社会科学出版社.

魏子敏，杨佳，赵玮雯. 2015. 湖南杀师少年作案前称：没14岁打死人也不用坐牢. http：//news.china.com/social/1007/20151030/20658279_3.html[2016-04-20].

吴伟英. 2010. 学校教育与家庭教育的和谐发展研究. 教育理论与实践. 30（8）：33-35.

夏翠微. 2002. 培养儿童正确的金钱观. 教育探索，137（11）：87.

肖川，陈黎明. 2013. 生命教育：内涵与旨趣. 湖南师范大学教育科学学报，12（4）：30-36.

徐保风. 2007. 科学金钱观及其伦理审视. 中南林业科技大学学报（社会科学版），1（4）：5-9.

徐超．2014. 韩国沉船：不听话学生反获救，韩媒反思"服从"文化. http：//news.xinhuanet.com/world/2014-04/23/c_126421416.htm[2016-05-04].

徐晶晶. 2016. 名校学渣受虐记：与学霸同行，一不留神就会垫底. http：//news.youth.cn/jy/201601/ t20160111_7511109.htm[2016-05-09].

徐淑英，胡传顺. 2009. 中学生消费的伦理探析. 思想理论教育，(6)：14-16.

杨淑萍，冯珍婷. 2013. 中学生的金钱观研究. 教育科学，29（1）：60-65.

杨文婧，刘云艳. 2008. 从人类发展生态学视角看青少年人际交往障碍形成的原因——以一位人际交往障碍者为例. 中国特殊教育，(9)：84-89.

佚名. 2015. 中国留学生虐待同胞案开审，受害人遭扒衣围殴. http://mt.sohu.com/20150619/n4153316[2016-04-20].

于文思. 2016. 从"有限之途"到"无限之境"——谈生命教育的三重维度. 东北师大学报（哲学社会科学版），279（1）：114-118.

俞启定. 2015-6-26. 生涯指导应是家庭教育重要内容. 中国教育报（6版）.

袁汝婷，谢樱. 2015. 专访湖南邵东杀师案18岁"主角"：我从来没把他的命放在心上. http://news.xinhuanet.com/legal/ttgg/2015-12/09/c_1117403931.htm[2016-05-06].

约翰·桑切克. 2007. 教育心理学. 2版. 周冠英，王学成译. 北京：世界图书出版社.

《赢在中国》项目组. 2007. 马云点评创业——CCTV《赢在中国》现场精彩点评实录. 北京：中国民主法制出版社.

张蝉，盖笑松. 2011. 中小学生学校适应的理论模型与反思. 东北师大学报（哲学社会科学版），251（3）：172-175.

张传花，司继伟，张宝成. 2010. 学习拖延影响因素研究述评. 山东理工大学学报（社会科学版），26（1）：106-109.

张鹰. 2007-6-27. 文化传承与儿童教育. 光明日报（11版）.

中国心理卫生协会，中国教育培训技术指导中心. 2012. 心理咨询师三级. 北京：民族出版社.

周桂钿. 2009. 儒家的财富观. 四川师范大学学报（社会科学版），36（5）：59-66.

周弘. 2000. 赏识你的孩子——一个父亲对素质教育的感悟. 成都：四川少年儿童出版社.

周弘. 2005. 爸爸您终于长大了——家庭教育呼唤赏识老爸. 南京：河海大学出版社：8-13.

周弘. 2006. 教你如何赏识孩子——赏识教育操作方法. 北京：华语教学出版社.

C. R. 斯奈德，沙恩·洛佩斯. 2013. 积极心理学——探索人类优势的科学与实践. 王彦，席居哲，王艳梅译. 北京：人民邮电出版社.

Burger J M. 2012. 人格心理学. 7版. 陈会昌等译. 北京：中国轻工业出版社.

Geldard K，Geldard D. 2010. 儿童心理辅导. 黄秀梅译. 北京：中国轻工业出版社.

Timm P R. 2003. 成功的自我管理. 韩经纶，梁建译. 天津：南开大学出版社.

Arthur M B，Khapova S N，Wilderom C P M. 2005. Career success in a boundaryless career world. Journal of Organizational Behavior，26（2）：177-202.

Eysenck H J, Eysenck B G. 1968. Manual for the Eysenck Personality Inventory. San Diego: Educational and Industrial Testing Service.

Horace Mann School. 2015. Horace Mann School Family Handbook. New York: Horace Mann School Press: 62-67.

Markus H, Nurius P. 1986. Possible selves. American Psychologist, 41 (9), 954-969.

后　　记

　　写作本书初稿只花了 8 个月的时间，这相比于我写第一本专著所花费的 5 年时间来说，可谓进展神速。但在写完初稿之后，一场感冒就与我不期而遇，而且与我缠绵近一个月才恋恋不舍地离去。可见写作本书所耗费的心力之大，完成后的感觉真是心力交瘁与诚惶诚恐。

　　得知我写完初稿时，丈夫开玩笑说："儿子，要是你考上北京大学，那你妈妈这本书就会大卖了。"我当然不同意他的说法，这也是我写作本书时最担心的地方，即人们只对那些培养出考上名校孩子的家长的教育经验感兴趣，而不是系统地去思考什么样的家庭教育才是好的教育。

　　好的家庭教育是帮助孩子成为他自己，能否考上名校并不能作为家庭教育的指标，能否考上名校会受到个人心理条件与家庭条件的双重影响。好的家庭教育是帮助孩子克服困难与条件的制约，让孩子的潜能得到充分的发展，让孩子成为真正的自己。

　　本书采用章节模式，共十章内容，可以分为三个模块。第一个模块是对积极取向家庭教育的一些理念、家庭教育的目标与原则、个体差异进行分析与阐述，这部分内容直接决定了家庭教育内容与方法的选择。第二个模块重点阐述了亲子关系的重要性及构建亲子关系的主要沟通方法，这是家庭教育的基础。第三个模块主要阐述家庭教育的具体内容与方法，包括生命教育、生涯教育、人格教育与能力培养。所以本书可以作为家庭教育类的相关教材，也可以作为家长阅读的书目。

　　在本书付梓之际，我第一个要感谢的是我的儿子，正因有陪伴他 16 年成长的经验，才有了写作本书的框架与理论体系。感谢他对我的教育进行反馈，感谢他与我分享他成长的感悟。在写作过程中回忆母子相处的点点滴滴，我感觉充满了幸福与骄傲，我也把其中的一些感悟写在本书中，希望能与更多的人分享。感谢我的爱人，他充分尊重我对孩子的教育方式，和我分享、讨论家庭教育的经验与反思，共同营造幸福快乐的家庭氛围。更要感谢我的父母，是他们给了我充满爱与欢乐的家庭生活，让我从小就领悟到积极向上之于人生的意义。

感谢教育我儿子的所有老师，正是在不断地与他们互动的过程中，我更好地理解了儿子的成长过程，学习了他们与学生交往的经验。尤其要感谢我儿子的初中班主任杨永巍老师，他邀请我加入到他们班级的家长群内，共同讨论关于初中生的家庭教育问题。杨老师对学生观察细致、关怀备至，令我印象深刻。他在班级内实施的灵活的分层教学也非常有创意，为孩子的成长提供了自由发展的空间，激发了孩子的学习兴趣，这些也在本书中进行了分享。

本书中的一些内容来自对家长咨询问题的思考、计划、实施与验证。感谢这些因信任我而向我咨询的家长，没有你们分享的家庭教育问题与感悟，也就不可能有本书的出现。还要感谢那些或主动或被家长诱骗、强迫来我这里咨询的学生，感谢他们对我的信任与分享。他们的成长故事、他们与父母或照料者之间的问题、他们与学校或同伴之间的冲突、他们的经验也是本书写作的重要基础。在写作过程中，我仔细地阅读与分析一个个咨询个案的记录，每一个个案再次鲜活地出现在我的脑海里，他们给了我帮助他们的机会，让我能验证自己的理念，这让我感觉非常幸福。在此，诚心诚意地对你们表示感谢。

本书的很多理论都是以前人的理论与实验证据为依据，尤其是教育心理学、积极心理学与社会心理学的相关理论及心理咨询技术。如果没有这些前人的研究基础，我的理论体系根本不可能形成，在此对所有为本书做出理论贡献与提供实证依据的研究者表示衷心的感谢。

在此，我还要特别感谢一位引领我进入生涯教育领域的前辈——陶海生。感谢他信任我，并且邀请我加入学校大学生生涯规划教育的工作，指点我阅读相关书籍，参加相应的培训，让我能以生涯发展的角度去思考家庭教育的问题。

另外，我还要感谢海南中学的陈辉校长、陈玲老师、郑锋老师与汪晓风老师，他们邀请我加入到他们学校开展的与心理及职业生涯教育和研究相关的活动中去，拓展了我的研究领域，并提供了研究海南省内最优秀的青少年的机会，让我对积极取向的家庭教育有了更深的体悟。同时，感谢海南中学初中部的张开基主任无私地和我分享他研究的、将中国传统文化用于中学生心理健康教育的训练课程。

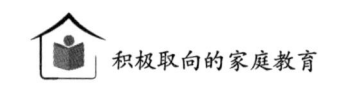

我还要感谢我所在的海南师范大学心理与教育学院的同事与学生，与他们的学术交流对我写作本书提供了大量的帮助。我与学生共同做的部分调查数据也为本书中的结论提供了实证支持。

最后，感谢本书的编辑朱丽娜、乔艳茹、柴江霞女士，她们在本书的出版过程中付出了辛苦劳动，给予了卓有成效的帮助。

虽然我并未出国留学，但所学的专业先后为西医护理与心理学，这两个学科均深受西方哲学的影响，因此本书涉及的理论有很多源自西方国家的研究。本书所采用的理论虽然已在我的儿子及很多来访者身上得到验证，其中部分理论得到了至少 3000 人的实证数据支持，但依然不能保证适合所有的孩子。因此，家长与家庭教育的相关研究者在阅读本书时一定要持批判性的态度，应用本书的方法与经验时要非常谨慎，并进行细致的观察与适当的调整。

本书也谈到了关于中小学甚至幼儿园孩子学习国学的问题，并且强调国学的学习应建立在孩子初步形成批判性思维的基础上，采取扬弃的态度来学习。但由于我的国学水平不高，这一观点未必正确，仅为一家之言，请慎之又慎！

鉴于我的学识水平有限，本书不足之处在所难免，恳请各位专家、同行、教师与家长批评指正！

刘丽琼

2016 年 7 月 25 日